转型时期（16—18世纪）的法国贵族

詹娜　著

WUHAN UNIVERSITY PRESS
武汉大学出版社

图书在版编目(CIP)数据

转型时期(16—18世纪)的法国贵族/詹娜著.—武汉:武汉大学出版社,2018.6

ISBN 978-7-307-20267-2

Ⅰ.转… Ⅱ.詹… Ⅲ.贵族—研究—法国—16-18世纪
Ⅳ.D756.561

中国版本图书馆CIP数据核字(2018)第119778号

责任编辑:胡程立　　责任校对:李孟潇　　版式设计:汪冰滢

出版发行:**武汉大学出版社**　(430072　武昌　珞珈山)
(电子邮件:cbs22@whu.edu.cn 网址:www.wdp.com.cn)
印刷:北京虎彩文化传播有限公司
开本:720×1000　1/16　印张:15.5　字数:214千字　插页:1
版次:2018年6月第1版　2018年6月第1次印刷
ISBN 978-7-307-20267-2　定价:49.00元

目　　录

引　言

旧制度时期是法国从封建社会向资本主义社会过渡的重要时期，作为传统社会统治阶级的贵族在这一时期的命运如何，是学术界一直很关注的问题。对于贵族这个影响颇深的社会阶层，在近代就有很多著作对其有所论及。16—18 世纪的贵族和骑士们本身对自己所处阶层也有一定的认识和评论，如亨利·布兰维利耶伯爵(Comte de Henry Boulainvilles)《关于法国贵族的短篇评论》(*Essais sur la noblesse de France*)①，对法国贵族的起源以及他们在中世纪末遇到的政治、经济危机做了一定的评述；菲利普·奥古斯都·德·圣·富瓦骑士(Chevalier de Philippe Auguste de Sainte Foix)的《军事贵族，或者说是法国爱国主义者》(*La Noblesse militaire, ou le patriote française*)②，强调了贵族的军事职能；吉奥姆·德·舍瓦利耶(Guillaume de Chevallier)的《论勇敢》(*Discours de la vaillance*)和《论争端与荣誉》(*Discours des querelles et de l'honneur*)③，都强调了贵族以战争为艺术、以决斗来获得荣誉的生活格调；还有尼古拉·拉潘(Nicolas Rapin)的《乡村绅士的休闲：新诗和讽刺短诗的增加》

---

① Comte de Henry Boulainvilles, *Essais sur la noblesse de France*, Amsterdam, 1732.

② Philippe Auguste de Sainte Foix, *La Noblesse militaire, ou le patriote française*, Paris, 1756.

③ Guillaume de Chevallier, *Discours de la vaillance*, Paris, 1598. Guillaume de Chevallier, *Discours des querelles et de l'honneur*, Paris, 1598.

（*Les plaisirs du gentilhomme champestre*：*Augmenté de quelques nouveaux poèms et épigrammes*）①，反映了当时巴黎近郊贵族对中央大贵族一些处事行为的嘲讽和讥笑；卢瓦·埃尔诺（Loys Ernaud）的《论贵族及合法成为贵族的方式》（*Discours de la noblesse*, *et des justes moyens d'y parvenir*）②，说明当时已经有人开始注意国王册封的新贵族阶层了。同时，还有当时一些贵族的回忆录记载，如马雷夏尔·德·巴松皮埃尔（Maréchal de Bassompierre）的《回忆录》（*Mémoires*）③以及克洛德·阿东（Claude Haton）的《回忆录》④，记载了当时贵族生活的一些片断和书信等。还有弗朗索瓦·德·戈代·德·苏代（François de Godet de Soudé）的《授封贵族词典》（*Dictionnaire des anoblissements*）⑤，较为全面地记载了从1345年到1660年，受国王册封的各贵族。但是，时人对当时贵族的描述带有浓厚的个人喜好色彩，对书信的收集也有选择性，对贵族的评论则一般带有一定的政治目的或阶级性质，所以他们自身往往不能很客观地反映当时贵族的真实状况。

到20世纪初，有学者开始对近代法国贵族阶层做专门性的研究。1922年吕西安·霍米尔（Lucien Romier）出版了《凯瑟琳·德·美第奇德王国》（*Le rovaume de Catherine de Medlci*）一书⑥，论述了16世纪前半期

---

① Nicola Rapin, *Les plaisirs du gentilhomme champestre*：*Augmenté de quelques nouveaux poèms et épigrammes*, Paris, 1583.

② Loys Ernaud, *Discours de la noblesse*, *et des justes moyens d'y parvenir*, Caen, 1584.

③ Maréchal de Bassompierre, *Mémoires*, Ed. M. de Chanterac, 4 Vol., Paris, 1870-1877.

④ Claude Haton, *Mémoires*, Ed. Félix Bourquelot, 2 Vol., Paris, 1857.

⑤ François de Godet de Soudé, *Dictionnaire des anoblissements*, *Extrait des registres de la Chambre des Comptes depuis* 1345 *jusqu'en* 1660, Ed. E. Barthélemy, Paris, 1875.（这是审计法院登记簿的节选，审计法院主要审查各地赋税和税收官的账目，既是审计机构，也是法院，同时它也登记着各个贵族向国王的宣誓效忠情况。）

⑥ Lucien Romier, *Le rovaume de Catherine de Medlci*, Paris, 1922.

法国贵族收入价值大幅度下降，贫困迫使贵族出售他们的封地，渐渐丧失了贵族得以维持声誉和地位的基础，开始走向衰亡。这种 16 世纪贵族衰落观点一出来，便获得很多研究者们的支持，并掀起一小股研究地方贵族的热潮，如加斯东·鲁普内尔(Gaston Roupnel)的《17 世纪的城市与乡村：第戎地区人口研究》(*La ville et la campagne au XVIIe siècle*：*Etude sur les populations du pays dijonnais*)①对 17 世纪第戎地区贵族状况的论述；亨利·德鲁克(Henri Drouct)在其著作《曼恩和勃艮第地区：对天主教联盟的研究(1587—1596)》(*Mayenne et la Bourgogne*：*Etude sur la Ligue* (*1587-1596*))②中对勃艮第贵族不幸命运的探讨；保罗·拉沃(Paul Raveau)在《农业和农民阶层：16 世纪上普瓦图地区的领地变革》(*L'agriculture et les classes paysannes*：*La transformation de la propriete dans le Haut Poitou au XVIe siècle*)③中对该地区贵族衰落的追踪；等等。皮埃尔·德·韦西埃(Pierre de Vaissière)的《法国旧制度下的贵族》(*Gentilshommes campagnards de l'ancienne France*)④一书中，首次选取了法国贵族作为研究对象，在一个较为宽广的范围内对中小贵族阶层进行了粗线条的论述。这些学者的观点与霍米尔一致，认为从中世纪晚期近代早期的社会转型时期开始，就已经敲响了贵族阶层的丧钟。

第二次世界大战以来的几十年中，对近代早期法国贵族的研究在很大程度上是以罗兰·穆尼耶(Roland Mousnier)的著作为主，以《从路易十二到法国大革命前的御前会议》(*Le Conseil du Roi de Louis XII à la Révolution*)(Paris：Presses Universitaires de France，1970)以及《绝对

---

① Gaston Roupnel, *La ville et la campagne au XVIIe siècle*: *Etude sur les populations du pays dijonnais*, Paris, 1955.

② Henri Drouct, *Mayenne et la Bourgogne*: *Etude sur la Ligue* (1587—1596), Paris, 1937.

③ Paul Raveau, *L'agriculture et les classes paysannes*: *La transformation de la propriete dans le Haut Poitou au* XVIe *siècle*, Paris, 1926.

④ Pierre de Vaissière, *Gentilshommes campagnards de l'ancienne France*, Paris, 1925.

君主制下的法国国家机构》(*The Institutions of France under the Absolute Monarchy, 1598-1789*)(Chicago: The University of Chicago Press, 1979)①最具代表性，穆尼耶对法国贵族进行了一个总体性的论述，并接受了传统的观点，也认为法国贵族从16世纪起就走向了衰落。②

但是，20世纪60—70年代，有学者对法国各地区的贵族状况进行了个案研究，表明这种传统观点具有片面性和不准确性，如让·梅耶尔(Jean Meyer)的《18世纪的布列塔尼贵族阶层》(*La noblesse bretonne au XVIIIe siècle*)，默汉德·科尔迪(Mohamed El Kordi)的《17—18世纪的巴约》(*Bayeux aux XVIIe et XVIIIe siècle*)，以及罗贝尔·福斯特(Robert Forster)的《18世纪图卢兹贵族：社会经济研究》(*The Nobility of Toulouse in the Eighteenth Century*)，分别对17—18世纪法国布列塔尼、诺曼底和图卢兹的地方贵族进行了论述③。在他们的研究中，发现当地的贵族阶层较为顺利地度过了近代早期社会经济变革带来的危机，直到17世纪，仍在地方上维持着强大的政治、经济地位。由此，在法国史学界重新掀起了区域研究的热潮。但是这时候对地方贵族的研究也还是局限于影响势力较大的地区，范围主要集中在巴黎周边和边界军事重镇区域，对法国内陆的中央高原地区研究较少。

20世纪70年代，让·马里·康斯坦(Jean-Marie Constant)在社会科学高等研究院德尼·里歇(Denis Richet)的研讨班上提出了"二等贵族"

---

① Roland Mousnier, *Le Conseil du Roi de Louis XII à la Révolution*, Paris, Presses Universitaires de France, 1970. Roland Mousnier, *The Institutions of France under the Absolute Monarchy*, 1598-1789, Chicago, The University of Chicago Press, 1979.

② 詹娜:《16—17世纪法国奥弗涅贵族命运重探》,《世界历史》2013年第4期。

③ Jean Pierre Labatut, *Les ducs et pairs de France aux XVIIe siècle*, Paris, 1972. Jean Meyer, *La noblesse bretonne au XVIIIe siècle*, Paris: Flammarion, 1972. Mohammed El Kordi, *Bayeux aux XVIIe et XVIIIe siècle*, Paris: Hague, 1970. Robert Forster, The Nobility of Toulouse in the Eighteenth Century, Baltimore, 1960.

这个新的概念术语①，首次对贵族等级内部进行分层研究。在此之前，在法国档案材料中未曾有过“二等贵族”的表述。学术界在很长一段时间里，用一种整体、抽象的角度来探讨贵族在近代法国国家构建中的作用，但事实上，在贵族阶层内部也分为不同的等级和利益集团，面对同一历史事件各个集团的态度、处理方式和影响力也有所区别。为了在一个更为清晰的框架下分析近代法国不同贵族阶层在政治和社会上的作用，康斯坦提出了“二等贵族”这一概念来与王侯、公爵等大贵族相区分。根据康斯坦所说，二等贵族指那些古老的世袭家族，他们拥有侯爵、伯爵、子爵或是男爵的头衔，其排位低于亲王、公爵这样的大贵族，他们是法国省区的真正管理者。虽然二等贵族通常是大贵族的附庸，但他们作为王权与各个省区之间联系的中间人，享有充分的独立权。康斯坦认为王权可以通过培养二等贵族的直接忠诚性，如授予他们行政长官的职务、皇家事务的管理者等方式，缩短大贵族的附庸体系链，以对抗大贵族过于强大的地方权力。②

康斯坦将他对二等贵族的研究时段放在路易十四亲政(1661)前的一个世纪，也就是16世纪中叶到17世纪中叶。在这一个世纪里，法国经历了宗教战争、玛丽·美第奇摄政时期的混乱、贵族反抗、黎世留和马扎然的强权统治等，此时王权倾向于寻找二等贵族的支持以反对大贵族的势力，也是二等贵族发挥其明显作用和影响力的时期。当然，还有一些历史学家从更早的时段开始研究，对二等贵族的早期状况也做了一定的探讨。例如，罗朗·布尔坎早期的研究着力于法国二等贵族在对抗哈布斯堡王朝战争时期保卫边疆的问题(16世纪上半叶)，他认为这个

① Jean-Marie Constant, *La noblesse seconde et la Ligue*, conférence devant les membres de la Société d'Histoire Moderne et Contemporaine, janvier 1988, in Bulletin de la Société d'Histoire Moderne et Contemporaine, 1988.

② 关于“二等贵族”概念的提出和发展见本书作者发表的论文：《法国“二等贵族”概念的提出及其学术意义》,《武汉大学学报(人文科学版)》2010年第4期。

时期是二等贵族的成长期①。另一些历史学家则认为应该追溯到英法百年战争时期(1337—1453),因为那时法国的贵族渐渐形成了负责的委托附庸体系②。当然,贵族委托附庸体系是否在16世纪早期就已经成熟,并能为后来二等贵族的发展提供基础,这一点还需要再斟酌。

在贵族阶层中,几乎历代都有二等贵族晋升到大贵族阶层,如在弗朗索瓦一世时期提升的蒙莫朗西家族(Montmorency),在亨利二世时期提升的圣·安德里(Saint-Andre),亨利三世时期晋升的吉斯家族(Guise)和茹斯家族(Joyeuse),亨利四世时期提升的苏利(Sully),以及在路易十三时期晋升的吕内(Luynes)和黎世留(Richelieu),等等。与此同时,一些乡村领主也进入省区二等贵族行列中。康斯坦和一些学者们认为,虽然在16世纪二等贵族对王权的集中和发展有着积极的促进作用,但是在17世纪他们却又扮演了反叛的角色。路易十四亲政之前,二等贵族的忠诚使玛丽·美第奇的摄政统治存活下来,但是在黎世留统治时期,王权则较少依赖二等贵族的力量,甚至有些二等贵族还参与了王侯、亲王等大贵族的密谋反叛活动。在福隆德运动时期,很多二等贵族声称他们厌倦了不停地改变效忠对象,于是他们自成一方,反对王权和大贵族,主张在贵族体系中人人平等,拥有自由的权力,并在三级会议中声称要分享国家的管理权。一直到路易十四亲政,在其强权统治下,这些二等贵族与王侯、亲王们才逐渐放弃了他们在议会中的独立权,交出了手中的地方实权,换取宫廷中的荣誉性官职。

康斯坦关于“二等贵族”概念的提出和发展是有一系列论证的。1984年,他出版了《吉斯家族》一书,论述吉斯(Guise)家族的埃佩农

---

① Laurent Bourquin, *Noblesse seconde et pouvoir en Champagne aux XVIe et XVIIe siècles*, Paris, 1994, p. 36.

② Nicolas Le Roux, *La faveur du Roi: Mignons et courtisans au temps des derniers Valois*, Seyssel: Champ Vallon, 2001, p. 44.

(Epernon)在亨利三世时期成为宠臣，是家族中从二等贵族晋升到大贵族的代表，直接为国王服务，并成为王权制约其他世袭大贵族的中坚力量①。康斯坦的下一本书《16—17 世纪法国贵族的日常生活》②，继续探讨了埃佩农(Epernon)作为大臣参与黎世留中央集权的过程。在这本书中康斯坦研究了该时期的大贵族叛乱，并探讨在这种危机情况下贵族委托附庸关系的紧张状态。康斯坦在 1984 年《十七世纪》期刊的增刊上，为纪念福隆德运动写了《第三次福隆德运动——绅士和自由贵族》③一文，论述了马扎然时期的二等贵族。此后，康斯坦还研究了福隆德运动前法国的政治社会制度，并出版了《密谋者：黎世留统治时期自由主义的先锋》④一书，重点关注在大贵族幕僚中的伯爵和男爵们，这些二等贵族成为法国政治自由主义的尝试者。研究中康斯坦考察了蒙特雷索(Montrésor)伯爵的态度，蒙特雷索伯爵是国王的兄弟——卡斯通·德·奥尔良(Gaston d'Orléans)的附庸，他捍卫大贵族的权力，认为他们应该参与到国王对发动战争还是保持和平的决策中。同时，康斯坦还探讨了与孔代亲王(Condé)有联系的康皮翁伯爵(Campion，Soisson 领地的伯爵)的立场，康皮翁伯爵捍卫乡村领主们的自由言论权力，还递交了改革提案。这些"反叛行为"给福隆德运动时期的贵族议会换上了新面貌，也正如康斯坦曾经指出的，二等贵族是独立于大贵族和国王的政治势力。

在康斯坦关于二等贵族的研究中，经常被提起的是他在 1986 年第一次参加"欧洲精英"的牛津会议时发表的文章《17 世纪上半期法国社

---

① Jean-Marie Constant, *Les Guise*, Paris, 1984.

② Jean-Marie Constant, *La vie quotidienne de la noblesse française aux XVIe et XVIIe siècles*, Paris: Hachette, 1985.

③ Jean-Marie Constant, *La troisième Fronde, les gentilshommes et les libertés nobiliaires*, *Dix-septième siècle*, 145, 1984.

④ Jean-Marie Constant, *Les conjurateurs: Le premier libéralisme politique sous Richelieu*, Paris, 1987.

会政治群体：二等贵族》①。在这篇文章中，康斯坦概述了他对二等贵族的研究，并强调在1651年三级会议时期二等贵族的独立姿态。文中论述1651年参加三级会议的贵族多达500位以上，会议上二等贵族们提出了自己的要求，并在他们中选出了中央与地方的行政官员。这场运动的领袖是苏尔迪(Sourdis)侯爵，他倡导与国王分享权力，当时法国的财政总监夏尔·德·拉·维厄维尔(Charles de La Vieuville)也坚决支持苏尔迪侯爵的提议，维护二等贵族议员的权力和地位。会议上还提出要保障财政特权，取消某些法律禁令，保障三级会议的自由，以便贵族能够与国王一起享有统治国家的权力。会后，贵族们还递交了《联合法案》，体现出人人平等的要求，有459位贵族签字，其中许多是没有世袭头衔的大领主，康斯坦把他们都归入二等贵族之列。②

以上对17世纪中期二等贵族的考察使康斯坦对二等贵族的研究到达了顶峰，20世纪90年代以来，很多研究者运用康斯坦"二等贵族"的理论，开始了大量地方贵族的分层研究。如罗朗·布尔坎(Laurent Bourquin)关于香槟地区二等贵族的研究是对康斯坦理论的补充和扩展。③ 这本书论述了在与哈布斯堡王朝的战争中，二等贵族作为保卫法国边疆的地方势力，其作用的重要性。该地区一部分二等贵族通过国王的征召提高了自身的地位，成为要塞城市的统治者，获得了国王授予的官职和荣誉。还有一部分二等贵族是其他大贵族的附庸，但他们也接受了皇室的附庸关系，不过这些二等贵族的晋升并没有激起他们原有庇护人的愤恨，因为大贵族们此时都忙于与哈布斯堡王朝的斗争中，无暇理会。这本书还论述了宗教战争期间，吉斯家族在香槟地区的影响变得越

---

① Jean-Marie Constant, *Un groupe socio-politique stratégique dans la France de la première moitié du XVIIe siècle: La noblesse seconde*, in *L'Etat et les aristocraties* (*France*, *Angleterre*, *Ecosse*), *XIIe-XVIIe siècles*, Ed. Philippe Contamine, Paris, 1989.

② 詹娜：《法国"二等贵族"概念的提出及其学术意义》，《武汉大学学报(人文科学版)》2010年第4期。

③ Laurent Bourquin, *Noblesse seconde et pouvoir en Champagne aux XVIe et XVIIe siècles*, Paris, 1994.

来越重要，于是亨利三世便任命若阿基姆·德·丹特维尔(Joachim de Dinteville)为香槟地区的行政长官，以此分散吉斯家族广泛的附庸关系网。但丹特维尔此时仅仅只维持了香槟地区少数贵族在神圣同盟时期对王权的忠诚。而到亨利四世执政时期，该地区大部分二等贵族都集合到了王权统治之下。虽然后来香槟地区的一些二等贵族仍参加过大贵族反抗玛丽·美第奇摄政统治的叛乱，但是大部分二等贵族还是一直效忠国王。布尔坎对香槟地区的研究也证实了康斯坦曾经论述的观点，虽然在宗教战争期间王权暂时失去了对二等贵族的控制，但是从总体上说，二等贵族仍然促进了法国君主专制的形成。

康斯坦认为16—17世纪王权、大贵族与二等贵族的关系中，大多数情况下是国王与二等贵族结盟对付大贵族，但也不排除旧有封建附庸关系仍起作用。比如米歇尔·卡桑(Michel Cassan)关于宗教战争期间利穆赞地区的研究表明①，该地区的贵族构成了地方行政体系，而王权的行政机构较少。同时，卡桑也发现在国王与大贵族斗争的内战时期，穆赞地区贵族投入战争的比例比其他省区略高，但是他们并不是为国王而战，而是为自己的庇护人而战。如吉尔贝·德·旺塔杜尔(Gilbert de Ventadour)伯爵是蒙莫朗西公爵(Montmorency)的附庸，所以他只为该家族而战。亨利三世试图通过任命官职来笼络这些二等贵族，以建立王权与他们的皇室附庸，但是失败了，大多数的二等贵族仍然偏向于原来的附庸关系。利穆赞地区的二等贵族和香槟地区一样，也是直到亨利四世时期才开始渐渐成为王权的执行者。②

尽管康斯坦认为二等贵族在总体上具有一致性，但是他也不否认各地区的二等贵族有所不同。布尔坎的研究认为，香槟地区的二等贵族接受了王室的附庸，作为国王在地方的代理，为王权服务；而卡桑则在其

---

① Michel Cassan, *Le temps de guerres de religion: Le cas du Limousin (vers 1530-vers 1635)*, Paris, 1996.

② 詹娜:《法国"二等贵族"概念的提出及其学术意义》,《武汉大学学报(人文科学版)》2010年第4期。

研究中表明，利穆赞地区的二等贵族还是倾向于保持原有的附庸关系。由此可以看出，香槟地区与利穆赞地区的二等贵族状况不同，而尼古拉·勒鲁研究的图赖纳地区则与这两个地区都不同。在图赖纳地区，国王直接从二等贵族中征募其权力的执行者，而没有大贵族的干预，这是因为在图赖纳地区只有一个公爵——波旁·蒙庞西耶公爵（Bourbon Montpensier），其领地主要在波旁纳地区（Bourbonnais），他通过继承获得了图赖纳领地，所以蒙庞西耶公爵的附庸势力较少涉及该地区，因此地方贵族则另寻庇护，如勒内·德·维勒魁（René de Villequier）家族，直接接受皇室的附庸，为国王服务。亨利三世时期，维勒魁得到了国王的恩宠，曾一度晋升为法兰西岛的执政官。在弗朗索瓦一世时期，还任命图赖纳地区贵族雅克·德·博纳·桑布朗赛（Jacques de Beaune Semblançay）为当地大法官。所以，尼古拉认为图赖纳地区的二等贵族较为特殊，与卡桑和布尔坎的研究相比，图赖纳地区的二等贵族更是像国王任命的官员，而不是合作者，但他们都为法国建立中央集权的君主专制国家有着重大作用①。

康斯坦"二等贵族"的概念为研究法国贵族阶层提供了一个新的工具，这一概念的提出区分了贵族阶层内部对王权政治、军事的态度，更为清晰地展示了不同贵族阶层在法国专制国家形成过程中的影响。同时，康斯坦突出了中下层地方贵族在近代法国国家构建中所起的作用。在近代国家形成之前，法国国王不能没有贵族的协助，王权尚无能力直接统治这个国家，必须依靠贵族在地方的领导性力量来维持其统治。但由于大贵族拥有较大的自治权，所以他们时不时地与国王作对，也不会有效地执行国王的命令。由此，国王则转向二等贵族，发展他们成为王权在地方的执行者，由此二等贵族逐渐融入国家行政官僚体系的建立与发展过程中，最终形成了君主专制的中央集权，并在路易十四时期达到

---

① Nicolas Le Roux, *Elites locales et service de la couronne au XVIe siècle: L'exemple de la noblesse de la Touraine*, in *Le Second Ordre. L'idéale nobiliaire: Hommage à Ellery Schalk*, ed. Chantal Grell and Arnaud Ramière de Fontanier, Paris, 1999.

顶峰。康斯坦关于"二等贵族"的概念，使一直被研究者们忽视的中下层地方贵族成为了关注的焦点，涌现出许多地方贵族的分层研究，形成了一股学术风潮，为学界对近代法国贵族研究开辟了一个广阔的领域。①

随着对中、下层贵族研究的深入，以及对地方史研究风气的盛行，法国境内较为偏远、保守的中央高原地区，也逐渐被研究者们提上了探讨日程，如达尼埃尔·马丁(Daniel Martin)的《认知奥弗涅——神话或是历史事实》(*L'identité de l'Auvergne-My the ou réalité historique*)②，对奥弗涅大区资源环境的演变，各个不同阶段的自然风貌，农民的生产、生活、风俗文化、宗教信仰等方面，作了详细的论述，生动地展现出奥弗涅地区社会生活的总体状况。又如让·巴蒂斯特·布耶(Jean-Baptiste Bouillet)的《奥弗涅贵族》(*Nobiliaire d'Auvergne*)，较为系统、全面地介绍了当地各个贵族家族的传承和演变历程，但是并没有对该阶层的生活状况进行深入的分析，也没有在近代早期社会经济变革的广阔背景下探讨。2008年，在克莱蒙费朗召开了关于法国贵族研究的学术研讨会，其主题包括大革命时期的贵族思想、宣传和文学，省区贵族状况以及革命期间的贵族流亡等。会议上，塞尔日·比昂西(Serge Bianchi)对革命期间埃松省区(Essonne)贵族状况进行了探讨，让·保罗·罗特欧(Jean-Paul Rothiot)对福雷内勒伯爵(Comte de Frenelle)命运的关注，艾蒂安·库里奥尔(Étienne Couriol)对里昂地区贵族在大革命时期的社会关系、身份和行为的研究等③，都反映出法国史学界在研究贵族问题

---

① 詹娜：《法国"二等贵族"概念的提出及其学术意义》，《武汉大学学报(人文科学版)》2010年第4期。

② Daniel Martin, L'identité de l'Auvergne-Mythe ou réalité historique, Nonette (Puy-de-Dôme): Créer, 2002.

③ 以下论文提交于2008克莱蒙费朗会议期间，目前会议论文集还未发表：Serge Bianchi, *Engagement et destines des nobles de "Essonne" dans la décennie révolutionnaire. Essai de bilan.* Jean-Paul Rothiot, *Le destin révolutionnaire du comte de Frenelle.* Étienne Couriol, *Liens relationnels, identité et comportements da la noblesse provinciale sous la Révolution: l'exemple du siege de Lyon et de la Terreur.*

时，不断深入运用的区域分析方法。

在资料信息不断发掘和便利化的过程中，诸多英美学者也加入对法国地方贵族的研究中来，如威廉·贝克(William Beik)对朗格多克地区贵族与王权关系的探讨①，萨蒙(J. H. M. Salmon)对16世纪法国贵族社会、经济状况的论述②，詹姆士·伍德(James Wood)对近代早期贵族经济状况的关注③，多拉·波翰那(Donna Bohanan)对普罗旺斯、多菲内和布列塔尼三级会议省区贵族与王权关系的分析④，乔纳森·德瓦尔德(Jonathan Dewald)对鲁昂最高法院法官的研究⑤，富兰克林·弗德(Franklin L. Ford)对法国贵族阶层的重组，穿袍贵族和佩剑贵族的讨论⑥，等等，都是对法国各省区贵族展开的研究。直至今日，对这一问题的研究仍然蓬勃发展着。

---

① William Beik, *Absolutism and Society in Seventeeth Century France: State Power and Provincial Aristocracy in Languedoc*, Cambridge: Cambridge University Press, 1989.

② J. H. M. Salmon, *Society in Crisis: France in the Sixteenth Century*, New York: St. Martin's Press, 1975.

③ James B. Wood, *The Decline of the Nobility in Sixteenth and Early Seventeenth Century France: Myth or Reality?*, The Journal of Modern History, Vol. 48, No. 1, On Demand Supplement, Mar., 1976.

④ Donna Bohanan, *Crown and Nobility in early modern France*, New York: Palgrave, 2001.

⑤ Jonathan Dewald, *Formation of a Provincial Nobility: The Magistrates of the Parlement of Rouen*, 1499-1610, Princeton: Princeton University Press, 1980; *The European Nobility*, 1400-1800, Cambridge: Cambridge University Press, 1996; *Aristocratic experience and the origins of modern culture: France*, 1570-1715, Berkeley: University of California Press, 1993.

⑥ Franklin L. Ford, *Robe and Sword — The regrouping of the French Aristocracy after Louis XIV*, Cambridge: Harvard University Press, 1953.

第一章　转型时期贵族面临的困境

贵族主要通过土地获得收入，在中世纪维持着较为富裕的生活，然而转型时期随着新航路的开辟，引起了波及整个欧洲的商业革命和价格革命，给他们的经济生活造成了重大影响，此后王权的兴起在司法上、政治上也不断挑战着贵族的权威，使他们的生活陷入危机。

第一节　经济危机

作为贵族，最重要的就是拥有土地，他们从自己控制的土地中获得收入，依靠他人的劳动为生，所以贵族首先是一个庄园领主。通常，领主将庄园土地划分为两个相互依存的部分：一是领主自营地，出产的物品全部直接归领主所有；一是佃领地（tenures），即分给农民耕作的土地，其数量不等，分布于领主土地的周围①，农民则将收成的一部分交给领主，作为地租，并提供一定的劳役。

同时，贵族在乡村中的地位，不仅体现在土地、经济形式上的主导，还体现在对其他人所具有的权威。在传统意义上，这种权威来自于贵族古老的军事作用。在法国，进入贵族阶层的必要条件就是成为一名

---

① ［法］马克·布洛赫著，张绪山译：《封建社会》（上卷），商务印书馆2007年版，第387页。

骑士，所以骑士阶层是最基层的贵族。① 在国王需要时，贵族能响应王室征召，参加战争，保护国土；平时，则保障自己的领地和佃农不受他人侵犯，所以贵族在领地上修建城堡的初衷在于防御，而不是住宅。周边的农民也为了寻求庇护，而将土地献给当地的领主，从此交纳地租，受到保护。

一、地租收入

首先，贵族最传统且最重要的收入来源就是领地地租。对于大多数贵族来说，土地的所有权是他们赖以生存的基础，也是经济收入的主要来源。将土地分给农民耕作，定期收取地租的生活方式，是贵族阶层长期以来一直坚守的财富源头。土地所拥有的稳定性，是其他财富形式没有的。同时，土地的象征作用与其实际作用一样重要，在人们看来，土地将贵族与民族的过去联结起来，土地像血统一样，提供了可靠的身份证明。所以，在贵族的意识中，土地是最为重要的。贵族常常宣称，他们"在乡村中过着简朴、安逸、体面的生活，周围是朋友、家人和忠诚

---

① 这一点与英国不同，英国的社会阶层中，男爵是最底层的贵族，骑士和骑士侍从则只能算是乡绅，而不属于贵族阶层。在英国，自由人中不存在真正处于优越地位、享有特权、世代相传的等级，拥有土地财产的人便可以合法得到骑士称号，所以骑士制度在英国成为了一种财政制度，而不是一个以世袭为基础的等级。由此，用马克·布洛赫的观点来说，"英国的贵族等级总体上与其说是一个'法定的'等级，倒不如说是一个'社会的'等级"。但是，法国的骑士权力和称号都是可以世袭的。13世纪以前，骑士的后代在接父亲的班时，如果还没有获得骑士称号，仍然只是骑士侍从(贵族青年服侍长辈时的传统称号)，那么，一旦他错过了一定的期限(这个期限一般为年龄的限制，在佛兰德为25岁，在加泰罗尼亚为30岁)，则不能再接任骑士，从贵族阶层中脱离了出来。但是13世纪以后，贵族阶层的权力逐渐强大，则不再受这些条件的限制，骑士的权力和称号转变成为一种世袭的特权，贵族的后代可以享受其父所在的等级和权益，而不必成为骑士。因此，骑士阶层从事贵族传统的军事职业，拥有荣誉和头衔，享有世袭特权，又因为他们是更上层贵族的封臣、附庸，所以也拥有一定的土地和财产，所以法国史学界将骑士划在贵族阶层的范畴内也是有其道理的。

的农民”①，展现出贵族与安逸乡村生活的紧密联系。因此，在一般人心目中，贵族来自于乡村，起源于土地。以土地为依附，建立庄园式的生产、经营模式，收取佃租，成为贵族领主最为基本的生活状态。

11 世纪时，领主分给佃农的土地还是一种短期的租佃制，但是到 12 世纪末 13 世纪初，由于人口较少，领主的土地也需要农民来耕作，才能有所产出，获得利益，所以这种租佃制很快便转为终身租用，并向世袭转化，且作为一种通例保存下来。② 但是，领主对其领地上的土地、房屋、草场等资源，还是拥有绝对的不动产权的，由此农民将土地转手买卖时，需经过领主的同意后，方可出售，并且将地价的一部分交给领主，作为土地转移税。

庄园的土地分成两部分，一方面是领主亲自管理或委托代表管理相当大的一部分耕地，称为领主保留地，另一方面，还有众多的中、小型地块，它们的持有者要向领主提供各种服务，特别是在领地上劳动，称为佃农份地③。从经济角度来看，一份大地产与许多农民小块持有地在同一个组织中的共存是庄园制的最基本特征。领主保留地包括住宅、农田建筑、园地、荒地或森林，但是最主要的部分则是耕田、牧场和葡萄园，基本上是个农业庄园。领主保留地上的耕地通常分成许多田块，与佃农份地的土地混杂交错。地块的面积各地相差较大，但是领主保留地上的耕地一般都大于佃农份地。

领主的劳动力来源主要有两个，即佃农和农奴。从经济角度看，佃农要对领主尽两种义务：交纳佃租，提供劳役。佃租的形式多样，内容复杂。一种是承认领主对土地实际的最高权力而佃农因使用土地需付的

---

① ［美］乔纳森·德瓦尔德著，姜德福译：《欧洲贵族 1400—1800》，商务印书馆 2008 年版，第 75 页。

② ［法］马克·布洛赫著，余中先、张朋浩、车耳译：《法国农村史》，商务印书馆 1997 年版，第 113~114 页。

③ ［比］亨利·皮朗著，乐文译，《中世纪欧洲经济社会史》，上海人民出版社 2001 年版，第 58 页。

酬报；另一些按人头交纳的租表明领地佃农对领主的隶属；还有一些是佃农为享用其他附加利益，如牧场而付出的代价。大部分佃租是固定不变的，多数以实物支付，少数以货币支付。租税本身已很重了，但更重的是劳役。佃农除了是租税交纳人，更重要的是服劳役者。而农奴首先要无条件地遵守佃农需遵守的所有习惯，此外还要服从一些特殊的规定。在那些形式复杂的徭役中，有两种典型的劳务：一种为耕作劳务，另一种为手工业劳务。在第一种耕作劳务中又有新的划分：按地块劳务与按天数劳务。按地块劳务就是每个佃农负责耕种领主的一块耕地，同时领主也发给他们必要的种子。土地收获全部归领主所有。此外，他们还要为领主提供一定天数的劳役，日期有时十分精确：多少天在地里干活，多少天砍柴，等等，领主或其代表有权确定劳役时间以便最有利于领主。每个佃农都有义务为领主提供一定天数的劳役，但关键在于多少天。劳役份额由领主决定，由于佃农自身或其份地的法律地位不同，其劳役份额也就不同。在这点上，领主可以随心所欲地使用佃农，习惯法对领主的权力没有任何限制，至少不被正式承认。“需要时佃农就得去，领主有命令就得干。”①劳役的天数按传统固定下来，一般来说，通常是一周三天，但有时在忙季，有时甚至在全年，常常超过这个天数，。每个耕作单位中有一个家庭或者几个家庭，该集体中的一个人要在一周的大部分时间里为领主服役，农忙时还要多去一两个人，而其余的人则负责各自的小块耕地。这种制度使领地管理者掌握了大量的劳动力。劳役中，车马役负担较为沉重，有车马的农民每年要帮领主运送一定数量的粮食或其他物品到指定地点，路途远近不定。有时候甚至会帮领主到其他城市运送红酒，被称为“酒役”，一般会持续一周左右的时间。

同时，佃农或至少一部分佃农每年要向领主交纳一定数量的手工业

---

① ［法］马克·布洛赫著，余中先、张朋浩、车耳译：《法国农村史》，商务印书馆 1997 年版，第 88 页。

品：如木制品、纺织品、服装，在一些世代以手工业收入为主的份地上甚至还要交纳金属制品。有时手工业品的原料都要由佃农自行解决，如木制品。但纺织品一类的原料基本上由领主提供，佃农或其妻子付出时间、辛劳及技艺。加工有时在佃农家里，有时领主为了防止浪费与偷窃——这种真正奴隶般的义务只强加给自有房屋的农奴，而不包括佃农——叫他们在领主手工工厂里进行。从这个意义上可以说庄园是一个农业与手工业的综合体，当然主要成分是农业，只是综合体不是以工资而是以土地作为劳动报酬。①

农民除了必须交纳的地租外，由于领主对领地佃农的管辖权，而形成的对一些设施的垄断，使得佃农还要交纳一些额外的费用，如磨坊、烤面包炉的使用费等。其中，最普遍且不得人心的就是磨坊使用费了。领主在其领地内分村落修建几个磨坊，并禁止其他人修建，一般是每20户左右的村落修建一个磨坊，较小的村落则没有。由此佃农必须到领主的磨坊里磨面，而领主则向他们收取一定的使用费。有时候，较小村落的农民要走很远的路才能到达磨坊，甚至还要排队等候磨面，非常不便。于是，有的农民偷偷在家里手工磨面，不过一旦被查出来后，则要被罚款。② 由此，农民对领主磨坊税的厌恶程度可想而知了。

领主征收的这些实物和货币租税是按照当地的习惯进行的，但从中世纪以来，习惯法的特点就是没有文字的记录，只靠记忆来沿袭传统，也没有专门的人员来管理，所以很不稳定，总是在变动。因此，以前征收的租佃可能因为很久不再收取，无人记起则不再生效；而新的租佃也可能重复征收几次后，就成为了一种惯例。③ 圣路易统治时期④，巴黎

---

① ［法］马克·布洛赫著，余中先、张朋浩、车耳译：《法国农村史》，商务印书馆1997年版，第89页。

② 马克垚：《西欧封建经济形态研究》，人民出版社2001年版，第209页。

③ 马克垚：《西欧封建经济形态研究》，人民出版社2001年版，第208页。

④ 圣路易九世(Saint Louis，1215—1270)，路易八世的儿子，是法国卡佩王朝的第9任国王，1226年在位直到死亡，曾发起过第7次、第8次十字军东征。

最高法院的一项判决里写道：一块特定的佃领地自古就没有付税，这无关紧要；如果其他佃领地一直在付税，那么这块长期逃避税款的佃领地也必须付税。① 由此，一些领主则利用这点，恢复很久以前不再实行的租佃，有时甚至增添新的税务，以谋取利益。

二、自领地收入

12—13 世纪，由于自领地不断扩大，领主们无法直接亲自经营大块的土地，因此采取出租的形式，承包给某人，收取实物或是货币地租。这种大片土地的承包通常是用作发展奶制品农场，领主将土地、农具、牲畜、房屋等出租，与承包人签订协议，定时收取租金，租期一般为 6~9 年，以保证一段时期以后，土地的产量和物价变动时，领主能够调整承包条件后再出租，收取更多的利益。这种承包制的租金一般是按每年产量的一半交给领主，但大多数情况下，领主都会以各种理由强行多占有一部分产品。在这种生产关系中，贵族不再参与农业生产和土地的经营，只是定时收取租金；农民的生产除交纳租金和家庭自需外，略有剩余，则拿到市集上换取一些家庭其他所需产品，保持着一种自给自足的生活方式。

以法国中部的奥弗涅省为例，该地区有很多奶制品农场出租，每年 5 月份，租地农场主的牧人们会赶着奶牛群进入牧草肥美的山区，还有干酪制造者们一起，他们将住在山间小木屋里，看守牛群。在一些较为富裕的庄园，山间小屋则是用牢固的石头建造的，还有稿秆的屋顶。一般在这种用来居住的山间小屋旁，都附有一间用泥巴糊墙的工作小屋，分为三个区：一个区用来生火，另一个用来放盐和做干酪的工具，第三个则是整理间。牧人和奶酪制造者们将在这里度过整个夏天，放牧奶

① ［法］马克·布洛赫著，张绪山译：《封建社会》（上卷），商务印书馆 2007 年版，第 398 页。

牛，挤奶，并制作奶酪。奥弗涅地区的奶酪在法国非常著名，被称为中部地区特有的“圆柱形干酪”。干燥的 7 月份，牧人们能将收割的草晒干，以储备好冬天之用。每年 10 月，农场便召回奶牛群到牲畜棚里过冬，并带回夏天制作的干酪，到城镇的秋季集市上出售。① 奥弗涅地区的牲畜棚通常是巨大的矩形状，四周有着坚固的石头墙壁，一般是用玄武岩做成的，斜斜的稿秆屋顶，以防止冬天积雪造成的坍塌，保证牲畜们能度过奥弗涅地区寒冷、漫长的冬季。起初，奥弗涅省的贵族将每年收取的奶酪等实物租金，除去家族自用的部分后，交由管家拿到集市上售卖。后来，到 16 世纪左右，商品经济逐渐发展起来，特别是奶制品的商业化过程迅速，奶酪贸易逐步增多，此时商人阶层的数量也在不断扩大，他们积极地将奥弗涅地区著名的“圆柱形奶酪”贩卖到周边地区，或者更远的范围。所以，16 世纪后，奥弗涅地区较大的奶制品农场在奶酪生产出来以前，很可能就已经有商人预定了农场的所有奶酪，根本不需要自己来售卖。由此，形成了贵族提供土地、牲畜等生产工具，农民饲养牲畜、制造奶酪，商人贩卖，这一系列生产、售出流程，适应了商品经济的发展，带有一丝资本主义生产方式的色彩。

三、司法收入

领主法庭在处理领地农民纠纷问题上，一直发挥着非常重要的作用，在一定程度上调解了农民之间以及农民与贵族领主之间的矛盾，也是最为基础的地方司法机构。一般具有封土的贵族都有领主法庭的司法权，对他们来说，领主法庭并不带有主持公道的意味，而是一个生财之道。按照习惯法的规定，对于大多数违法行为，一般都是判处罚金的惩治措施，而这种罚金自然是归主持法庭的领主所得，所以领主才对这种

① Philippe Arbos，*L'Auvergne*，Paris：Armand Colin，1932，pp. 60-63.

法庭感兴趣，并紧紧抓住司法权力不放①。与此同时，由于习惯法中规定“由同等地位者审判或领主进行审判”的原则(“Jugement par les pairs ou jugement par le maître”)②，所以涉及领主的案件只能由同级的领主组成法庭，才能对他进行审判和裁决。这个原则使得领主之间相互包庇，逃避了法律的制裁，对农民很不利，所以也时常有不服判决、继续上诉等反抗行为发生。不过从16世纪起，一种法则被普遍接受，且几乎被一直运用，即禁止领主个人出席审判。与此同时，司法制度不断复杂化，也使审判变得困难，令领主为难。因此，领主必须设置职业法官，并对法官支付报酬，这的确是一笔真正的负担，而且常常是相当重的负担③。此外，诉讼人还要加上支付给法官的额外费用，令整个花费常常超过所得，所以领主们也不再倾心于法庭的审判，逐渐将领主裁判权让渡出来。

四、经济变革中的贵族财产

中世纪晚期到近代早期，随着15—16世纪地理大发现和新航路的开辟，使过去处于相互隔绝的各地区建立了直接的联系，西欧开始面向海外，贸易也走出了地中海的狭小范围，扩大到全世界，引起了整个欧洲的商业革命和价格革命，影响十分深远。世界市场逐步扩大，流通的商品不断增多，欧洲的贸易中心也从地中海转移到了大西洋沿岸地区。

同时，中世纪晚期近代早期法国的领主制度也有很大的变动，一是份地地块的变小，另一个是徭役的减弱。制造业的徭役减少了，当然领主们仍然保留着供养一部分手工业者在庄园里干杂物的习惯，不过已经

---

① 马克垚：《西欧封建经济形态研究》，人民出版社2001年版，第188页。

② ［法］马克·布洛赫著，张绪山译：《封建社会》(下卷)，商务印书馆2007年版，第596页。

③ ［法］马克·布洛赫著，余中先、张朋浩、车耳译：《法国农村史》，商务印书馆1997年版，第119~120页。

看不到那种聚集成群的佃农集体制造木制工具、木板、布匹或服装的现象了，只有零星的铁匠仍然交付镰刀和长矛等器具。农业劳役这种迅速的减弱，可以解释为领主们领地的逐渐变小，委托给佃农耕种的土地渐渐融合消失在以前曾负责耕种这些土地的佃农的份地中了①。至少最初在领主庄园里由佃农计日耕种的田地中，有一部分用作小块封地以奖赏由贵族统领的武装附庸，这些佩剑军人再将自己的封地分给农民种植，农民向他们支付佃租。另外一份，也是最大的部分，由领主自己直接出让给佃农。起初，领主们并不自愿地把其领地的划分看成是不容改变的。由于习惯法的作用，在那种与旧采地形式相似的永久份地形式下，大领地最终划为小块转移到了广大农民手中。领地缩小了，于是其性质改变了。

领主们逐渐放弃直接管理耕种大片地产的原因：首先，领地佃农向主人交纳大量的食品，不过并不是所有食品都入仓库，尤其是那些易变质的东西，领主们必须尽快将它们卖出，但并不是那么容易就能找到合适的买主，城市的人口十分稀少，且差不多还是半农村化，平民经常挨饿，更买不起东西。在这期间，浪费、丢失和无谓的运输又消耗着领主的钱财。其次，大领主的武装附庸又像是小型化的公爵或伯爵，他们有的是自由人，有的还是农奴，他们有领主给予的采地作为武装附庸的报酬，于是迅速地变为小型世袭封臣，并为自己的利益行使他们领地上的指挥权，将领主租税或盈利全部或部分据为已有，有时还跟主人公开交战，这也成为领主们十分头疼的问题。所以，土地一旦落入这些武装附庸手中，就意味着失去经营权。在这种情况下，将小规模经营的地租收益折为货币，会更容易运输、积攒，也更容易控制份地的租税。这些分割的小块田不仅可以为领主带来佃租，而且可以得到佃农附庸，他们数目众多可以作为领主的军事力量，为领主赢得声势和威望。在领主制的

---

① [法]马克·布洛赫著，余中先、张朋浩、车耳译：《法国农村史》，商务印书馆 1997 年版，第 112 页。

经济生活中，这一转变有着决定性的意义。从中世纪后期起，领主们认识到旧的劳役地租实行的用处不大了，就代之以货币地租，劳役变得较为轻微。因此，从经济上说领主不再是庄园的头领了，成为土地食利者。

中世纪最后两个世纪里，法国经历了巨大的灾难，百年战争的法兰西，遭到结队士兵的抢劫，经受了扎克雷农民起义，以及比起义本身更可怕的由于对起义的镇压所造成的荒芜，最后还要受到人口因战争、灾荒大量死亡的打击，极大地影响了法国力量的恢复。在这个过程中，贵族阶层也受到重创。许多家史悠久的贵族到百年战争快结束时，已经濒临灭绝。领地用现金征收的税，由于通货膨胀，价值已远远不如从前。16 世纪，中欧加紧了矿藏的开采，接着是更大规模地投资于美洲的矿产宝藏，特别是 1545 年发现了玻利维亚的银矿后，金属货币的数量大大增加，美洲的白银在入侵者的掠夺下，大量地涌入欧洲，引起普遍的通货膨胀、物价上涨和货币的不断贬值，投机活跃。同时，流通速度的迅速加快也大幅增加了可使用的金属货币，这又引起物价的极度上涨。在此背景下，以货币地租为基础的食利贵族在这一过程中遭到巨大打击，这些贵族早已脱离了经营土地的过程，成为定时收取固定土地租税的食利阶层。然而，以货币形式支付的地租金额是几乎不变的，而且得到长时间的遵守，因为它是由习惯，有时也由口头规定，但是逐渐通过书面文字而法典化，在任何情况下都不得违反，必要时，法庭可以出面使其得到遵守。但是，地租的数额丝毫不能够反映当时的现实。在 15—16 世纪，由于里弗尔(livres)货币金属含量的急剧下降与价格上涨的双重影响，使货币贬值了 3/4 以上①，使得贵族们逐渐变得贫穷。

不过，也并非所有贵族的财产都受到同样的打击，在一些远离经济潮流影响的省份，仍然采取传统的实物地租为主要的交纳方式，有些贵

① ［法］马克·布洛赫著，余中先、张朋浩、车耳译：《法国农村史》，商务印书馆 1997 年版，第 141 页。

族还保留着相当大一部分的自领地。因此，反而避免了通货膨胀的不利影响。在这场经济大变革的过程中，贵族阶层内部的贫富差距也越来越大，能够采用适应商品经济发展的经营方式，是贵族在此阶段经济地位上升的唯一手段。虽然贵族阶层受到法律的禁锢，规定不能从事工商业，但是拥有土地所有权的贵族仍然进行着土地交易，并通过有偿借贷等方式来获取利润，增加财富。但是，有的贵族害怕参与交易带来的风险，固守只从祖上继承的传统观点，则必然会在这场变革中衰败下去。而且，在那时持有传统观念的贵族还比较多，所以有学者认为贵族阶层在 16 世纪就已经走向了衰落。① 但实际上，在法国还是有大量贵族在这段时期内，改变了经营方式，积极参与新经济活动，增加财产收入，从而巩固了政治经济地位，且地位不断上升。

在价格革命中，粮食价格的上涨最为显著，生产粮食变得有利可图。从下图中可以明显看出 1500—1700 年，法国粮食价格的变化趋势(见下图)。

图中三条曲线分别显示了法国三个不同地域、不同谷物价格的波动趋势：北部巴黎的小麦、东部格勒诺布尔的黑麦和南部图鲁兹的玉米(玉米作为一种新的粮食作物，是在 17 世纪中期才引入法国的)②。但是，在这三个距离甚远又相互独立的市场上，三种不同谷物价格的变动都显示出一个相同的趋势，即从 16 世纪中期到 17 世纪粮食价格的不断攀升，特别是在 16 世纪末，法国宗教战争结束后，由于战乱的影响，

---

① Lucien Romier, *Le royaume de Catherine de Medici*, Paris: Perrin, 1922. Gaston Roupnel, *La ville et la campagne au* XⅦ*e siècle*: *Etude sur les populations du pays dijonnais*, Paris: A. Colin, 1955. Henri Drouot, *Mayenne et la Bourgogne*: *Etude sur la Ligue* (1587-1596), Paris: Auguste Picard, 1937. Paul Raveau, *L'agriculture et les classes paysannes*: *La transformation de la propriété dans le Haut Poitou au* XⅥ*e siècle*, Paris: Rivière, 1926. Pierre de Vaissière, *Gentilshommes campagnards de l'ancienne France*, Paris: Perrin, 1903.

② Edited by Charles Wilson and Geoffrey Parker, *An Introduction to the Sources of European Economic History* 1500-1800, London: Weidenfeld & Nicolson Ltd, 1977, p. 179.

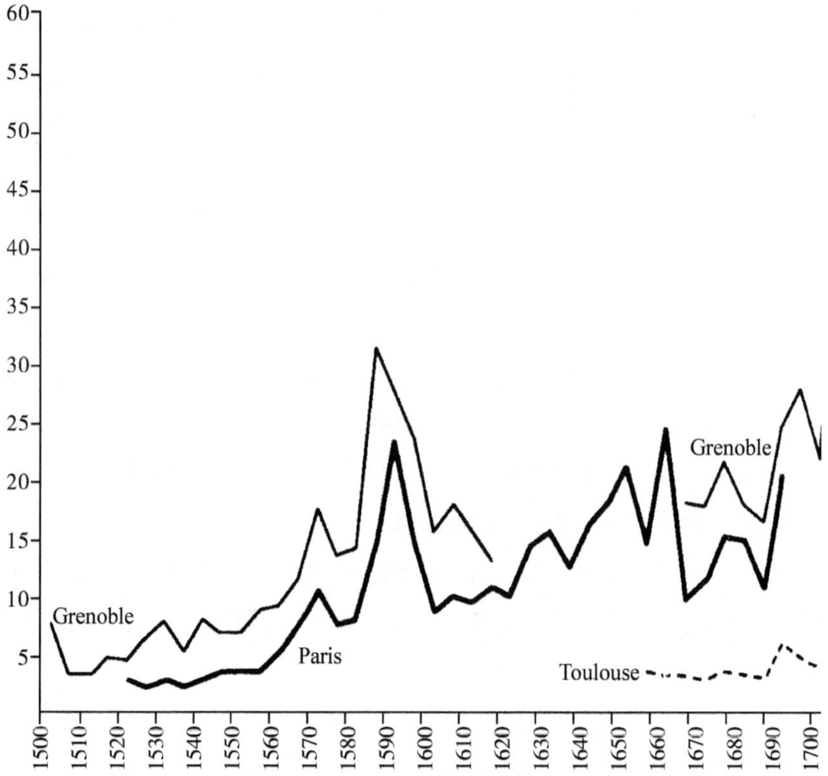

1500—1700 年法国谷物价格走势图

资料来源：Edited by Charles Wilson and Geoffrey Parker, An Introduction to the Sources of European Economic History 1500-1800, London：Weidenfeld & Nicolson Ltd, 1977, p. 179.

生产被破坏，土地荒芜，使得粮食价格更是疯狂猛涨；但到了 17 世纪则逐步回落，直到路易十四亲政前期，粮食价格又再度上涨。粮食价格的演变趋势，直接影响着乡村土地贵族的经济生活和经营方式，在粮价上涨的时期，土地的价值也变得非常珍贵，由此贵族们也纷纷活跃在土地交易市场上，扩大自领地成为积累财富最有效的手段；反之，在粮价下跌的时期，贵族们则不再醉心于购买地产，而转向其他的经营策略。

在16—17世纪粮食价格猛涨的过程中，生产粮食的土地资源则变得尤为珍贵，因此，有些拥有大量土地的贵族便利用这次机会，开始重新估价、经营自己的自领地，土地的买卖活动变得非常活跃，购置土地成为贵族增加财富的手段之一。与此同时，商人阶层也在频繁的土地交易中逐渐兴盛起来，他们在贵族缺乏资金或急于还债时低价收购土地，然后再转手高价卖出，从中获取利润。

第二节　权力危机

贵族的权威除了军事保护外，还建立在乡村领地的司法裁判权上。庄园一般都设立了领主法庭，法庭的主持者为领主本人，后来渐渐发展为领主委任的法官主持，他们依据习惯法的规定，审理领地及其周边地区农民、商人等提出的诉讼纠纷案件，并拥有一批执法人员来保证领主法庭判决的效力。由此，庄园法庭在领地上扮演着一种正义裁决者的角色，显示了领主在司法上的控制权。然而，在近代社会转型时期，领主的司法权力也在不断削弱，同时王权的强化也使贵族在政治上面临着极大的挑战。

一、领主司法权的削弱

领主庄园制时代的农业社会，建立于传统主义之上，只有那些长期延续的事务才最具有存在的理由。集体的传统——习惯法统治着人们的生活。习惯法当时具体体现在法律条文、法令、通过调查制定的领主庄园清单中。但是大部分情况下，习惯法只停留于人们的口头上。总之，人们信赖自己对往事的记忆。如某种制度存在于人们的记忆中，它就是有效的。但人们的这种记忆非常不完善，又有很大的伸缩性，所以它特别突出的缺陷就是容易被忘记，尤其容易被曲解。这种将习惯法逐渐以法律形式固定下来的做法与其说是使它成为日常生活的裁决者，倒不如说是使它更多地将滥用权力和失职现象合法化。习惯法是一把双刃剑，它时而为领主利用，时而又被农民所利用。由于其益处与弊病的伸缩性较大，其原则可以为领主随意解释。在那些公共法院审理诉讼案件时，可以看到庄园习惯时不时地被领主用来对付其臣仆。

在庄园里，领主们独揽法律大权，原来实行的公审诉讼方式在中世纪后期残剩无几。法律关系的核心是两种平行的制度，即重大案件掌握在国王的臣仆——公爵手中，小案件则留给下级官员或一些领主们处理。由于国王大量地让与特权(豁免权)，同时职位世袭使旧官员的后代几乎不能撤换，以及各种权力的滥用与僭越，国家实际上失去了对其原有制度的控制。所以，实际上是领主根据世袭的、让与的或是买下的权力来任命法官，召集公审大会。高级裁判权也是一种领主所有的、世袭的、可让与的权力，领主们可以不受国王的控制，在自己的领地甚至在毗邻的不得势的领主领地中行使这种特权。最后是低级裁判权和土地裁判权(即轻罪裁判和有关领地的裁判)，它们在每个领地中归领主所有，至少领主可以组织、召集并主持法庭——领主自己主持或通过代理人主持——并宣布判决。①

在领主手中法律大权无限制地滥用，极大地扩充了经济剥削的力量。当时被称为通告(ban)的文书，大大增强了领主统治的权力。庄园一般都有一个水磨，当然，佃农不肯经常去磨麦子，因为领主总要占些便宜。在中世纪前期领主也不强迫佃农使用磨坊，许多佃农仍采用家庭手推石磨。而中世纪后期许多领主运用手中的权力，开始强迫领地上的佃农也要使用他们的磨坊，当然是要付费的。大领主们甚至要求受他们裁判权和行政权管辖的其他小领主领地上的佃农也要使用他们的磨坊。付税使用面包烘炉与付税使用磨坊一样普及。

---

① ［法］马克·布洛赫著，余中先、张朋浩、车耳译：《法国农村史》，商务印书馆1997年版，第93页。

当然这种情况不仅仅在法国存在，英国也有磨坊的强制使用和销售的垄断，以至于强迫购买啤酒。德国也是如此。但这种制度推到极点的是法国。毫无疑问，由于领主权力的极度膨胀，使得法国的领主在法庭上具有了绝对权威。

领主不仅对佃农和农奴进行经济上的剥削，还对他们行使统治权，同时佃农和农奴还是领主军队兵力的来源，作为补偿，领主则为他们提供保护。

而到了中世纪末期、近代早期，领主裁判权逐渐衰落了。但领主的司法权还没有消亡，只是后来的大革命才消灭了它。许多诉讼事件仍然要通过领主的司法权进行审判，尽管该权力的力量已大不如从前。从16世纪起，一种法则被普遍接受，且几乎被一直运用，即禁止领主个人出席审判。同时，司法制度的不断复杂化也使审判变得困难，令领主为难。从此，领主必须设置职业法官，并对法官支付报酬，不过不像以前那样提供一份“俸禄地”，而是用货币支付。同时，国王敕令要求给予法官适当的工资应严格得到遵守。所以对领主来说，这是一笔真正的负担，而且常常是相当重的负担。此外诉讼人还要加上其他的费用，整个花费常常超过所得，以致当时人们非常害怕审判。17世纪一位勃艮第贵族写道：“罚金、无主财产和没收钱物的收入都不够支付法官们的工资。”1781年，马耶讷公爵领地的总管给主人的报告中写道：“贫穷……使我们发生许多违法案件，我尽可能私了了许多事件。”①

从16世纪以后，几乎各地法庭都统一为国家法庭，成为领主法庭可惧的竞争对手。国家法庭收回了领主法庭的大量诉讼案件，并通过笼络地方官吏，独揽了许多其他诉讼案件。从此以后，国家法庭渐渐接受了各种申诉，领主们大大丧失了其权力和威望。在中世纪，使领主们扩大发号施令权及其收入的，正是他们压在佃农头上的司法权，虽然军事

---

① ［法］马克·布洛赫著，余中先、张朋浩、车耳译：《法国农村史》，商务印书馆1997年版，第120页。

权力还没有从领主手中失落，在乡村治安方面还保留着一定作用，但领主的威信却被大大地削弱了，贵族在司法权力上面临着极大的威胁。

二、王权及皇室司法机构的扩张

1337—1453年的英法百年战争，对整个法国的社会、经济造成了巨大破坏，成千上万的人死于冲突和战乱，教堂被夷为平地，土地荒芜，房屋被烧，到处都是一片狼藉，更助长了土匪和强盗的气焰，暴力冲突无处不在。在此过程中，贵族阶层也受到了极大的威胁，曾有人描述过此时贵族的状况："贵族像其他人一样，也遭到了人身伤害和经济损失……土匪绑架、杀害了他们的佃农，他们不敢离开家，害怕家中遭到抢劫，他们的妻女遭到强奸……"①虽然贵族们也进行了自卫反击，但是只是个人的行为，没有形成整体气候；而且此时贵族的反击更容易激怒那些曾经被他们欺压的社会底层民众，反而令民众涉险走向盗匪那边，暴力冲突让贵族们非常不安。由此，贵族需要一个更为有力的王权和政府，来控制对他们造成威胁的种种暴力根源。于是，国家对这种政治需求作出的第一反应就是扩大司法机构，并加强地方驻军，以强制性力量来保障皇室司法机构的判决，维护地方安全。15—16世纪，法国建立了很多地方皇室法庭，一大批人获得法官和律师职位，进入法院工作。从1450年到1550年，法国法院的数量增加了50倍，法官的数量更是突飞猛进②。

15—16世纪不仅是皇室司法机构扩张的时代，也是一个精心编订法典的时代。法国一直到13世纪晚期都还没有一部完整的法典，法官审判案件时，不是遵循法律的条文，而是依据先例，包括罗马法的汇

---

① Marie Thérèse Caron, *Noblesse et Pouvoir Royal en France*, XⅢe-XⅥe *siècle*, Paris: Armand Colin, 1994, pp. 279-280.

② ［美］乔纳森·德瓦尔德著，姜德福译：《欧洲贵族1400—1800》，商务印书馆2008年版，第131页。

编、口耳相传的日耳曼习惯法、或是王国统治者曾经颁布的法规敕令等。此时的成文法主要以罗马法为基础，但罗马法汇编篇目浩繁，查询不便，同时旧有的王室法规敕令又缺乏原本，所以通行的法律准则一般都是因为惯例才被人知晓。由此，习惯法在很长一段时期内都处于优势地位，记忆是习惯法最主要的维护者，不过这些惯例的形成仍然受到罗马法的影响。随着社会的逐步发展，事务变得复杂化，人们需要记忆的东西也越来越多，这种易变的、无定制的人类记忆，逐渐成为要淘汰的方式，因为如果资料不诉诸文字，不仅容易产生在记忆事实时都容易犯的错误，而且还会因误解他人的话语而受到损失。由此，编写、修订传统的习惯法，将其用文字记载并固定下来，已经成为不可阻挡的趋势，习惯法的成文也极大地完善了曾有的成文法规。因为习惯法和成文法都受到罗马法的影响，成文法的完善也依据了习惯法的编撰，所以两套法令并没有太大的差别，只是在领主地租收入的规定上稍有不同：习惯法规定领主只能向农民索要拖欠三年的地租，超过三年，则上诉到法庭解决；而成文法则可以宽限到 29 年。① 这样，成文法地区的领主可以向佃农索要的数额就大大超过了习惯法地区。但在奥弗涅地区，主要还是通行习惯法，成文法的区域较少，且一般位于新兴的领地范围内。

16 世纪中央王权控制地方暴力武斗的措施，强化了地方皇室司法机构的职能。从 16 世纪 50 年代以来，中央政府就强调在解决地方冲突时，用诉讼的方式取代暴力斗争。但许多贵族仍然保留他们享有行使私人暴力的权利，司法决斗在 16 世纪中叶依然是一个活生生的现实，这时的法律权利还建立在诉讼双方的肉体格斗中。1547 年，国王亨利二世主持了法国历史上最后一次司法决斗，在观看了诉讼一方用剑术欺骗，残忍地将另一方杀死的过程后，亨利二世宣布废除了用决斗解决司法争端的方式。从那以后，国家主办的司法决斗消失了，但是私人杀戮

---

① G. M. Chabrol, *Coutumes générales et locales de la province d'Auvergne*, Vol. 2, Riom: Martin Degoutte, 1784, p. 232.

迅速兴盛起来。据史学家估计，17 世纪早期，法国每年约有 350 名贵族死于决斗中。这种滥杀越来越遭到人们的反感；贵族阶层本身出门都要高度警觉，带好武器和贴身仆从，随时做好战斗的准备，渐渐地，他们也厌倦了这种无意义的相互杀戮。蒙莫朗西-布特维尔伯爵，出身于法国最显赫的家族之一，他具有典型的贵族特质，将战争视为艺术，把决斗作为生活的唯一目标，从 15 岁开始，蒙莫朗西伯爵就参加了决斗，到他 28 岁被判处死刑时，已经参加了 22 场决斗①。当时的国王路易十三和首相黎塞留因为其大贵族的身份，所以一直容忍着蒙莫朗西伯爵的杀戮行为，但同时也警告他，不要再挑战国王的耐心，然而蒙莫朗西伯爵仍然不听。1628 年，在巴黎的一个广场，蒙莫朗西伯爵与几个年轻朋友聚众打架，这一举动促使国王下决心采取行动，逮捕了蒙莫朗西伯爵，交给最高法院审理并判处了死刑。国王借此表明，他有审判大贵族的权力，有权监管被广泛认可的习俗。同时，也意味着国家拥有暴力的垄断权，不因为是贵族就可以肆意妄为，而是只有国王才能决定什么时候可以使用暴力。从对蒙莫朗西伯爵的审判开始，中央王权带动高等法院开始了一场反对地方司法混乱、反对决斗的运动，由此形成了范围广阔、影响深远的大审判。

三、贵族阶层的分化

中世纪的法国就开始出售官职，到 1523 年弗朗索瓦一世设立了"酬金收售处"专门征收出卖官职的费用，由此官职买卖成为了国家一项公开的政策，开始大规模地卖官鬻爵。1602 年，王室秘书查理·波莱（Charles Paulet）向国王亨利四世提出的一项改革措施，放弃原来的 40 天条款，即职位私下让与必须超过让与人去世前 40 天，否则让与无效，

---

① ［美］乔纳森·德瓦尔德著，姜德福译：《欧洲贵族 1400—1800》，商务印书馆 2008 年版，第 132 页。

国王将收回其职位，改为国家每年收取官职价值的 1/60 作为官职税，官职即可世袭。亨利四世应允，于 1604 年颁布了著名的官职税法(Paulette)，由此官职的买卖和世袭制度正式在法国建立起来。于是 1515—1665 年，法国的官职数量增加了 11 倍，这对传统的贵族阶层无疑是一个巨大的冲击。

贵族认为平民的向上流动对他们的权力和地位是一个严重的威胁，从 1560 年召开的一次三级会议开始，紧接着在 1576 年和 1588 年再次召开，第二等级就屡次抱怨重要职能源源不断地失去，平民通过购买的方式进入司法、财政和王室机构中。为了平息贵族的抱怨，国王于 1579 年 5 月宣布那些传统上由贵族把持的职能，比如司法长官、宫廷总管、贵族议会的职务、宫廷膳食总管、车马总管等，现在只为贵族保留。为了确保职位分配的公平性，一个人不得同时占有多个职位。而且，国王宣布只要法院职位有空缺，法院在它的任命名单里至少包含一半贵族的名字，如果他们有能力胜任法律所要求的职位。无论如何，贵族对平民大量涌入政府职能体系的反对在 1604 年官职税出台后达到高峰。唯利是图的司法体系刺激了贵族阶层。首先，官职税法令使得非贵族和正在形成中的贵族完成了对贵族职权的“篡夺”，贵族不能再抱希望去逐步逆转这不知不觉加剧的趋势。其次，官职税出台仅仅四年后，许多第三代官员就可以被称为贵族了。鉴于 16 世纪晚期贵族身份数量的不断增长，贵族有理由相信国王唯利是图的承诺意味着大量的平民进入了第二等级。再次，国王于 1604 年发布官职税时，政府就应该考虑到物价上涨的问题，上涨的物价超出了许多中等收入贵族的承受能力，这些贵族原本可以悄无声息地安于腐败蔓延的现状，上涨的物价则创造出只有财富是进入司法和财政机关途径的印象，因此 1604 年的官职税敕令引发了贵族批评和抗议的新浪潮。

贵族的担心体现在 1614 年三级会议手册的起草上，在他们的申诉状里，贵族代表制订了一个雄心勃勃的政治诉求，要求恢复其在法律和财务机构应有的地位。奥弗涅地区的贵族代表呼吁国王的地方贵族在

"最高法院，法院、调查委员会、皇室法庭等司法和财政机构中，贵族应该占有至少三分之一的成员"①。1614 年一个广为流传的小册子也对官职税表示抗议并回应了贵族的呼吁，坚持认为"贵族将恢复昔日的辉煌，像过去一样地执法"②。贵族认为他们与第三等级是有明显不同的，希望用出身标准作为界线与第三等级的人区分开来。

然而，随着王权的兴起，国王的事务越来越纷繁复杂，分工也越来越细密，在宫廷中出现了越来越多的由国王从第三等级中挑选、任命，具有专业知识和技能的穿袍贵族，他们与传统的佩剑贵族同为贵族阶层，但由于其出身，常常受到佩剑贵族的蔑视与敌意。一些非贵族的法学家可以凭借自己的专业工作进入较高的阶层，即在为国王的服务中得到皇家个人的奖赏和一些世袭贵族的名誉。穿袍贵族有着强烈的司法尊贵意识，但是佩剑贵族则认为只有他们才可以被称为贵族，是依靠战争中英勇和忠诚的美德成为贵族的，这种美德和荣誉只能在家族内部传承。在贵族中任命议员到特殊的位置时，国王至少要思考什么样类型的贵族应该放在这个位置上。骑士教义曾于 1706 年记载："问：'什么是贵族?'答：'国王给予他的臣民中的一些杰出行为的报酬，它是一种美德。'问：'有多少类型的贵族?'答：'两种，佩剑贵族和穿袍贵族。'问：'哪种更受到敬重?'答：'佩剑贵族……因为只有经历生命的危险之后才可以获得。'"③由此可以看出佩剑贵族与穿袍贵族的对立。同样的区别，在法律定义之外，把佩剑贵族等同于贵族的趋势在这一时期政府的文件中占据主导地位。例如，德·贝赞对朗格多克省贵族的讯问把认可

① Bibliothèque de l'Arsenal, MS 4485, "Cahiers particuliers de la noblesse (des 3 Etats) de diverses provinces de ce royaume, pour estre représentez en l'Assemblée des Etats généraux tenus à Paris. 1615" ("Auvergne"), fol. 143v.

② Jay M. Smith, *The Culture of Merit-Nobility, Royal Service, and the Making of Absolute Monarchy in France*, 1600-1789, Ann Arbor: University of Michigan Press, 1996, p. 47.

③ De Chevigni, De Limiers, Pierre Massuet, *La Sience des personnes de cour, d'épée et de robe*, Amsterdam: François L'Honoré, 1707, pp. 38-39.

的贵族划分为“显贵阶层”“古老阶层”，“穿袍阶层”和“中低阶层”。①当然，穿袍贵族阶层也有自己的声明，贝尔托监察官关于穿袍贵族特权的书于1701年出版，书中没有承认佩剑贵族有任何实质性的优越权。贝尔托担任皇室高级官员，他是司法管理者，认为治安法官继承了中世纪君主最高贵的行为，在任何关于“军队必须低于司法”的争执中，法国佩剑贵族都不比穿袍贵族更高贵，“社会上只有一种贵族，他们既可以通过服军役，也可以在司法审判系统中担任职位，虽然有所差别，但是权利和特权是相同的，穿袍贵族也有他们自己的荣誉，并不比佩剑贵族少”②。虽然关于穿袍贵族和佩剑贵族平等的陈述强有力，且非常有说服力，但是摄政却只为佩剑贵族开放，特别是公爵阶层，他们顽固地认为穿袍贵族社会等级低下是毋庸置疑的。1716年贵族阶层的备忘录曾写道：“只有一种贵族可以不通过服军役获得。当有人在治安法官中遇到他时，有人可能尊重优点，但是关于出身，他们从来不被认为是那些享有贵族特权的荣誉中产阶级。”③

穿袍贵族不再单纯是皇室职业，他们已经远离了其资本家的根源，尽管他们与佩剑贵族相互敌视，但都享有贵族阶层的政治、经济和荣誉特权以及司法职位所持有的特权等。为了让自己成为名副其实的贵族，穿袍贵族们在诸多方面尽量向佩剑贵族靠拢，他们学习了许多传统贵族的行为、举止和态度，模仿其生活、娱乐方式等。到1715年，穿袍贵族在国家法院所占的比例可以通过付给国王报酬获得有名望的头衔来提高，从而确立他们在男爵领地或侯爵领地中成为最大的土地持有者。对贵族阶层而言，最高的任命是与穿袍贵族相关的。在穿袍贵族的头衔里可以选择他们的名字，象征着贵族的“de”出现在家族核心姓名中。高

① M. Guyot, *Répertoire universel et raisonné de jurisprudence*, Paris, 1784, p. 84.

② Maréchal de Villars, *Mémoires du maréchal de Villars*, Tome 4, Paris, 1884, p. 67.

③ Archives Nationales, K. 622, no. 7, Lettre de M^{r}—à un de ses amis.

等穿袍贵族的生活方式逐渐接近于佩剑贵族，更多的高等法院院长、委员、官员在社会沙龙里谈话，增加他们的影响力。穿袍贵族还渐渐接受贵族道德观粗暴的一面，他们也开始涉及危险的斗争。狩猎是贵族最擅长的娱乐运动，也出现了穿袍贵族的身影。在穿着上，贵族并没有精确的规定。法国有限制奢侈浪费的法律，禁止平民使用某些特殊的装饰，比如在 1601 年到 1667 年间关于皮草、丝绸、羽毛、珍珠的法令有 9 个。穿袍贵族通过穿华丽的衣服与平民区分，颈部有黑色短披肩，习惯上戴着假发。由此，作为国家法院职员的穿袍贵族在姓名、头衔、服装、习惯和日常事务上都与传统佩剑贵族渐渐趋同，但佩剑贵族却不愿意承认他们，其相互通婚的比例也较小。

综上，法国贵族在中世纪晚期近代早期的社会转型中确实遇到了很多危机和挑战，在经济上面临着通货膨胀带来的地租贬值和收入减少，政治上王权的不断强化一步步攫取了贵族的司法权力，同时第三等级不断涌入贵族阶层，对第二等级的权力和地位都产生了极大的威胁，在这种情况下法国贵族是消极对待，逐渐衰落下去，还是迎难而上，采取各种方式努力摆脱颓势呢？本书将在下面的章节中具体探讨此时期法国各地贵族改变命运的途径。

第二章　贵族收入模式

在近代早期的社会经济变革中，确实有一些贵族在危机中一蹶不振，无法克服家族发展的瓶颈，走向灭亡，但还有很多贵族家庭并不是坐以待毙，他们通过各种途径维护家族在当地的社会经济地位。对贵族来说，拥有土地是贵族最基本的特征，也是其收入最主要的来源，因此，经营和管理好领地地租和土地收入对增加家族财产、维持家族经济实力是非常重要的。

第一节　整顿领地收入

领地地租收入是贵族整体收入中最重要的一种收入。在法兰西岛及其周边地区，大多数贵族在巴黎或外省拥有地产。1750 年，马雷街区的 35 本贵族财产清单中，有 19 本提及了在外省的城堡①，还不包括其他形式的地产，再加上在巴黎的府邸或公寓。法兰西岛通常是广为巴黎贵族觊觎的地产资源。1789 年 4 月，330 个巴黎郊区子爵领地挑选人中有将近 75%人事实上就住在了巴黎，而他们在议会拥有席位的唯一原因就是在凡尔赛(Versailles)、万塞讷(Vincennes)、默东(Meudon)、舒

① D. Roche, « Recherches sur la noblesse parisienne au milieu du xviiị siècle: la noblesse du Marais », in *Actes du 86e congrès national des sociétés savantes*, section « Histoire moderne et contemporaine », 1962, p. 566.

瓦西勒鲁瓦(Choisy-le-Roi)辖区拥有地产。① 需要明确的是，地产收入带来了两大好处：与地产挂钩的社会地位的确保和周期性收入的保障。此外，土地仍然是最理想的财富，直到旧制度统治末期，从农民到贵族，算上靠土地兼并而确立自身地位的城市资产阶级，都将土地视为一个中心标准。19 世纪的纳贡制度也以其特有的方式承认了地产在商业资产中的权威。

由于封建传统的根深蒂固，拥有一块封地同时也给封建主带来了威望，正如谚语所说“显赫的土地，显赫的主人”。许多新晋贵族因为地产的优势还能有头有脸地进入上流社会。对缴纳年贡的佃农以及附庸们的权威，土地给精英阶层带来的新身份、在外省的扎根，这一切足以使财务官们醉心于对领地的追逐。购买领地对他们而言并不仅是一种积累财富的手段，因为一旦扣除维修费和开垦费，地产收益就会围绕 3%的利润率艰难地波动。② 相比于谋求财务官职务，这是一种取得社会地位的较为快速的方式。

几乎所有的新晋贵族在巴黎周边都拥有地产，领地父子相传，进入族谱且表达出为封建家族形象保存土地遗产的执念。另外，这些领地有许多都带有封号，或者特意效仿封建传统申请了封号。但新晋贵族无论何时、不管采取何种正式行动都不能以领主的封号为姓氏，达里格尔侯爵(Le marquis d'Aligre)仍然是达里格尔(Aligre)领主，尼古拉侯爵(le marquis de Nicolaï)或莫普侯爵(le marquis de Maupeou)也是一样，而包税人佩尔桑(M. de Persan)尽管享有布朗西侯爵(le marquis de Busancy)的头衔，依然只能被称为佩尔桑先生。世俗官员拥有伯爵领地和男爵领地也是徒劳的，因为传统上他不会被授予相应的头衔，所以，起源于领主名号的个人称呼依然和某些职务的履行相关联。尽管这并不是出于价

① Émile G Leonard, *L'Armée et ses problèmes au XVIIIe siècle*, Paris, Pion, 1958, p. 178.

② Yves Durand, *Les Fermiers généraux au XVIIIe siècle*, Paris, 1975, pp. 144-162.

值的考虑，而且不能自行建立贵族等级，但它还是确立了一种等级分化和地位确立的惯例。通过对土地赋税簿籍的复核，重新建立和限定了地产的继承，进行土地扩张，并且重新确立了旧时的领地税收制度，等等。① 朝臣领主或法官领主在对自己领地的管理上步调很一致。农民阶层是无所谓，因为不论领主是何种出身都丝毫未改变等级关系。

巴黎贵族的地产非常分散，鲁尔伯爵(Le comte du Roure)在夏特尔(Chartres)有一些地产，在博凯尔(Beaucaire)和尼姆(Nîmes)也有。弗拉马罕侯爵(Le marquis de Flamarens)同时在圭亚那(Guyenne)和弗朗什孔泰(Franche-Comté)拥有领地，他的妻子则有在布雷索瓦(Blésois)的地产。蓬斯子爵(Le vicomte de Pons)则被载入了多菲内(Dauphiné)、尼韦奈(Nivernais)、普瓦图(Poitou)的地产名册。布尔普利侯爵夫人(La marquise du Poulpry)登记了贝济耶(Béziers)、卡尔卡松(Carcassonne)、图尔(Tours)的地产名册。奥松维尔伯爵(le comte d'Haussonville)的地产遍布王国东边的省份：洛林(Lorraine)、勃艮第(Bourgogne)、弗朗什孔泰(Franche-Comté)、多菲内(Dauphiné)。② 这种分散性在一些公爵和宫廷重臣那里则更为鲜明，殷实的财力和强大的家族联盟使得他们能在整个王国的各个地方落脚。高等法院的成员，只在法兰西岛拥有众多领地，他们比旧贵族更看重家族历史，旧贵族通常出身于偏远的外省地区。

大部分有地产的贵族另外还是某一特定的大区或司法总管辖区的土地持有人。大量贵族在融入中央贵族和扩张地产之前持续不断地涌向宫廷，他们基本上是出地方贵族组成的。在 200 个有头衔的巴黎贵族中间，有 68%的人只拥有一个省份的地产。另外，这些领地离巴黎越远，

---

① Jean Egret, « *L'aristocratie parlementaire française à la fin de l'Ancien Régime* », in *Revue historique*, t. CCVIII, 1952, pp. 1-14.

② A. Mussat, « *Château-miroir, ou la tradition architecturale de la noblesse française* », in *Noblesse française, noblesse hongroise, XVI-XIXe siècle*, Paris, CNRS, 1981, pp. 99-108.

就越是集中于单一的某个大区。土地的分散事实上只出现在巴黎周围以及与其接壤的外省。如果说很多中央贵族的领地都是分散的，那么在地方贵族中间这种情况则很少见，只有那些在凡尔赛体系内部大获成功的贵族才有此殊荣。所以家族的升迁可以通过财产的地理分布状况表现出来。然而在高级贵族中却存在相对较多的离心状态。西南部或布列塔尼地区的大家族实际上完好地保存着他们的领地，并维持着一些遗产传承惯例以及依旧顽强的封建等级。卡尔-贝吕斯侯爵(Pérusse des Cars)——国王宫中大总管，就是个生动的例子，因为除了拥有在索瓦索奈(Soissonnais)的某些地产，他只在利穆赞(Limousin)拥有领地，但是却名列该大区首要领主榜：普朗扎克侯爵领地(Pranzac)、卡尔(Cars)和圣博耐(Saint-Bonnet)伯爵领地、艾克斯男爵领地(Aixe)、勒诺蒂男爵领地(La Renaudie)、莫特-德卡尔男爵领地(La Motte des Cars)、拉斯图尔男爵领地(Lastours)、圣-塞泽尔-奥冈维尔庄园(Saint-Sezert-au-Camville)、皮塞古尔庄园(Puységur)、贝尔瑟尔庄园(Belle-Serre)、圣-伊巴尔庄园(Saint-Ybard)、拉罗什-拉贝伊庄园(La Roche-l'Abeille)等①，这种在外省扎根的现象在朝臣身上并不罕见。

建立大片领地，对没有继承到土地的人来说，是一项长期的工程。圣-皮埃尔斯特伯爵(Le Comte de Saint-Priest)——国务大臣之子，也是朗格多克总督，花了很长时间才成功地攒齐了一整片与其后来的有爵军官身份相称的领地："我从格勒诺布尔前往了圣-皮埃尔斯特(Saint-Priest)那里，他家离格勒诺布尔只有 13 里，离里昂只有 2 里。我在任土耳其大使期间获得了一块在马利山的领地，它是以我的姓氏命名的，不久，一里地之外，我的日耳曼表兄琼斯(La Baronnie de Jons)神父得到了一块男爵领地，它被命名为琼斯。这三块地(我把圣-皮埃尔斯特那块也包含了进去，因为它后来落到了我手里)组成了一笔 40000 里弗尔

---

① Guy Richard, *Noblesse d'affaires au XVIIIe siècle*, Paris,: Armand Colin, 1974, pp. 151-153.

的年金收入。”①

从这些地产收入中区分出领主地租和土地年租金，收入的形式因地区而异，主要有谷物种植区、葡萄栽培区、放牧区。布列塔尼地区以及那些远离大宗买卖的地区的领主税还是相当高的，而汝拉省的领主管辖权和农奴制一直延续到18世纪末也不是一个巧合。所以在偏远地区、山区、交通闭塞的地区、较为贫困的地区，能够维持封建传统。在别的地方，这些传统慢慢消失，尽管依然有其效用，最后还是被废弃了。而“领主的反抗”运动，则试图以激活旧时的领主权的方式来对抗这种颓势。不过需要知道，这种“反抗”事实上是一种周期性现象，通常发生在一段战争过后，在战争期间租地领主都被驱散了。同时，这种现象也出现在遗产继承、土地被接连购买的时候，出于明确性的考虑，土地赋税簿籍会被重新编订。领主地租在整个近代都有缩减的趋势，年贡是最基本的封建收入，因为它承认了纳贡人的服从和附庸地位，是以一年一度的租金形式缴纳的。尽管大多数情况下是用现金支付，它在很多地区还是相当微薄的，甚至有时有消失的趋势。它最后只能变成象征性的，象征它所代表的社会体系。正如图尔杜班侯爵夫人(La Marquise de La Tour-du-Pin)曾义愤填膺地叙述：“除了这30000法郎的拉罗什夏莱领地年金外，我们还损失了多尔多涅河(Dordogne)上古扎克桥(Cubzac)的过桥费，共计12000法郎；以及在凯尔西(Quercy)的布伊(Bouilh)、昂布勒维尔(Ambleville)、泰森(Tesson)、塞纳维尔(Cénevières)的年金，我们被迫卖掉这些优质领地……此后，我们只能用各种手段挣钱养活自己，靠变卖剩余财物，或者靠做一些苦力几乎永远大于收入的工作。多年来我们就这样一点点地坠入了深渊，一直到生命结束。”②其他诸如面包烘炉、磨坊等实物税、后三分之一税(公共收入三分之一分红)、实

---

① Mathicu Marraud, *La noblesse de Paris au XVIIIe siècle*, Paris: Seuil, 2000, p. 192.

② Mathieu Marraud, *La noblesse de Paris au XVIIIe siècle*, Paris: Seuil, 2000, pp. 291-294.

物地租、各种充公物和无主物、商业买卖入市税、什一税中的采伐税、渔猎税租金，这所有收入是否丰厚只取决于领地所在区域的条件以及领地的面积。通常只有诸如遗产交易杂税和买卖收入等的一些随机收入才能构成地产收入的主要部分。

修整一本昂贵的土地赋税簿籍，同时召集一些封建法律专家；调查和应用则需要等很久才能执行；简单的税务征收、农民附庸地位的确定需要众多官员到场，对这些官员应当给予薪酬，这也是需要从领主希望得到的利润中扣除的。从回报上看，对土地财产的充分利用是卓有成效的。土地收益分成制和土地租佃更受青睐。在这两种系统中，领主都要求合同内必须注明期限和收获庄稼中属于他的部分。此外，当领主得以保存最初的领土面积时，各种租约和年金就很昂贵了。同时，还有一个重要的目标就是重建私人领地，以牺牲共有领地为代价而巩固自己的领地。由此看来，在领地收入和领主租税之间的差别是非常大的。比如舒瓦瑟尔-顾费埃伯爵(Le Comte de Choiseul-Gouffier)，他的领地收入有151000 里弗尔，而领主租税只有 18000 里弗尔，也就是领地收入是领主租税的大约 8 倍。德塞伯爵(Le comte de Tessé)每年凭其在曼恩省(Maine)的 12 片领能得到 54859 里弗尔的收入，其中只有 11%来自领主租税，其余的来自地租和冶金工场收入。市郊的许多领主另外还通过向城市供应谷物、红酒、木材，做着有利可图的生意，这些商品都来自于对领地的充分开发。再比如克鲁瓦塞尔骑士(Cloisel)，他打算通过自己在海边拥有的牧场赢利，刚在巴黎扎根不久，他就和一位批发商合作，把他的“盐草场绵羊”运到了巴黎的集市上卖，开发成了使领地赢利的最好方式。① 领地收益的多少与其说是取决于阶级地位，倒不如说是取决于管理和耕作的能力。

① Marie Caron Thérèse, *Noblesse et Pouvoir Royal en France, XIIIe-XVIe siècle*, Paris: Armand Colin, 1994, p. 312.

第二节 城市地产收入

为了增加家族的收入总额，贵族还拥有另一种类型的地产收入——城市地产。家族历史明显会影响到建立在城市地产之上的资本积累。家族的第一归属地、姻亲家族的属性以及与之而来的遗产，都是足以使个人拥有城内地产的因素。在穿袍贵族那里，除了领地之外，其基本收入的另一大部分是新置地产。在法官阶层中，57%的地产收入都来自其在巴黎的府邸，43%来自在外省的财产。很多高等法院成员并非巴黎出生，他们的出身和一些批发活动、经济活动或城市特有的一些团体组织有关。和军事贵族相比，他们的职业经历都更能将他们同巴黎连在一起。穿袍贵族对地理位置较近的遗产进行投资是很正常的现象，这是为了方便管理。把年金价值、职务价值、地产价值都列入资产范围，各项所占的比例都是因人而异的。这里，有建筑物的地产在收入来源中占很大比重，但它的利率总体上高于职务和领地收入的利率。财务总管杜佛尔(Dufort)的遗产落到了他的独子——将来的舍维尔尼伯爵(Le Comte de Cheverny)身上，他的例子就很能反映地产的数量之多："在圣勒(Saint-Leu)的那块地、一些乡下的财产、11 座在巴黎的房屋、在城市的年金，这些组成了我的遗产——总计约 60000 里弗尔的年金。"①

在巴黎以及邻近地区的房产和地产在总财产中占有相当大的比重。法官阶层出现过很多对地产进行投机买卖的案例。最高法院理事阿格索-德-瓦勒茹昂(Aguesseau de Valjouan)和封塔尼厄(Fontanieu)买了一些土地，之后又分批将它们卖出。一些财务官同样对土地进行投资，在巴黎北部的新郊区追逐剩余价值，如卢尔(Roule)、艾威克(Évêque)城

① D. Roche, « *Recherches sur la noblesse parisienne au milieu du XVIIIe siècle: la noblesse du Marais* », in *Actes du 86e congrès national des sociétés savantes*, section « *Histoire moderne et contemporaine* », 1962, p. 555.

等。大巴特利尔城(Grange-Batelière)出了名的倒卖人是让-约瑟夫-德拉波尔德(Jean-Joseph de Laborde)、布莱德-韦兹莱(Bouret de Vézelay)和格里莫-德拉雷尼埃尔(Grimod de La Reynière)①。大领主们也抵挡不住诱惑，很轻易地就为之推波助澜：舒瓦瑟尔-顾费埃伯爵(le comte de Choiseul-Gouffier)于1782年通过建造房屋和商铺收到了77000里弗尔的房租。蒙莫朗西公爵(Le duc de Montmorency)分块出售了圣马克(Saint-Marc)和费多(Feydeau)街的土地。舒瓦瑟尔公爵(Le duc de Choiseul)通过划分意大利喜剧院土地开展业务，奥尔良公爵(le duc d'Orléans)在王室宫建筑群的活动就更不用提了。②

地租收入是很丰厚的。1789年，特雷莫瓦尔公爵(Le Duc de La Trémoille)在巴黎收了22250里弗尔的房租。费多(Feydeau)伯爵住宅的出租收入介于2000和5000里弗尔之间。1781年，洛尔达伯爵夫人(La Comtesse de Lordat)仅凭在勃艮第街的一栋楼就收到了4900里弗尔的房租，此外还要加上19000里弗尔的不动产年金、16147里弗尔的私宅年金、2400里弗尔的在里昂和亚眠的年金以及盐税，也就是说仅出租一栋楼就给她带来了占总收入11%的租金收入。格拉蒙伯爵(Le Comte de Grammont)做得更好，1763年，他仅凭在加永街(Gaillon)的三座房屋就挣了超过47000里弗尔，这占其总收入的50%，不过他还没有从父辈那里继承的遗产，所以他另外只享有2100里弗尔的不动产收入。③ 在城市拥有房屋能大大增加收益，贵族收到的租金是最多、最有利可图的，因为它们是最奢侈的，且租金收入通常是在贵族之间转手。

---

① A. Goeury, « *La section Grange-Batelière* », in M. Reinhard (éd.), Contributions à l'histoire démographique de la Révolution française, t. 25: Mémoires et Documents relatifs à la vie économique de la Révolution, Paris, CTHS, 1970, pp. 99-108.

② Henri Lévy-Bruhl, « *La noblesse en France et le commerce à la fin de l'Ancien Régime* », in *Revue d'histoire moderne*, No. 8, 1933, pp. 216-218.

③ M. Garden, *Lyon et les Lyonnais au xvtir siècle*, *Paris*, *Les Belles Lettres*, 1970, p. 360.

贵族都以购买、出租繁华地段的高收益建筑和出租私宅的方式竞相追逐这种收入。旧贵族在外省大区的地产比其在巴黎的房产几乎要多三倍①，他们在巴黎的扎根历史比法官家族要短，他们代表了出身于外省的富裕贵族，其主要地产也都保留在了家乡，在巴黎投资的府邸只有一座，往往还是租的。刚在巴黎落脚不久，他们还不能投入不动产买卖中。最后，某些家族会与这一冒险的、经营代价高的行为保持距离，他们更偏爱以不动产为主的传统型收入。

第三节　其他经营方式

除了以上几种土地收入，许多贵族甚至把目光转向了殖民地，他们投资圣-多米尼克的甘蔗、咖啡树种植业和蔗糖加工业，这是一项不会带来声望的沉重投资，利息也需要过很长时间才能回来，且收获和运送都比较棘手，港口税繁多，远程管理比较困难，然而回报却相当丰厚。在海外投资的殖民者大多数是较为富裕的贵族，如舒瓦瑟尔-普拉斯兰(Choiseul-Praslin)、舒瓦瑟尔-默兹(Choiseul-Meuse)、谷依-达尔西(Gouy d'Arsy)、塞雷斯特-布兰卡(Céreste-Brancas)、巴尔达伊昂(Pardailhan)、蒂利(Tilly)、罗斯坦(Rostaing)、莫努(Menou)、蒙迪翁(Mondion)、罗达勒芒(Lau d'Allemans)等。沙斯特诺伊侯爵(le marquis de Chastenoy)是法国在开普敦殖民地的总督，他购买了圣路易(Saint-Louis)港的种植园。费隆奈男爵(la baronne de La Ferronnays)对柠檬种植园长达四年的开发，给他带来了309652里弗尔的收入，在他的这片领地上有298个奴隶，马和骡子共计73头，69头长角的牲畜。沃德赫伊伯爵(Le comte de Vaudreuil)和杜拉斯伯爵(le comte de Duras)是莫尔

---

① D. Roche, « *Recherches sur la noblesse parisienne au milieu du xvnr siècle: la noblesse du Marais* », in Actes du 86e congrès national des sociétés savantes, section « *Histoire moderne et contemporaine* », 1962, p. 556.

纳鲁日(Morne-Rouge)种植园的合伙人，这块园地有380名奴隶。博阿尔奈家族(Beauharnais)在莱奥尼昂峡谷(La Ravine à Léogane)拥有一块种植园，后来他们以100万里弗尔的价钱把它卖给了南特的一名船东。诺尔伯爵(Le Comte de Nort)和他的妻子在好望角殖民地与一位批发商的遗孀，共同拥有在巴隆的一座制糖厂、两个咖啡种植园。穿袍贵族也是如此，大臣蒙道龙(Montholon)每年的种植园收入有8万里弗尔；审计院助理厄克盖(Hecquet)是萨瓦那-隆戈(Savane-Longue)制糖厂的业主；法院传唤员蒙冉-德-蒙米拉耶(Mengin de Montmirail)从费隆奈男爵夫人(La Baronne de La Ferronnays)那里买了一块位于海地的种植园。同样出现在殖民者名单中的还有审查官伯瓦图万-德-麦斯梅(Poitevin de Maissemy)、最高法院理事杜瓦尔-爱普勒麦斯尼尔(Duval d'Epre Mesnil)和博德干-德-菲兹热哈德(Bodkins de Fitz-Gerald)、间接税法院理事路加斯-德-布莱尔(Lucas de Blaire)。这样的殖民领地通常是通过联姻而落入巴黎贵族手中。①

最后，继领地收入之后又出现了一种与土地开采联系在一起的收入，即采煤和冶铁，是贵族们很热衷的行业。投资这些工业必须得到国王的批准和特许才能进行。另外，森林管理、金属开采和供应、高炉建造、铸造厂建设、员工管理、存货销售，这一系列部门的预先合作，很大程度上将钢铁冶炼活动与包含农业、林业、葡萄栽培或牲畜饲养在内的简单农田经营活动区别开来。尽管操作工序很复杂，依然有许多贵族的姓氏出现在享有煤矿开采特许权者名单中，贵族事实上居于垄断地位，比如克洛伊元帅(Croy)在昂赞(Anzin)的矿山卖出去的煤炭可以给他带来5万里弗尔的收入。冶金领域也是一样，超过一半都掌控在贵族手里，这对资产阶级是很不利的②。旧制度统治末期，迪耶特里克男爵

---

① Mathieu Marraud, *La noblesse de Paris au XVIIIe siècle*, Paris, Seuil, 2000, pp. 268-271.

② G. Richard, *Noblesse d'affaires au XVIIIe siècle*, Paris, Armand Colin, 1974, pp. 128-137.

(Le Baron de Dietrich)整理出了一些业主的姓氏，以及整个国家冶金业的状况①，从中可以看出：在阿尔萨斯，瓦伦廷诺瓦王子(Le Prince de Valentinois)拥有十多个用于冶金的地产，与舒瓦瑟尔-默兹(Choiseul-Meuse)以及舒瓦瑟尔-斯坦威尔(Choiseul-Stainville)齐名；在洛林的地产主有鲁奥伯爵(Le Comte de Rouault)、讷伊伯爵(Le Comte de Neuilly)、吉尔贝威尔侯爵(Le Marquis de Gerbeviller)、财务总管普雷奥多-德-舍米利(Préaudeau de Chemilly)；在比利牛斯山地区的地产主有萨布朗伯爵(Le Comte de Sabran)、罗什舒瓦尔伯爵(Le Comte de Rochechouart)、波利尼亚克夫人(Mlle de Polignac)、于松侯爵(Le Marquis d'Usson)和安高斯侯爵(Le Marquis d'Angosse)；在布列塔尼的地产主有罗昂家族(Les Rohan)、贝杜内-沙罗斯特家族(Les Béthune-Charost)、威尔罗伊家族(Les Villeroy)；在香槟地区的锡雷(Cirey)进行投资的是沙特莱公爵(Le Duc du Châtelet)；勃艮第的地产主有鲍弗勒蒙王子(Le Prince de Bauffremont)、布封伯爵(Le Comte de Buffon)；穿袍贵族也参与其中，如财务总管布朗热-德-卡佩尔(Le Compte Boulanger de Capelles)和他在上诺曼底的炼铁工厂等。②

一些贵族还加入制造业，如玻璃、陶瓷、制纸、呢绒、棉麻、纺织纤维和化工业。除了投资，贵族还在自己的地产上设计工厂的规划，把运作模式和发展前景都考虑进去，在自己领地内建立制造业工厂的领主既有大人物，也有不怎么出名的人，有的亲自开发和管理，有的把工厂承包出去，委托他人管理。但土地租赁并不一定意味着业主对工业市场的无能为力和不感兴趣，而仅仅是为了便于管理。各种例子都显示，没有任何的观念障碍可以首先使贵族远离这种类型的收入，对利润的追逐不会受到偏见的束缚。开办工厂(冶金、高炉、玻璃、纺织纤维)的不只有埃勒维图斯(Helvétius)、勒苏蒂尔-德-布瓦斯蒙(Le Subtil de Boise-

---

① B. Gille, *Les Forges françaises en* 1772, Paris, Sevpen, 1960, p. 113.

② Baron P. F. de Dietrich, *Description des gîtes de minerai*, Paris-Genève, Champion-Slatkine, 1986, 3 Vol. 1, pp. 136-156.

mont）和勒让德尔-吕塞（Le Gendre de Luçay）等包税人，还有拉罗什富科-利阳库尔公爵（Le Duc de La Rochefoucauld-Liancourt）、科兰古侯爵（Le Marquis de Caulaincourt）、西内提侯爵（Le Marquis de Sinéty）、布里永侯爵（Le Marquis de Bullion）等，他们雇了约 328 个工人在矿山和玻璃加工厂劳作。①

由此可以看出，地产收入的形式是多样的，它实际上是在贵族领地上的不同开发活动所带来的收入的总称，贵族在那里拥有不同形式的利息收入。面对传统领地方面收入的相对衰颓，贵族们有两个办法：强制增加传统形式的收入，或者发展相对较新的盈利形式，比如一方面对高炉、煤矿、皮革、银器等重工业进行投资，另一方面发展涉及各类领域的手工制造业。这两种方法并不相互排斥，并且不管怎样都会扩大土地租赁规模。由此可见，近代贵族既拥有财产，同时又具有较为开放的精神，他们是支持在自己的土地上发展资本主义工业的人。领主的反抗可能是某些经济上或观念上无法接受这些新的收入形式的贵族的特质。贵族在享有地产收入的基础上，创新意识还是很强烈的。继承到地产的巴黎贵族很不情愿将其卖掉，从传承贵族遗产的角度，保留领主权可以保持声望，也可以对其他类型的不动产进行投资，这可能是因为越来越多地接触到资产阶级，贵族也不自觉地朝着资本主义倾向转变。

第四节　省区贵族的经济收入

在法国不仅仅只有经济较为发达的巴黎及周边地区，而且有地域更为广阔的外省，虽然这些地区的经济发展相对滞后，但也是法国社会生活演变的重要表征。法国著名历史学家——皮埃尔·沙博尼耶在其《别

---

① F. Bluche, *Les Magistrats du Parlement de Paris au XVIIIe siècle*, Paris: Les Belles Lettres, 1956, pp. 160-161.

样法国》一书中就强调外省地区的不可忽视性，他认为不管法国境内哪片土地都真实地反映出国家社会经济的发展历程。① 由于地理环境和自然条件的不同，法国每个省区都有其自身特点，当地贵族的经济状况和收入模式也不尽相同。下面将以中部奥弗涅地区、北部诺曼底地区、西部布列塔尼地区和南部普罗旺斯地区为例，探讨省区贵族在转型时期的经济收入，虽然不能代表整个法国贵族的状况，但仍可以从各地域研究中窥见一斑。

一、奥弗涅地区

奥弗涅地区的自然环境相对恶劣，该地区只适宜种植生命力顽强的谷物和牧草，所以农业生产同时发展种植业和畜牧业，当地地理位置偏僻、封闭，因此与外部的交流也不多，商品经济起步较晚，发展也比较缓慢。奥弗涅地区领主的主要收入来源有两个：领主地租和自领地收入，领主地租包括实物地租和货币地租两种，奥弗涅地区较为封闭、传统，所以主要是采用实物地租的征收方式，这种实物地租较少受到通货膨胀的影响。事实上，每年领主收佃租的时候，都是农产品价格上涨，谷物价值升高时，由此得以维持领主的收入，较少受到 15—16 世纪价格革命给贵族带来的打击。② 奥弗涅的贵族守着较为传统的生产、经营

① Pierre Charbonnier, *Une autre France*, *La Seigneurie en Auvergne*, Clermont-Ferrand: Institut d'Etudes du Massif Central, 1980, tome2, p. 3.

② Maurice Aymard, "*L'Europe moderne: féodalité ou féodalités ? Note critique*", *Annales Economies. Sociétés. Civilisations*, Vol. 31, 1976, pp. 604-630. Guy Bois, *Crise du féodalisme. Economie rurale et démographie en Normandie orientale du début du XVIe au milieu du XVIIe siècle*, Paris: Presses de la Fondation nationale des sciences politiques, 1976, pp. 67-80. John Day, "*Crise du féodalisme et conjoncture des prix à la fin du Moyen Age*", *Annales Economies. Sociétés. Civilisations*, Vol. 34, 1979, pp. 305-319. Robert Brenner, "*Agrarian Class Structure and Economic Development in Pre-Industrial Europe*", *Past and Present*, Vol. 70, 1976, pp. 30-75. Patricia Croot et David Paker, "*Agrarian Class Structure and Economic Development* ", *Past and Present*, Vol. 79, 1978, pp. 37-47.

方式，但就是这种相对落后的地租方式，反而在中世纪晚期近代早期欧洲社会经济变革过程中，挽救了奥弗涅地区贵族的经济收入。在这种背景下，奥弗涅地区两个典型的贵族——萨勒斯家族和埃斯克艾耶家族，都不遗余力地整顿领主地租、扩大自领地的范围，以此作为增加财产的重要手段。

（一）萨勒斯领地的收入

萨勒斯家族（Les Salers）是奥弗涅地区历史渊源最为久远的贵族之一，从中世纪以来就生活在萨勒斯领地上，其历代继承人经营土地的方式，生动地体现出奥弗涅地区贵族的特性，代表了当地贵族的发展历程。

萨勒斯领地包括萨勒斯城及其周边地区，由 3 个相邻的堂区组成：圣·保罗（Saint Paul）、圣·博纳（Saint Bonnet）和昂格莱（Anglards），共有 25 个小村庄。① 萨勒斯领地拥有较好的资源，得益于大西洋潮湿海风给予的充足降水，所以牧草非常肥美，畜牧业发达。从 13 世纪中期到 15 世纪中期，萨勒斯家族成功地繁衍了九代男性继承人，前七名都自己应征，并获得了骑士头衔，第八名和第九名继承人在应征时，仅仅只获得了骑士侍从的头衔，后来是由于世袭才获得了骑士头衔。这九代继承人都选择了与奥弗涅地区其他中小贵族家庭联姻②。萨勒斯领主在奥弗涅地区，属于中小贵族阶层，他们拥有骑士的贵族头衔，但占有的封建领地有限，所以只有较低的司法权力，他们也有自己附庸，但影响力有限，也不能组成军队。③

① Ribier du Châtelet, Jean-Baptiste, *Dictionnaire statistique du département du Cantal*, Aurillac: Picut, 1824, Vol. 1, pp. 201-202.

② Marcellin Boudet, "*Saint-Flour et la Haute Auvergne pendant la révolte des Armagnacs et des Bonrbons*", *Revue de la Haute Auvergne*, Vol. 33, 1908, p. 89.

③ Jean-Baptiste Bouillet, *Nobiliaire d'Auvergne*, Clermont-Ferrand: Pérol, 1846, Vol. 1, pp. 82-88.

萨勒斯家族长期衰落的趋势，在1509年尼古拉·德·萨勒斯接管家族后开始逆转。这一年，尼古拉因为拥有图鲁兹大学(Université de Toulouse)教会法和民法的学士学位，而被安布瓦兹(Amboise)的枢机主教提升为布勒(Pleaux)修道院的院长。1509年，尼古拉与夏芒领主的女儿夏洛特·德·圣·夏芒(Charlotte de Saint Chamand)结婚，并花了25年时间重整家族的财产。尼古拉是萨勒斯家族最有朝气与活力的领主之一，他逆转了家族衰败的趋势，并获得了男爵的头衔，他经营家族财产的方式，影响了萨勒斯家族近一个半世纪之久。

1. 领主佃租

奥弗涅地区的领主佃租大多是固定的，每年交纳一定数量的小麦、黑麦和荞麦，并提供适时的劳役；在山区牧场则除了实物地租外，还征收少量货币地租，在佃租数额中只占很小的比例。同时，当领地的佃农买卖土地时，还要向萨勒斯男爵交纳土地转移税，一般是买卖价格的1/6。① 奥弗涅大区这种以实物为主的地租，在15、16世纪的通货膨胀和货币贬值中，保障了领主的主要收入。

从1509年尼古拉·德·萨勒斯接管萨勒斯家族以来，重整了15世纪末征收地租的松弛状态。尼古拉男爵和税务员皮埃尔·勃朗(Pierre Blanc)、领主法庭的记录员吉奥姆·迪尚(Guillaume Duchamp)一起，熬夜整理了从他母亲——凯特琳娜·德·罗什福尔(Catherine de Rochefort)管理这片领地以来(即1497年)，所有的领主土地赋税簿籍，并依据14、15世纪留下来的资料，编撰出好几卷萨勒斯领地上各佃农和村庄的账簿。与此同时，尼古拉还建立了一项特殊的登记簿，记录了领地上所有土地的转让和买卖，以及当时向领主缴纳土地转移税的数额。② 在尼古拉·德·萨勒斯的严格管理和经营下，土地的数量和买卖状况都

---

① Michel Leymarie, "Les redevances foncières seigneuriales en Haute Auvergne", *Annales historique de la Révolution française*, no. 1, 1968, pp. 299-303.

② Joseph Gipoulon, *Etude sur l'allodialité en Auvergne*, Montluçon: A. Herbin, 1903, pp. 77-101.

明晰起来，方便了领地地租的征收。

从 1470 至 1480 年，萨勒斯领地在凯特琳娜·德·罗什福尔的管理下，就开始了关于土地面积和租税数额的详细记载，在尼古拉·德·萨勒斯经营该领地时，则更加规范化。通过这种详细的记载，每块土地都录入了精确的面积、所订契约和应交的年贡，不仅便于地租的征收，而且强调了领主权力的合法性，增强了契约的威信。奥弗涅地区一直都信奉这条法则："没有契约就不是领主。"①尼古拉通过完善这种契约制度，为以后的领主权威奠定了坚实的基础，直到 18 世纪，萨勒斯领地的土地赋税都还是按照尼古拉在 16 世纪初期整理、调整的方式进行征收的。

在尼古拉接管萨勒斯领地之前，作为家族的第二个儿子，他一直在阿尔巴尼亚克区(Albaniac)做教士，主教让·格里福勒(Jean Griffol)非常重视他，还将尼古拉推荐到图鲁兹大学攻读教会法和民法的学士学位。格里福勒主教没有子嗣，1488 年他写好遗嘱，要将所有财产都传给尼古拉。三年后，格里福勒主教去世，昂格莱堂区的主教想占有这片领地，便提出诉讼来阻止尼古拉的继承，但是没有成功。尼古拉由此得到了阿尔巴尼亚克区一大片领地，给他带来了每年 2080 升的黑麦和 10 里弗尔的现金租税。

1530—1540 年，萨勒斯男爵领地拥有 167 户人家，分布在 28 个村庄，到 1560 年增加到 186 户。② 男爵的主要收入都来自于这些人家缴纳的地租上，1540 年，佃租收入大约是每年 1391 升的小麦、11024 升黑麦、10712 升荞麦和 200 里弗尔的现金地租。③ 大多数情况下，佃农都按时地缴纳地租，实在交不出来的也会到男爵家开欠条。同时，每当

---

① Michel Leymarie, "La faible importance des alleux en Haute Auvergne révélée par le centième denier", *Annales historique de la Révolution française*, no. 1, 1977, pp. 429-435.

② Jean-Joseph de Brieude, *Observations économiques et politiques sur la chaine des montagnes ci-devant appelées d'Auvergne*, Paris: Valade, 1802, p. 282.

③ Jean-Joseph de Brieude, *Observations économiques et politiques sur la chaine des montagnes ci-devant appelées d'Auvergne*, Paris: Valade, 1802, pp. 301-303.

佃农的土地财产发生变化时，都会自觉地到领主法庭登记土地的继承、交换、买卖、赠与等情况。所以，一旦发生拖欠佃租不交的情况时，男爵通过这些记载，在法庭上很容易就能合法地获得赔款。比如，1524年，佃农让·迪布瓦(Jean Dubois)拖欠不交地租，并在萨勒斯城的市集上高价出售他的牛，被领主法庭的官员扣押了牛，用以充抵迪布瓦拖欠的地租①。又如1524年，萨勒斯领主法庭派执法人员让·缪拉(Jean Murat)到阿尔巴尼亚克区(Albaniac)整顿、管理当地的田产，征收所有拖欠的佃租。如果拖欠不交佃租地话，穆哈有权代替萨勒斯男爵没收土地、粮食收成、牲畜等家产，也可以将拖欠佃农直接送进监狱。不过16世纪上半叶，关于拖欠而入狱的记载较少，只有6项。②

2. 自领地收入

萨勒斯领主的收入至少有一半来自自领地。16世纪，由于粮食价格的不断上涨，土地也变得更加值钱，所以萨勒斯男爵们一直把拥有土地作为财富增加的标志。土地不仅能带来大量的收入，更是乡村领主统治的基础。

16世纪初，尼古拉·德·萨勒斯接管家族产业前，已经拥有了两大块自领地：夏瓦赫维耶(Chaverivière)和圣·保罗(Saint-Paul)。夏瓦赫维耶地处萨勒斯城西北部约1公里的高原上，圣·保罗位于萨勒斯城东边不到1公里处。夏瓦赫维耶地区是1359年收归萨勒斯领主的，之前该地区一片荒芜，常常受到野兽的攻击。由于夏瓦赫维耶地区靠近萨勒斯城的公有地，1359年萨勒斯领主答应与该地区农民一起出资修建防护栅栏，后来这片领土就成为了萨勒斯领主的自领地③。这两片地产

---

① Guillaume-Michel Chabrol, *Coutumes générales et locales de la province d'Auvergne*, Riom: Martin Degoutte, 1784, Vol. 1, pp. 105-108.

② Guillaume-Michel Chabrol, *Coutumes générales et locales de la province d'Auvergne*, Vol. 1, pp. 111-116.

③ Emile Amé, *Dictionnaire topographique du département du Cantal*, Paris: Imprimerie nationale, 1897, pp. 78-83.

主要是用来发展奶制品农场的，农场通常要靠近山区牧场，并包括几个部分：干草牧场、牲畜棚和小片可耕植的土地。① 每年冬天，奶牛群在牲畜棚里度过；到了 5 月底，牧牛人则赶着牛群到山区牧场放牧，并在山上的奶酪制造工场生产奶酪；9 月底或 10 月初再把牛群赶回牲畜棚。尼古拉·德·萨勒斯直接将这两块地产租给当地农民管理，每年收取租金。1524 年，尼古拉将圣-保罗地区租给佃农让·勒夸(Jehan Lequoy)和他的儿子们皮埃尔·勒夸(Pierre Lequoy)、勒罗尔德·勒夸(Gerauld Lequoy)，租期为 9 年。勒夸一家在该地区建立了农场，饲养了 16 头奶牛、8 头牝犊、4 头牛犊、2 头公牛、1 匹母马和 1 匹小马，还包括临近山区马丁纳牧场(Matinal)的 20 头奶牛。租约规定勒夸一家每年要交纳 90 里弗尔的租金，还包括垦殖除牧场以外的土地，保持该地区建筑的完好。但是勒夸一家并没有经营好这片土地，常常拖欠租金。1527 年，尼古拉收回了土地和农场，以抵消勒夸一家拖欠多时的租金②。

尼古拉·德·萨勒斯男爵在 1509—1535 年购买了两块新自领地：菲尼亚克·埃斯宾纳索勒(Fignac-Espinassolles)和隆格维亚勒(Longeviale)。从 1509 年尼古拉接管家族产业以来，他就开始着手收购菲尼亚克·埃斯宾纳索勒地区了(Fignac-Espinassolles)。埃斯宾纳索勒村(Espinassolles)的大部分土地为阿纳伊家族(Les Arnail)所占有，菲尼亚克村(Fignac)的大部分土地则为洪吉耶家族(Les Rongier)和让尔家族(Les Genre)所占有。阿纳伊家族的分裂给了尼古拉收购土地的机会。1510 年，里戈·阿纳伊(Rigauld Arnail)和两个侄子热罗德·阿纳伊(Gerauld Arnail)、安东尼·阿纳伊(Anthoine Arnail)，决定将他们的财产分开来。1510 年菲尼亚克·埃斯宾纳索勒地区的财产登记簿记录着：

---

① 这小片的可耕植土地是给牧场雇工粮食自给自足用的，一般都是用来种植谷物。

② Emile Amé, *Dictionnaire topographique du département du Cantal*, Paris: Imprimerie nationale, 1897, pp. 93-99.

……阿纳伊家族土地的归属：

从菲尼亚克以北的7公顷土地归里戈·阿纳伊所有；

从永库山区(Joncoux)以南的5公顷土地，包括靠近永库的山区牧场归热罗德·阿纳伊所有；

其余的6公顷土地归安东尼·阿纳伊所有……①

由此，里戈·阿纳伊分到的土地正好与萨勒斯领地相邻，尼古拉得知这个消息后，便游说里戈与之交换土地。里戈正在为土地分散后难以开发和经营发愁，所以很快便接受了土地的交换。这7公顷土地的交换，成为埃斯宾纳索勒村其他家庭与萨勒斯男爵交换土地的催化剂，同时也带动了菲尼亚克村与男爵交换土地的进程。萨勒斯男爵将其分散的土地都用作了交换这两个村庄的土地。在接下来的25年里，尼古拉陆陆续续进行了35次交换，得到了30公顷的土地，再加上他购买的15公顷，渐渐形成了整片的菲尼亚克·埃斯宾纳索勒地产。菲尼亚克·埃斯宾纳索勒地产(Fignac-Espinassolles)的合并是尼古拉将小块土地集中的典型范例。

在收购地产的同时，尼古拉·德·萨勒斯还通过购买、交换的方式合并农场。1509—1536年尼古拉掌管萨勒斯家族产业期间，共买卖、交换了58个牧场和96小块牧场旁边的可耕植地。58个牧场中有87%在1公顷左右，剩下的牧场较小，一般在34~68公亩不等，有1~2个雇佣工；96块牧场耕植地中的84%大约在76公亩，剩下的一般为40~45公亩②。尼古拉将临近的牧场换到一起，加以合并，形成几个较大的农场，便于经营管理，他还扩大了在圣·保罗(Saint-Paul)的农场。

① François Michel Sistrières-Murat, *L'art de cultive les pays de montagne et ceux situés dans les climats froids, ou Essai sur le commerce et l'agriculture particulier au pays de montagnes d'Auvergne*, Paris: Grangé, 1774, p. 25.

② Jean-Joseph de Brieude, *Observations économiques et politiques sur la chaine des montagnes ci-devant appelées d'Auvergne*, Paris: Valade, 1802, pp. 339-341.

当时，萨勒斯男爵最大的农场有 5 公顷土地，10~15 个雇佣工。尼古拉将这些农场出租给当地农民，定期收取租金。① 1520 年，尼古拉将菲尼亚克・埃斯宾纳索勒地区的农场租给让尔家族（Les Genre）的让・让尔（Jean Genre）管理，每年收取 130 里弗尔的租金，并在 1529 年，尼古拉为女儿苏珊娜・德・萨勒斯筹备嫁妆时，交纳了 100 里弗尔的达役税。1569 年，尼古拉的儿子弗朗索瓦・德・萨勒斯（François de Salers）将这片农场租给让・阿纳伊（Jehan Arnail）父子，当时的租约写道：

> 耶翰・阿纳伊承租弗朗索瓦・德・萨勒斯男爵在菲尼亚克・埃斯宾纳索勒地区的农场，租期为 8 年，每年向男爵交纳 200 里弗尔的租金，18 车（charrette）的干草，半肯塔尔（demi-quintal）的奶酪②，半肯塔尔的黄油。如果男爵需要，还要承担劳役，一年最多 12 天。③

1569 年，阿纳伊家就帮男爵放牧了一头公牛和一头母猪，并接受了 12 天的劳役，帮男爵搬运石头，建造房子。由此可以看出，萨勒斯男爵从自领地中获得的收入是相当多的。

尼古拉・德・萨勒斯从 1512 年开始，在隆格维亚勒（Longeviale）建立了第二块新的自领地。尼古拉很有经济头脑，当他手中有充足的资金时，不仅用来购买土地，还用来借贷。1527 年，尼古拉借给隆格维亚勒的农场主皮埃尔・马奈（Pierre Manenc）280 里弗尔，一年还清。但是，在接下来的几年里，连续遭遇冰雹和冰雨，使得冻死的牲畜数量不

---

① Jean-Joseph de Brieude, *Observations économiques et politiques sur la chaine des montagnes ci-devant appelées d'Auvergne*, Paris: Valade, 1802, p. 342.

② "Demi-quintal"相当于现在 24. 47kg.

③ François Michel Sistrières-Murat, *L'art de cultive les pays de montagne et ceux situés dans les climats froids, ou Essai sur le commerce et l'agriculture particulier au pays de montagnes d'Auvergne*, Paris: Grangé, 1774, p. 59.

断上升，牧草也不肥沃，年年亏损，拖欠的债务也越来越多。1530 年，皮埃尔·马奈将 2.1 公顷的牧场和 1 公顷的可耕地贱卖给尼古拉以偿清债务。同样的方法，尼古拉也用在隆格维亚勒村另一个农场主身上：1531 年，安东尼·罗贝尔(Anthoine Robert)将 4 公顷的牧场也用作偿还欠款，卖给了尼古拉。① 由此，萨勒斯男爵在隆格维亚勒地区又开发了一大片自领地，增加了家族的收入。

3. 16 世纪晚期萨勒斯男爵的收支状况

这里有一份 1582 年 9 月 11 日，让·梅尼亚尔夫人(Me Jean Meynial)为萨勒斯男爵家做的 1581—1582 年度收入支出详单。让·梅尼亚尔夫人是男爵的财政管家，每年拿 80 里弗尔的薪水。当时，小弗朗索瓦·德·萨勒斯不仅拥有萨勒斯男爵的头衔，而且是萨勒斯城、圣·保罗、圣·博纳和昂格莱堂区的领主。以下是男爵家 1581—1582 年的收入支出清单：

萨勒斯男爵 1581—1582 年收入支出清单②

收入清单

A. 自领地		
1. 奶酪产品的年产量	142.5 肯塔尔(quintaux)	6975.4 kg
黄油产品的年产量	1.5 肯塔尔(quintaux)	73.4 kg
一年售出 140 肯塔尔奶酪产品所获得的总收入	1190 里弗尔(livres)	
2. 出租马丁纳勒山区(Matinal)15 达特的草场	51 里弗尔	
3. 出租圣·保罗农场(Saint-Paul)和夏瓦赫维耶农场(Chaverivière)的部分牧场	12 里弗尔	
自领地的总收入	1253 里弗尔	

① Jean-Joseph de Brieude, *Observations économiques et politiques sur la chaine des montagnes ci-devant appelées d'Auvergne*, Paris: Valade, 1802, pp. 396-402.

② A. D. Cantal, Série C. 112, Salers 1582: Recette de la terre de Salers.

B. 领主的地租收入			
1. 现金租税			157 里弗尔 5 苏(sous)
2. 谷物			
小麦	14.5 塞提（setiers）①	754 升（litres）	47 里弗尔 18 苏
黑麦	249.7 塞提（setiers）	12985 升	515 里弗尔 12 苏
燕麦	167.5 塞提（setiers）	8710 升	182 里弗尔
3. 向萨勒斯集市定期出租桌子			2 里弗尔 11 苏
领主地租总收入			905 里弗尔 6 苏
C. 临时收入			
1. 土地转移税和土地买卖税			137 里弗尔
2. 胜诉后向对方收取的罚金			56 里弗尔 6 苏
临时总收入			193 里弗尔 6 苏
D. 额外收入			
1. 获赠的奶酪产品			190 里弗尔
2. 获赠的母马和马驹			166 里弗尔 10 苏
3. De Pomeyrie(不详)			300 里弗尔
额外总收入			656 里弗尔 10 苏②
总体收入			
A. 自领地的总收入			1253 里弗尔
B. 领主地租总收入			905 里弗尔 6 苏
C. 临时总收入			193 里弗尔 6 苏
D. 额外总收入			656 里弗尔 10 苏
萨勒斯男爵总收入			3008 里弗尔 2 苏

① 1 塞提（setiers）大约是 52 升。

② 1 大埃居(écu)=6 里弗尔(livre)；1 小埃居=3 里弗尔；1 里弗尔=20 苏(sol 或 sous)；1 苏=12 第纳尔(denier)。

支出清单

现金支出

1. 家庭生活支出 （包括购买酒、油、盐等生活必需用品，和处理一些家庭小事务）	1073 里弗尔 3 苏
2. 给母亲路易斯·德·圣-奥莱尔的养老费	185 里弗尔
3. 向路易斯·佩吉尔夫人(Louis Bergier)支付的费用(不详)	30 里弗尔
4. 萨勒斯男爵给马尔里厄村(Malrieu)修建教堂的捐赠	3 里弗尔 14 苏
5. 给管家和佣人们的薪水(现金)	60 里弗尔
总现金支出	1351 里弗尔 17 苏

实物支出(包括男爵家自己食用和出售的总量)

小麦	471.25 升
黑麦	10677 升
燕麦	7323 升
鸡	43 只
鸡蛋	300 个
蜡	4 千克

按照习惯，给予管家和佣人们的实物薪水，共 600 升黑麦(价值为 22 里弗尔 6 苏)。

农民拖欠的地租

现金	16 里弗尔 9 苏
小麦	26 升
黑麦	65 升
燕麦	39 升
鸡	2 只
蜡	0.6 千克

以上清单可以看出在没有土地购置开销的年份，萨勒斯男爵家庭的总收入大大超过了总支出，净收入达到 1656 里弗尔 5 苏。家族总收入的 42%都来自自领地收入，30%来自领主地租收入，构成了男爵收入最重要的两个部分，所以历任萨勒斯男爵都竭尽全力地保护好家族自领地，并在有空闲资金的情况下，大量购置地产，扩大自领地，以增加收

入。同时，还可以看出萨勒斯男爵家庭基本上是自给自足的经济，领主地租大多是以传统的实物形式收取，主要成分是谷物，所以领主的收入还受到每年谷物价格浮动的影响。每年的夏秋季节，萨勒斯男爵将收取的谷物储存在谷仓，并在冬、春交接之际，将大部分谷物卖出，因为这是一年中谷物价格最高的时候。男爵的自领地收入主要来自于奶酪产品的出售，同时，奶酪的价格在近代的法国并没有太大变化，一直较为稳定的上涨。所以，尼古拉·德·萨勒斯和小弗朗索瓦·德·萨勒斯都设法大量地购买肥沃的农场、牧场和草场，以便更多地发展畜牧业，制造更多的奶酪，这也是奥弗涅地区的特色，奶酪制品行业相当发达，直至今日仍是如此。从这份收支清单上看出，嫁妆对萨勒斯男爵来讲，的确是一笔非常大的开销，几乎是 1～2 年的领主净收入了，所以萨勒斯男爵们给女儿们的嫁妆都不是很丰厚，不过萨勒斯家族中，女儿较少，让·德·萨勒斯没有女儿，尼古拉·德·萨勒斯只有 2 个女儿，弗朗索瓦·德·萨勒斯也只有 2 个女儿，在一定程度上降低了开销。

由此可见，萨勒斯家族在中世纪是一个较小的领主，受到英法百年战争和黑死病的浩劫，领地经济几乎停止了发展，家族进入了长期的衰败趋势。直到 1509 年，尼古拉·德·萨勒斯接管家族后开始扭转。尼古拉倾其毕生精力费心经营家族产业，他重新整理、记载了从中世纪晚期以来，萨勒斯家族领地面积的变迁和租税的数额，在此基础上整顿领主地租；大量购置地产，在土地买卖中，萨勒斯男爵比商人更活跃等。通过一系列措施，极大地扩充了领主的收入，使家族财产稳步上升，同时还获得了男爵的头衔。尼古拉的经营方式，深深地影响了萨勒斯家族几代继承人，保障了男爵家族的繁荣发展。萨勒斯领地从中世纪到 16 世纪的发展过程，生动地展现了奥弗涅地区贵族的生活特性，他们既不像法兰西岛及周边地区的贵族那样，在宫廷中、国王身边谋得利益，家产不需要如此费心经营，以贵族从事商业活动就是耻辱为戒；又不像南部地中海沿岸的贵族，通过从事海洋贸易获得大量财富。奥弗涅地区处于法国的中央，既不是政治中心，也不是贸易港口，当地的贵族们守着最为传统的生活方式，即对土地经营的依赖。

(二)马泽罗勒领地的收入

马泽罗勒领主也是上奥弗涅地区贵族的典型，反映了当地领主制经营的方式。马泽罗勒领主和萨勒斯领主有很多相似之处，他们收入最主要的两个来源都是领主地租和自领地，一般自领地主要用于发展奶制品农场。萨勒斯男爵在原有土地的基础上，不断向圣・保罗(Saint-Paul)、隆格维亚勒(Longeviale)、夏瓦赫维耶(Chaverivière)以及菲尼亚克・埃斯宾纳索勒(Fignac-Espinassolles)地区发展新地产；而马泽罗勒领主则在马泽罗勒、夏佩耶(Chanpeils)和夏霍(Charreau)地区发展。在16世纪，两个家族都积极地扩大自领地，拓展奶制品农场，以增加收入。

不过，尽管马泽罗勒和萨勒斯两个领主家庭有很多相似之处，但他们的发展历程却是完全不同的。从14世纪到16世纪中期，萨勒斯领地一直掌握在同一个家族手中；而马泽罗勒领地的所属权却更换了六次，直到吉奥姆・德・埃斯克艾耶重建领地，才确立了埃斯克艾耶家族的统治权。萨勒斯领地主要属于习惯法(Droit coutumier)管辖范围，而马泽罗勒则主要属于成文法(Droit écrit)管辖范围。16世纪后期到17世纪，萨勒斯男爵承袭了传统的经营方式，而马泽罗勒领主则大力发展乡村信贷，等等。

1. 领主的地租

马泽罗勒领主的主要收入来源，来自于吉奥姆在16世纪最后30年购买的领主地租上。从1573至1608年，吉奥姆花费22552里弗尔，签订27项买卖合同，其中14项是与其他贵族交易，7项与教会交易，6项与商人和司法官员交易，购买了马泽罗勒地区几乎所有的领主租佃权和司法裁判权，给他带来每年53里弗尔16苏的现金收入，以及1842升的小麦、12416升的黑麦和9276升的燕麦的收入。1574年，吉奥姆又从让娜・德・蒙塔尔夫人(Jeanne de Montal)那里，用1000里弗尔购买了一部分租佃权，由此得到每年52升的小麦、1144升的黑麦和936升的燕麦收入。1575年，吉奥姆同父异母的哥哥小弗朗索瓦・德・埃斯克艾耶，将伐瓦(Favars)和马迪朗(Madurand)地区每年5里弗尔6苏的现金收入，以及 465 升的小麦、2638 升的黑麦和 13440 升的燕麦收入转让给吉奥姆，以偿还 750 里弗尔的债务，并抵消部分父亲留给吉奥姆的 6000 里弗尔①。

在吉奥姆购买的租佃权中，最重要、也是最多的一部分是来自于衰落的贵族——韦西埃领主(La Vaissière)。韦西埃领地和 16 世纪初期的马泽罗勒领地很像，分割成几个部分，相继被其他贵族、商人等买走。吉奥姆的父亲弗朗索瓦·德·埃斯克艾耶也利用韦西埃领主在 16 世纪前期的困境，购得了一部分土地。1570 年左右，有婚姻联盟关系的里加伊家族(Rigail)和哈斯比德家族(Respide)拥有了韦西埃大部分的领地。韦西埃领地包括埃斯克艾耶、肖斯纳(Chaussenac)和奥斯特纳(Ostenac)三个村庄的部分土地和地租收入，与新的马泽罗勒领主地产相邻。由此，吉奥姆非常觊觎韦西埃的领地。1572—1575 年，吉奥姆从其他债权人手中购买了韦西埃领地上各种没有偿清的欠款，大部分是里加伊家族和哈斯比德家族的债务，如 1549 年未付的 420 里弗尔的嫁妆，1573 年租用土地拖欠的 400 里弗尔等，总共 14 项借据，共 7500 里弗尔的债务。在这 7500 里弗尔的欠款中，最大一部分是哈斯比德家族欠弗朗索瓦·罗贝尔·德·利涅拉(François Robert de Lignerac)的 5000 里弗尔。利涅拉是奥弗涅司法总管法庭的法官，而他又亏欠吉奥姆的哥哥弗朗索瓦·德·埃斯克艾耶 5000 里弗尔，吉奥姆则以父亲留给他 6000 里弗尔的遗产为交换，得到了这笔借据②。1575 年，吉奥姆拿着这些借据到里加伊和哈斯比德家族去索要欠款，哈斯比德家族只好将韦西埃的领地和租佃权一部分让与吉奥姆。之后，吉奥姆又用相同的方法，购买了韦西埃地区巴赞纳(Bazanes)和科洛勒(Colone)两个小领主的债务，分别是 2100 里弗尔和 4200 里弗尔，并向他们索要欠款，巴赞纳和科洛勒又让出一部分土地和租税权。至此，吉奥姆已经得到了韦西埃领

---

① André Fel, *Les hautes terres du Massif Central. Tradition paysanne et économie agricole*, Paris: Presses universitaires de France, 1962, pp. 123-125.

② André Fel, *Les hautes terres du Massif Central. Tradition paysanne et économie agricole*, Paris: Presses universitaires de France, 1962, pp. 136-137.

地每年 21 里弗尔的现金地租以及 520 升的小麦、3140 升的黑麦和 3707 升的燕麦的实物地租，总共价值为 6400 里弗尔，再加上韦西埃地区 6 公顷的土地，价值为 5500 里弗尔，大大扩展了吉奥姆的马泽罗勒领地①。

在吉奥姆·德·埃斯克艾耶购买的 27 项租税合约中，有 7 项是向教会购买的，占购买总量的 26%。1560—1580 年，法国国王查理四世和亨利三世都相继出售教会财产，以筹措与新教徒斗争的费用。在 1563 年以前的售卖中，是买主选择想购买的土地，并不是强制的。但到 1570 年左右，就开始向各地摊派。奥弗涅则根据每个主管教区的富裕程度，负责筹集一定的资金。为了完成筹措任务，奥弗涅的教会机构开始大量出售财产。于是 1578 年，吉奥姆购买了奥巴赞修道院(Abbé d'Aubazine)和布哈雅克修女院(Abbesse de Brageac)的土地租佃权和司法裁判权；又于 1588 年和 1596 年，购买了维吉安修道院(Vigean)和莫里亚克(Mauriac)隐修院的租佃权②。吉奥姆对奥巴赞修道院的购置是非常有利的，因为它享有部分宫布(Combru)山区肥沃牧场的司法裁判权，吉奥姆利用这点保证了他在该牧场的利益。但是，这也给吉奥姆带来了很多司法纠纷，因为宫布的山区牧场与萨勒斯男爵领地相邻，常常因为利益关系而发生争斗。

马泽罗勒领地剩下的租佃权是吉奥姆向商人、司法官员等购得的，如 1577 年，吉奥姆向萨勒斯富商安东尼·维吉尔购买了阿利堂区(Ally)每年 500 里弗尔的租佃权；1578 年，向圣·克里斯托福(Saint-Christophe)地区法庭官员安东尼·德·拉·波特(Anthoine de la Porte)购买了 600 里弗尔的租佃权③；等等。

由此，到 16 世纪末，有资料显示马泽罗勒新领主的佃农分布在 14

① André Fel, *Les hautes terres du Massif Central. Tradition paysanne et économie agricole*, Paris: Presses universitaires de France, 1962, pp. 141-142.

② François Caillard, *Notice sur l'élection de Mauriac*, Aurillac: Imprimerie Moderne, 1914, pp. 239-241.

③ André Fel, *Les hautes terres du Massif Central. Tradition paysanne et économie agricole*, Paris: Presses universitaires de France, 1962, p. 152.

个堂区：维吉安（Vigean）、德哈吉克（Drugeac）、德赫格纳克（Drignac）、埃斯克艾耶（Escorailles）、索圣纳克（Chaussenac）、阿利（Ally）、布哈雅克（Brageac）、圣·俄拉里（Sainte-Eulalie）、塞林（Salins）、圣·马丁·瓦勒莫赫（Saint-Martin-Valmeroux）、巴里亚克（Barriac）、萨勒斯（Salers）、昂格莱（Anglards）和圣·博纳（Saint-Bonnet）。① 由此，吉奥姆面临着佃农居住过于分散，不利于管理、收租的问题。1580 年，吉奥姆经奥弗涅皇家裁判所和司法总管法庭的授权，开始重新修订土地赋税簿籍，所以他对佃农地租和拖欠状况都了解得很清楚。马泽罗勒领地几乎都属于实行成文法的堂区里。如第一章中论述的，成文法主要通行于法国南部和边境省份（主要是三级会议省），它与传统的习惯法在司法体系上并没有太大区别，只是在领主地租收入的规定上有一点不同。习惯法规定领主只能向农民索要拖欠 3 年的地租，超过三年，则上诉到法庭解决；而成文法则可以宽限到 29 年。② 由此，成文法地区的领主向佃农索要的数额就比习惯法地区要多。吉奥姆早就意识到了这个区别，所以他购买的土地和租佃权很少处于习惯法通行范围内。

马泽罗勒领地有一个领主法庭，但作为一个新兴的领地，马泽罗勒的领主法庭还太不完善，执行范围也比较小，所以埃斯克艾耶家族主要向皇室法庭机构上诉，如萨勒斯皇家裁判所、奥里亚克（Aurillac）皇家裁判所和初等法院等。同时，皇室的法庭机构更偏向于保护领主的租佃权力，并且有较多执法人员来对付那些顽固的佃农。1587 年，吉奥姆向索圣纳克堂区（Chaussenac）夏霍村（Charreau）的佃农索要拖欠地租就是一个典型的例子。夏霍（Charreau）是马泽罗勒领地西北部边境上的一个小村庄，根据当时的土地赋税簿籍记载，有 32.6 公顷的土地、20 户佃农：

---

① Jean-Baptiste Bouillet, *Nobiliaire d'Auvergne*, Clermont-Ferrand: Pérol, 1846, Vol. 3, p. 121.

② Guillaume-Michel Chabrol, *Coutumes générales et locales de la province d'Auvergne*, Tome 2, Riom: Martin Degoutte, 1784, p. 232.

马丁·梅迪耶(Martin Meydieu)拥有12.6公顷土地;

曼顿·特桑迪(Mandon Teissandier)拥有4.3公顷土地;

弗朗索瓦·帕哈纳(Francois Parrana)拥有2.6公顷土地;

让·泰耶(Jehan Teilhe)拥有2.2公顷土地;

艾默里克·夏尼(Aymeric Chanut)和凯特琳娜·拉·韦尔尼(Catherine La Vernie)拥有2公顷土地;

阿涅·特桑迪(Agnès Tessandier)拥有1.1公顷土地;

凯特琳娜·萨利埃热(Catherine Saliège)拥有60公亩土地;

……①(20户佃农的姓名和拥有土地的数量)

可以看出，夏霍村庄的社会结构极不协调，大佃农马丁·梅迪和曼顿·特桑迪两户占据了整个村庄一半的土地，三户佃农拥有2~3公顷的土地，五户拥有大约1公顷的土地，六户拥有40~80公亩，剩下的四户只有不到40公亩土地。在那个时代，佃农一般需要3公顷左右的土地，才能经济独立，所以夏霍村只有2户佃农经济上较为宽余，3户基本自给自足，剩下15户佃农都严重缺乏土地。夏霍村庄的大佃农们乘马泽罗勒领地几度变更领主的混乱之机，逃避交纳地租；而该村庄的小佃农们，则因为土地的缺乏，所以更是长期拖欠地租。1587年，吉奥姆向领主法庭上诉，要求夏霍村庄的佃农交纳拖欠的地租，法庭判决如下：

勒令索圣纳克堂区(Chaussenac)夏霍村(Charreau)的20户佃农立即偿清拖欠29年的地租，共368里弗尔10苏，62只鸡，21762升黑麦，10881升燕麦：

马丁·梅迪耶(Martin Meydieu)拖欠地租146里弗尔，38只鸡，10975升黑麦，5603升燕麦;

① A. D. Cantal, Série F. 118, Chaussenac, 1587.

曼顿·特桑迪(Mandon Teissandier)拖欠地租 49 里弗尔 8 苏，13 只鸡，3659 升黑麦，1868 升燕麦；

弗朗索瓦·帕哈纳(Francois Parrana)拖欠地租 24 里弗尔 9 苏，7 只鸡，1830 升黑麦，934 升燕麦；

……①

但以马丁·梅迪为首的村民拒绝偿还，领主法庭也无法执行，于是吉奥姆上诉到奥里亚克的初等法院，法院维持领主法庭的判决，并派遣执法人员到夏霍村，监督佃农还清欠款，如不能还清，则将他们的财产没收并公开拍卖。由此可以看出，拥有通行成文法的领地还是相当有利的，吉奥姆购买的租佃权不仅可以收取购买后每年的地租，还能索讨之前农民拖欠的地租。同时，也显示出，此时的皇室司法机构相对于领主法庭来说，机制较为完善，人员更为充足，能有效地保证执法力度，所以新兴的领主们则逐渐不再向领主法庭上诉，而转向了皇家法院。后来，吉奥姆又分别在 1589—1601 年，向巴里亚克和索圣纳克堂区的佃农索回了拖欠的地租。

16 世纪末 17 世纪初，吉奥姆根据新修订的土地赋税簿籍，整顿领地租税，逐个索回欠款，从而领主地租收入达到每年平均 88 里弗尔 10 苏的现金，3200 升的小麦、12967 升的黑麦和 9296 升的燕麦②。

2. 马泽罗勒领地的土地购置

16 世纪晚期，吉奥姆·德·埃斯克艾耶在粮价不断上涨的形势下，将领主的实物地租——谷物和奶酪高价卖出，获得了较为丰富的流动资金，然后他再用这些资金购置更多的地产，获得更多的地租，形成了一个良性循环。1573—1608 年，吉奥姆花 8350 里弗尔购买宫布山区(Combru)的牧场，花费 30209 里弗尔购置耕地和草场，总共花费 38559 里弗尔来购买土地。虽然超出了埃斯克艾耶领主每年 22552 里弗尔的地

---

① A. D. Cantal, Série F. 118, Chaussenac, 1587.

② Léonce Bouyssou, "Etude sur la vie rurale en Haute Auvergne. La région d'Aurillac au XVIe siècle", *Revue de la Haute Auvergne*, no. 5, 1942, p. 336.

租收入①，说明吉奥姆在土地购置上耗费的资金和精力都是相当大的，但这是可以马上兑现的良性投资。

马泽罗勒地区原有一个农场，1538 年这个农场包括 19 公顷的耕地、6.4 公顷的草场、2.7 公顷的森林和 5 公顷的荆棘地，其中有一半的耕地被分成小块，种植谷物。但是后来，接任马泽罗勒领地的各个家族，逐渐将部分农场售出给当地农民或莫里亚克城(Mauriac)的商人们。到吉奥姆重新整顿、建立马泽罗勒领地时已所剩无几。重建马泽罗勒农场耗费了 26 年(1573—1598 年)，经过 43 项土地交易，花费 8729 里弗尔才完成。其中有 39 项交易合同，85%的资金(约 7459 里弗尔)都是与马泽罗勒地区 5 户农民家庭相关：罗西耶家(Les Rossier)、梅迪耶家(Les Meydieu)、罗贝尔家(Les Robert)、巴里耶家(Les Barrier)、拉·罗什家(La Roche)。由于马泽罗勒领主是当地最大的债权人，所以这 5 户农民家庭大多是用自己的土地来偿清债务，比如他们中间土地最多的拉·罗什家。1590 年，奥里亚克(Aurillac)初等法院勒令拉·罗什家偿清拖欠商人皮埃尔·贝哈布勒(Pierre Peyrable)的款项，但是他们无力偿还，于是法院没收了部分拉·罗什家的农场，并在市集上公开拍卖，吉奥姆乘此机会，以非常低廉的价格(1680 里弗尔)购得了这 15 公顷的农场，包括 5 片草场(3.8 公顷)、14 小块耕地(10.1 公顷)和 6 个小花园(1.1 公顷)。② 这片农场既可以开发奶制品，也有较多的耕地来生产谷物。

同时，吉奥姆继续筹措资金购置昂格莱堂区(Anglards)肥沃的宫布山区另一个牧场以发展畜牧业。1577 年，吉奥姆用 3300 里弗尔，分别购买了德赫格纳(Drignac)、索塞纳克(Chaussenac)、阿利(Ally)和巴里亚克(Barriac)堂区的土地和租佃权。1578 年，吉奥姆将这些零散的土地与佩斯戴领主(Pesteils)交换，得到了宫布山区 37.5 达特(têtes)的草

---

① Michel Leymarie, "Les redevances foncières seigneuriales en Haute Auvergne", *Annales historique de la Révolution française*, no. 1, 1968, p. 380.

② Joseph Gipoulon, *Etude sur l'allodialité en Auvergne*, Montluçon: A. Herbin, 1903, pp. 103-105.

场。1587 年和 1594 年，吉奥姆又从萨勒斯商人皮埃尔·德·夏哲特(Pierre de Chazettes)那里，分别购买了 7.5 达特和 30 达特的草场。① 由此，吉奥姆获得了宫布山区大片的草场。1594—1608 年，吉奥姆还不断在该地区零星购置了一些土地，到 1609 年，他已经拥有宫布山区牧场近 36.25 公顷的土地，饲养了 65 头奶牛，形成整片较大的山区牧场。

吉奥姆在伐瓦(Favars)的地产，也是奥里亚克城的初等法院监督农民偿清欠款而得到的。1589 年，伐瓦地区的农民皮埃尔·马蒂(Pierre Mathie)拖欠吉奥姆债务未还，因此奥里亚克初等法院将他的土地没收、拍卖，于是吉奥姆又以 1200 里弗尔购买了伐瓦地区 9.8 公顷的土地。② 还有前文中提到的，吉奥姆同样以索要欠款为由，在夏佩耶地区(Champeil)向衰落的贵族——韦西埃(La Vaissière)领主购置的新地产。

3. 乡村借贷

16 世纪末 17 世纪初，随着商品经济的发展，借贷活动的范围越来越广。不管是在吉奥姆·德·埃斯克艾耶购买领主租佃权上，还是在他购置土地时，债务都起了非常大的作用，几乎一半以上的土地和租佃权都是从债务上获得的。下表是 1573—1608 年，吉奥姆购置土地的花费中与债务相关的数额③。

由下表可以看出，1573—1608 年，吉奥姆购买土地的 30209 里弗尔花费中，有 19389 里弗尔是与债务有关的，占总花费的 64%。购买贵族阶层土地的费用中，有 69%与债务相关，商人和司法官员中有 62%与债务相关，农民阶层有 58%，说明各个阶层都因债务而失去了很多财产。吉奥姆获得的这些土地要么是从购买债务权得到的；要么是因他人急于偿还欠款而售出土地；或是不能偿还欠款时，法庭强制公开拍卖

① Alfred Durand, *La vie rurale dans les massifs volcaniques des Dores, du Cézallier, du Cantal et de l'Aubrac*, Aurillac: Imprimerie Moderne, 1946, pp. 128-130.

② Joseph Gipoulon, *Etude sur l'allodialité en Auvergne*, Montluçon: A. Herbin, 1903, p. 123.

③ André Fel, *Les hautes terres du Massif Central. Tradition paysanne et économie agricole*, Paris: Presses universitaires de France, 1962, pp. 170-172.

土地而获取的。

吉奥姆·德·埃斯克艾耶土地购置数额和与债务相关数额表

（1573—1608 年）　　　　（单位：里弗尔）

卖方阶层	购买数额	与债务相关的数额
贵族	16346	11279
商人和司法官员	7180	4452
农民	6198	3607
其他	485	51
总额	30209	19389

埃斯克艾耶家族用来购买土地和租税权的债务，还是一种以个人借贷为主的租赁方式，较为原始，且没有借款利息。而此时期，在巴黎和法国北部一些城市以及地中海沿岸都已经开始兴起借贷利息了。利息按年偿付，并不抵消本金的数额，形成一种定期利息，由债务人在借款前向债权人提出利息比率，双方协商同意后，债权人借款，债务人写好借据，到法院公证生效。① 这种有定期利息的借贷方式，已经形成了近代借贷资金的雏形。但在奥弗涅地区，还没有实行，债务人与债权人直接签订借据，规定还款期限，但没有任何利息的要求，如 1579 年，布罗阿地区（Broha）的领主——雅克·德·瓦赫耶（Jacques de Varier）向吉奥姆借款凭据是这样写的：

1579 年 7 月 13 日

布罗阿领主雅克·德·瓦赫耶以布罗阿以南 19 公顷的农场为担保，向马泽罗勒领主吉奥姆·德·埃斯克艾耶借入 2197 里弗尔，

① Pierre Deyon, *Amiens, capitale provinciale, Etude sur la société urbaine au XVIIe siècle*, Paris: Mouton, 1967, p. 187.

三年还清。①

1608年，吉奥姆去世时，留下183份债务借据，几乎都是这样书写的。由此可见，奥弗涅地区的借贷，是以个人信任关系为主的原始借贷方式。至于利息，习惯法为了防止高利贷的横行，禁止私人在债务中索取利息，只有法庭才可以提出加入利息的要求，作为一种不偿还欠款的惩罚措施。由法庭调解规定的利息率，一般是根据皇家法令订立的最高合法利率而定的，1576年为8.33%，1601年亨利四世时期降到6.25%，1665年路易十四时期只有5%。② 利息率的不断下调，说明原先为法庭惩罚性质的利息逐渐成为合法借贷利息的趋势。但是在奥弗涅地区，如果债务人难以偿还借款，债权人通常不会上诉法庭要求延期偿还或增添利息，而是直接将债务人的财产没收、拍卖，或是送债务人进监狱。在法庭拍卖、出售债务人财产时，债权人享有优先购买权和价格上的优惠。对于吉奥姆来说，他并没有把借贷资金当做投资，没有指望从这些借贷资金本身得到收益，只是作为获取土地或地租的渠道。在奥弗涅，大多数领主和周边地区的领主在经济上都存在相互依存的关系，都有债务往来，而且几乎是长期的借款，没有利息，所以一般债务关系都是基于信任和耐心的。在近代借贷机构还没有建立起来之前，这种私人借款是不可避免的，但又是很没有保障的，当债务人不能偿还欠款时，债权人就将其上诉到法庭，由法庭强制没收、拍卖债务人的财产。1598年，枫唐吉(Fontanges)的富商罗贝尔·德·拉·波特(Robert de La Porte)，向吉奥姆借了300里弗尔，因为数额不大，所以没有提供担保，且答应吉奥姆在任何时候都可以索回借款。8年后，1606年，吉奥姆再索要欠款时，借据还款人已经转变了好几次，最后应由奥里亚克(Aurillac)的商人皮埃尔·德西雷(Pierre Desire)和让·塞撒(Jean Cessar)来偿还，但他们以时间太长，债务不清来拒绝偿还这笔债款，

---

① A. D. Cantal, Série F. 118, Broha, 1579.

② G. J. Cavanaugh, "Nobles, Privileges, and Taxes in France: A Revision Reviewed", *French Historical Studies*, no. 8, 1794, pp. 681-682.

吉奥姆上诉到法庭后，也经过了很长时间才得到解决。① 由此可见，当时这种私人信贷制度的不保险性，但习惯法又阻碍了新借贷制度的发展，所以奥弗涅地区的经济发展一直很缓慢。

在对待领地佃农的借款上，吉奥姆通常是非常有耐心的，毫无疑问，佃农是领主租税的承担者，但他们中的大多数缺少资金储备，所以迟早要向领主借贷。吉奥姆经常延长佃农的借贷期限，虽然有拖欠款项，但他还是继续借出种子和资金给佃农，以保证他们能正常耕作，并继续交纳地租。1587 年，领地佃农弗朗索瓦·奥里维耶(François Olivier)遭遇了连续的土地歉收，债务拖欠了 6 年，但是吉奥姆还是每年都借出种子和资金给他，直到 1593 年，收成转好后，弗朗索瓦立即就归还了欠款②。由此可见，大多数佃农都还是比较自觉地归还欠款的。

债务是受法律约束的，当吉奥姆的借款过多时，他会通过各种方式来索要欠款，大多数时候债务人还是自愿归还的，所以吉奥姆也一般只索要欠款，对拖欠的年份并没有什么苛求。1588 年，萨勒斯商人里戈·夏尔维(Rigauld Chalvet)将萨勒斯城旁边的一小片土地出售给吉奥姆，用于抵消长达 16 年的欠款 500 里弗尔③。1592 年，维吉安(Vigean)的商人弗朗索瓦·蒙特福将他的农场卖给吉奥姆，为了偿清他拖欠 5 年的欠款 1400 里弗尔④。但是，有时也会遇到债务人拒绝偿还欠款的情况，吉奥姆失去了耐心，上诉到法庭来解决。吉奥姆认同习惯法的条文，把利息看做一种违背承诺的惩罚，在法庭上不仅要求偿还本金，还索要利息和诉讼费，更甚者则变卖其家产，或送进监狱。1570—

① François Gaillard, *Notice sur l'élection de Mauriac*, Aurillac: Imprimerie Moderne, 1914, pp. 312-314.

② Alfred Durand, *La vie rurale dans les massifs volcaniques des Dores, du Cézallier, du Cantal et de l'Aubrac*, Aurillac: Imprimerie Moderne, 1946, pp. 141-142.

③ Léonce Bouyssou, "Etude sur la vie rurale en Haute Auvergne. La région d'Aurillac au XVIe siècle", *Revue de la Haute Auvergne*, no. 5, 1942, p. 341.

④ Léonce Bouyssou, "Etude sur la vie rurale en Haute Auvergne. La région d'Aurillac au XVIe siècle", *Revue de la Haute Auvergne*, no. 5, 1942, p. 342.

1580年，莫里亚克城的商人乔治·夏斯坦纳(George Chastrenac)一直与吉奥姆合作售卖谷物，所以吉奥姆定期借钱给他，但后来乔治拒绝偿还。1581年，在法庭上，吉奥姆不仅要求乔治偿还2970里弗尔的本金，还要求索回一共1237里弗尔10苏的利息，但乔治无力偿还，法庭则派官员将其财产没收、拍卖①。1563年，吉奥姆借给圣-马丁-瓦尔梅赫堂区(Saint-Martin-Valmeroux)的马丁·肖梅伊(Martin Chaumeil)2000里弗尔。同年，马丁因售卖黑麦时缺乏资金，又和吉奥姆签订1000里弗尔的附加债务，总共3000里弗尔。8年后，1571年，马丁因未偿还借款，又拒绝出庭而入狱，法庭宣判他不仅要归还债务，还要偿付当时皇家法令规定的高额利息。1575年，马丁去世，留下很多债务，债权人纷纷找马丁的妻子和孩子们索要债务。马丁的妻子上诉到皇家裁判所和初等法院以寻求庇护，但被驳回，执法人员没收了马丁的财产，最后，吉奥姆终于索回了3000里弗尔的本金以及1271里弗尔2苏的利息和诉讼费。②

在吉奥姆购买土地过程中，现金交易较少，大部分是直接以借据或契约形式进行。在吉奥姆去世时留下的183份借据中，有32份来自贵族，50份来自商人和司法官员，101份来自农民(大多是马泽罗勒领地上的佃农)。这183份债务借据在法庭上都是合法、有效的，总共价值为32579里弗尔19苏，都超出了吉奥姆35年(1573—1608)的土地购置费用③。借据的主要对象包括奥弗涅大区西部的大小贵族，萨勒斯城、莫里亚克城(Mauriac)、奥里亚克城(Aurillac)的商人和司法官员以及马泽罗勒城堡周围15~20公里内的农民等。

在吉奥姆183份借据中，数额较大的并不多，主要对象集中在周边地区的领主上，如上文中提到的，布罗阿地区的领主——雅克·德·瓦

---

① Jean-Joseph de Brieude, *Observations économiques et politiques sur la chaine des montagnes ci-devant appelées d'Auvergne*, Paris: Valade, 1802, p. 435.

② Jean-Joseph de Brieude, *Observations économiques et politiques sur la chaine des montagnes ci-devant appelées d'Auvergne*, Paris: Valade, 1802, p. 439.

③ André Fel, *Les hautes terres du Massif Central. Tradition paysanne et économie agricole*, Paris: Presses universitaires de France, 1962, p. 148.

赫耶向吉奥姆借款 2197 里弗尔，还有萨勒斯男爵小弗朗索瓦·德·萨勒斯的借据 1513 里弗尔，利涅拉（Lignerac）领主——让·德·迪布勒（Jean de Tible）的借据 1200 里弗尔等①，32 份贵族阶层借据价值共 10751 里弗尔，占借据总额的 33%。其他借据面额较小，183 份借据中有 106 份小于 80 里弗尔，大多数是农民的借据。由此可见，借据中占最大份额还是农民阶层，101 份借据，共 13032 里弗尔，占借据总额的 40%。这是因为埃斯克艾耶领主本身就是他领地佃农的最大债权人，每年吉奥姆都借种子和资金给佃农，以耕种土地，丰收的时候再收回借款。同时，吉奥姆还出租农场和牲畜，1586 年，他将 3 头奶牛、1 头牝犊和 1 头公牛借给德赫格纳克村的农民埃梅里·蒙泰涅（Eméry Montaigne），并立下 210 里弗尔的借据。

这些私人借据虽然不像货币那样方便流通，但是可以在债权人之间转换，只要双方债权人同意，便可到法庭记录员那转换债权并公证，然后寄一封公证附件给债务人，让他们知道新债务人是谁即可。1591 年，吉奥姆接受了同父异母的哥哥——弗朗索瓦·德·埃斯克艾耶用 102 里弗尔的借据偿还欠款，债务人是埃斯克艾耶领地的佃农特里斯坦·科赫（Tristan Caury）。1600 年，吉奥姆为牲畜购买干草，便拿着弗朗索瓦转让的借据向特里斯坦索要干草地租，特里斯坦对照了借据后，马上交付了拖欠的干草。②

作为债权人，在没有通行利息的奥弗涅大区，吉奥姆能够从中获利的，就是债务人因抵债而急于让出的财产，或是法庭强行拍卖售出的财产，此时获得的财产远比债务价值高得多。1595 年，圣-马丁-瓦尔梅赫堂区（Saint-Martin-Valmeroux）的小领主雅克·德·马尔泽（Jacques de Marze）拖欠吉奥姆 600 里弗尔 8 年未还，皇家裁判所将雅克的农场判给了吉奥姆，因农场离马泽罗勒领地太远，所以吉奥姆就马上转手卖给了

---

① Michel Leymarie, "Les redevances foncières seigneuriales en Haute Auvergne", *Annales historique de la Révolution française*, no. 1, 1968, pp. 299-302.

② Michel Leymarie, "La vie quotidienne du XVIe au XVIIe siècle en Haute Auvergne et dans le Cantal", *Revue de la Haute Auvergne*, no. 1, 1958, pp. 141-142.

商人让·德格拉(Jean Degrat)，换回800里弗尔。① 1573年，萨勒斯商人皮埃尔·枫唐吉(Pierre Fontanges)向吉奥姆借了1200里弗尔，规定一年偿清，但22年后皮埃尔仍未偿还。1595年，吉奥姆上诉到奥里亚克的裁判所，法庭将600里弗尔的现金和16头奶牛偿还给他。吉奥姆将奶牛卖出，得到983里弗尔。② 由此可见，从债务中获得的利益是显而易见的。但是，如果1595年吉奥姆在裁判所要求皮埃尔偿还22年的欠款利息的话，他将会得到总共2800里弗尔。不过吉奥姆并没有这样做，虽然利息在16世纪中期到17世纪时，已经普遍实行于法国北部和南部地区，但吉奥姆一直保持着传统的观念，认为借贷是领主与领主之间、领主与佃农之间的一种信任关系，不是用来获利的，利息只是一种违背诺言的惩罚。但是到吉奥姆的儿子——弗朗索瓦·德·埃斯克艾耶接管家产时期，就再也没有他父亲对债务人那般有耐心了，而且接受了借贷利息的观念，虽然没有明确提出，但已经开始暗地里收取利息了，这一点将在下面章节中展开论述。

1608年12月，78岁的吉奥姆去世，遗嘱中他将家产传给了长子弗朗索瓦·德·埃斯克艾耶，其他3个儿子分别得到4000里弗尔的现金和2000里弗尔的债务借据，妻子玛丽·德·萨勒斯得到400里弗尔的养老金和居住在马泽罗勒城堡的权力。吉奥姆是一位非常仁慈的领主，在他葬礼的那天，长子弗朗索瓦遵循他的遗愿，将24米的布匹和12个大面包分发给领地的穷人们。③

吉奥姆用整整35年的时间(1573—1608年)，投入约61000里弗尔的资金，重建马泽罗勒领地。吉奥姆耗费的精力和资金要比萨勒斯家族大得多，因为萨勒斯领地一直都在古老的萨勒斯家族统领下，领主权力

---

① Jean-Joseph de Brieude, *Observations économiques et politiques sur la chaine des montagnes ci-devant appelées d'Auvergne*, Paris: Valade, 1802, p. 451.

② Jean-Joseph de Brieude, *Observations économiques et politiques sur la chaine des montagnes ci-devant appelées d'Auvergne*, Paris: Valade, 1802, p. 455.

③ Jean-Baptiste Bouillet, *Nobiliaire d'Auvergne*, Clermont-Ferrand: Pérol, 1846, Vol. 3, p. 139.

具有继承性；而马泽罗勒领地的领主权，却在不断地更换领主过程中逐渐衰退，以至于吉奥姆重建领地时，还要重新购买领主租税权；同时，领地佃农因常常变换领主而长期不规律地交纳地租，给每年吉奥姆征收地租也带来了很大困难。于是，吉奥姆重新编订了马泽罗勒领地的土地赋税簿籍，并在皇家法院的支持下整顿了领地租佃。特别要提出的是，皇室司法机构在保持奥弗涅地区领主权力上的重要作用。领主的诉讼案件通常开始于领主法庭，但如果佃农坚持，则上诉到皇室裁判所、初等法院，甚至到巴黎最高法院，不过皇室司法机构的判决在此时期常常偏向于领主，在一定程度上也支撑了领主的权力。

乡村借贷活动在萨勒斯领主的生活中并不盛行，但在马泽罗勒领地却很广泛。吉奥姆在购买领主租佃权和土地的过程中，借贷活动占很重要的比例，为他谋得了很多利益。虽然这种行为也是一种投机，但吉奥姆并不是高利贷者，因为他的借贷是没有利息的原始私人借款。吉奥姆借贷活动的主要目的不是为了获取利息，而是通过有意识地购买领地其他贵族的债权，来伺机扩大自己的领地。这种大量的私人借贷活动，也反映了奥弗涅地区乡村经济中，缺乏公共的借贷机构——银行。

二、布列塔尼地区

在法国社会转型时期，虽然由于商业革命、价格革命使物价不断飞涨，但是在一些经济并不是很发达的外省地区却一直保持着实物地租的征收方式，所以较少受到影响，以上提到的奥弗涅地区以及布列塔尼地区都是如此。虽然中下层贵族在这场变革中有一部分破产，但从总体上说还是维持着较为稳定的社会经济地位。

1. 通货膨胀影响下对布列塔尼贵族收入的评估

首先来估量一下 16 世纪地租的实际增长。在相同的领域，用相同的面积单位，1440—1524 年每茹尔纳（根据一个人一天能耕种的面积，即茹尔纳(journaux)计算)地租的平均水平是0.467里弗尔，到1601年达到了3.43里弗尔。① 名义上地租增长了7.34倍，也就是差不多1倍的小麦和2倍的粗燕麦。这得益于两个主要原因：第一个是谷物的传播，主要是因为16世纪在布列塔尼黑麦的散布。更确切地说是更好的轮作方式的发明。首先，在春季施肥为秋季谷物做准备之后，夏季的谷物黑麦生长足够迅速可以在轮歇地种植。这种黑麦的中间种植让轮歇地更加多产，从而大大推进了整体谷物的生产量。黑麦的丰收给农民提供了食物，促进了小麦和黑麦的商业化，更广泛来说是促进了市场经济的发展。此外，总体谷物产量的提高也支持了16世纪人口的增长。第二个原因：有利于农场主的供求关系得到了发展，使得能够向开采者榨取额外的剩余价值。在这种地租分成制的情况下，租金是分配的，承租人仅仅得到丰收成果三分之一，而租金的增长能达到一倍。在17世纪前半期，地租继续增加。在巴黎附近，1600—1670年，收益增长了一倍多。在布列塔尼地区，人口增长继续推动收益增长。此外，1645—1663年的各个国家谷物的自由出口都是被王权承认的，并且在18世纪得到更大发展。但是，在17世纪最后30年左右的时间里，地租减少了三分之一。② 下表是15—16世纪当地领主收入的构成表，这些构成是从雷恩和埃代(Hédé)的司法统帅辖区的领主开始计算的，没有计算实物地租，而且结果仅仅只代表雷恩北部的地区。可以看出，在16世纪期间对于小封地领主收入来说，还是有不可忽视的增长，达到了12%～16%。实际上从15世纪开始，地产收入的增长比例总体上超过了三分之二。相反的，对于中等领主来说，价格的提高和收益用第纳尔(denier，旧时法国辅币，相当于十二分之一苏)来计重引起了整体收入约15%的贬值。但从整体上看，经济形势只是适度地让中等贵族变穷

① Jean Meyer, *La noblesse bretonne au XVIIIe siècle*, Paris, Flammarion, p. 850.

② Claude Renard, *Paroisses et communes de France*, *Dictionnaire d'histoire administrative et démographique*, *Ille-et-Vilaine*, Paris: C. N. R. S., 1990, p. 82.

了，并没有减少小贵族的整体领主收入。

领主收入的构成①　　（单位：德尼耶 denier）

	地租	年贡		劳役	磨坊	名义上的总数	通货紧缩后的总数
		货币	实物				
	微小领主						
1460—1520	70.0	28.6	0.9	0.5	0	100	100
1610	513.8	28.6	4.4	2.4	0	548.2	112.5
	小领主						
1460—1520	71.6	25.0	2.9	0.5	0	100	100
1610	525.5	25.0	14.1	2.4	0	567	116.2
	中等领主						
1460—1520	35.4	42.2	8.4	3.0	11	100	100
1610	259.8	42.2	41.0	14.6	53.7	411.3	84.3

这种结论还有精确的贵族财产来证明。杜伯埃(Dubouays)是圣-格德汉地区(Saint-Gondran)库斯布克(Couësbouc)的领主，属于中等贵族。杜伯埃的例子因为两个原因而有意义：首先，因为这是一个古老的世系贵族，贵族的分配较少被牵连；其次，他们家族也不在职，其财产不会因为官职收入而影响领主的收入。通过对他们财产的评估表明 17 世纪他们实际收入的确逐渐减少，如下表所示，表面上看 17 世纪他们的收入总是超过 1000 里弗尔，但是用斗来计量小麦，降低了 55%，年贡占总收入的份额低于 20%，同时土地面积有所减少。②

① Arch. dép. Loire-Atlantique, B 2316 f° 37.

② Marc Kessedjian, *La seigneurie rurale des Marches de Bretagne au XVe siècle, Saint-Brice en Cogles sous la famille des Scepeaux*, Rennes, 1972, p. 76.

库斯布克(Couësbouc)地区杜伯埃(Dubouays)领主的收入①

贵族世系的继承	不动产	年贡	总　数	
			古斤	斗
弗朗索瓦(François)　1595			1518	690
吉尔(Gilles)　1597			1012	460
尤里安(Julien)　1627	1087.35	332	1419.35	384
皮埃尔(Pierre)　1699	995	207.34	1202.34	308

对于中等贵族来说，价格的提高使以德尼耶为单位计量的年贡贬值了，也减少了总的收入。1627 年有两块租佃田被一些佃农开采。库斯布克地区的土地有 84 茹尔纳(journaux)，其中 15 茹尔纳是荒地，还有一些果园和 12 茹尔纳的牧场，为 1627 年整个夏天饲养 12 只左右的母牛提供了条件。库斯布克地区和拉夏梯埃尔(La Chatière)地区的租田成功饲养了一些家畜，其中属于库斯布克领地的有 2 头公牛(估价 40 里弗尔)、12 头母牛和 7 头小牛(一共估价 238 里弗尔)，还有 4 头猪(估价 22 里弗尔)。这些家畜构成了领主农业开采的主要资本，该资本占到了他们动产的 31.9%，这个总额还没超过农场主所拥有的。② 所以库斯布克(Couësbouc)地区的大庄园主家的布置并不是很奢华。有两张很舒服的大床(一共估计 93.5 里弗尔)，一张代表着奢华元素的装饰着丝绸和羊毛的的床(20 里弗尔)，衣橱(共 24 里弗尔)，一些棉麻布制的衣服，武器，一个火枪和一个短枪，4 个银勺和 2 张简朴的地毯(7 里弗尔)没有带来过度的消费，大庄园主的生活看起来也十分朴素，这份财产清单并不意味着这些中等贵族的代表是因为奢侈的消费而变得贫困了。③ 但是 17 世纪，生活开始变得精致起来。1713 年，吉(Guy)家族的动产价

① Arch. dép. Loire-Atlantique, B 2414 f° 58.

② Arch. dép. Ille-et-Vilaine, 3 Bc. 282, 9/11/1656.

③ Arch. dép. Ille-et-Vilaine, 2 Eb 29.

值是他祖父时期的 2.1 倍。还有另一种消费是很花钱的，即诉讼的费用，尤其是为了争取等级特权的诉讼。在两代人期间，库斯布克地区的领主和拉夏波尼耶尔(La Chaponnière)地区的贝斯夏德(Beschard)就为在朗格埃(Langouet)地区的宗教特权引起了争论。① 他们是在雷恩的初等法院进行诉讼的；直到上诉到最高法院两个家族才达成了和解，消耗了家族较多财产。

很多小贵族，还是拥有土地的，如雅克·吉盖勒(Jacques Ginguene)的收入：他从父亲那他继承了朗甘(Langan)镇的布瑞尔-萨明(Breil-Samin)的房子，还有 7 茹尔纳的土地和一个辖区，总收入为 50 苏 4 德尼耶，4 斗细燕麦和 2 只母鸡；从母亲那里，他继承了 1 个水磨和 1 个在圣·孔德汉(Saint-Gondran)的小牧场，1658 年他一共卖了 1200 里弗尔，收益大概是 60 里弗尔。同样的，劳奈(Launay)的领主让·德·卡哈德(Jean de Caradeuc)在 1657 年到 1669 年间进行了 9 次小购买，一共有 1777 里弗尔，仅仅只是由一些小块土地构成。②

总体来说，物价上涨使以德尼耶计量的租金贬值了，但还没有达到动摇领主收益的程度，影响的方式也是不同的，尤其是对 1580 年习俗改革前的次子次女来说，在分家产之前或之后，每次他们都被给予以德尼耶计量的固定租金；还有，对中等贵族的影响是更大的，他们拥有很多以德尼耶计量的年贡。小贵族的地租收入就完全占有特权了。这种情况是没有例外的：除了下奥弗涅(Basse-Auvergne)地区，因为那里的领主主要是收取以实物计量的地租，所以他们也没有受到物价上涨的影响。

2. 16 世纪布列塔尼贵族的财产负担

16 世纪，王室领地的公国联盟导致布列塔尼卷入了法国发起的战争中。布列塔尼的贵族对抗了多起海岸的登陆入侵，1512 年、1513 年和 1522 年是对英国，而后是对西班牙。1523 年圣布里厄的封臣们在卡

---

① Arch. dép. Loire-Atlantique, B 1545, aveu de la Chaponnière.

② Arch. dép. Loire-Atlantique, B 1544/2; Arch. dép. Loire-Atlantique, B 1554 f° 51; Arch. dép. Ille-et-Vilaine, 3 Bc 299, 17 février 1673.

雷被召集。雷恩的封臣们在1528年也被召集，此时正值西班牙在贝尔岛的入侵之际。1529年，为了支付弗朗索瓦一世子女的赎金，布列塔尼贵族阶级同意捐献二十分之一的贵族财产。16世纪中叶，王国法令在很大程度上提高了贵族收入级别的门槛，并重新确定了装备，高顶头盔和轻胸甲替代了头盔和锁子胸甲，尤其是火枪正在慢慢普及。封地领主必须适应新技术：此后拥有300到400里弗尔收入的贵族必须形成轻骑兵队伍，或者是配备一个火枪兵侍从的步兵队伍；那些拥有200到300里弗尔收入的贵族要形成矛兵。法令规定集合收入在200里弗以下的中小贵族形成一个步兵营。① 实际上，在雷恩主教区阅兵的时候，这项法令在那里并没有被遵循，贫穷的贵族努力提议成为助理。因此，在布列塔尼，贫穷贵族不能再逃避军事税，那些仍然比较宽裕的贵族还在奋不顾身；1554年圣布里厄主教区阅兵的时候，280个绅士步兵在朗巴勒的审判管辖区注册。在1543年和1553—1554年，国王委托给当地所有贵族驻军，抵御英国人、西班牙人入侵和外省护卫队的任务。②

1557年，亨利二世颁布了的法令，比1541年更多地考虑到了布列塔尼地区的现实。该法令估算了每个等级规定装备的价值，差不多是每年贵族收入的36%，这是一笔很大的消费，如以下表格所示。当然，那些继续做骑兵的布列塔尼小贵族不用支付30埃居的马的费用，这是被课税的最小值，但是远不止这些，1560年在盖勒(Gael)的小贵族家庭庄园里，三匹母马和他们的小马的估价也仅仅只有18里弗尔。③ 对于那些贵族收入少于100里弗尔的封地领主来说，他们也要缴税，因为1557年的条令规定他们的收入要按照5%的比例去支付统帅每月的军饷。这是为了将二十分之一税常态化。

① Jean Gallet, *La seigneurie bretonne (1450-1680)*, Paris, Publications de la Sorbonne, 1983, p. 167.

② Marc Kessedjian, *La seigneurie rurale des Marches de Bretagne au XVe siècle*, Rennes, 1972, p. 280

③ Arch. dép. Morbihan, E 627.

1557 年比列塔尼封臣的装备及价值①

收入等级（里弗尔）	职能和装备	价值	
		埃居	里弗尔
≥1800	伴有弓箭手和火枪手的骑士	390	897
1500~1800	伴有弓箭手的骑士	340	782
1000~1400	骑士：	250	575
	拥有两匹好马，	200	460
	一个全副盔甲	50	115
800~900	伴有火枪手的弓箭手	140	322
500~600	弓箭手	90	207
300~400	骑马的火枪手：	50	115
	拥有一匹好的矮马	30	69
	配有火枪	4	9.2
	高顶头盔	4	9.2
	护胸甲	12	27.2
150~100	步兵：	50	115
	拥有轻胸甲	16	36.8
	矛或者戟	15	34.5

贵族领主在装备武力后需要支付他们的养护费用，在城市人和马的粮食都涨价了。最后，服役的时间可以超过封地领主应该服役的时间。1557—1558 年，拥有火枪的绅士骑兵被派遣到下布列塔尼地区去抵抗英国人和西班牙人的登陆；然后在宗教战争初期，在卢瓦尔河三角港地区，从 1570 年开始，王室政权就不再执行军队审查而仅仅去动员那些

① Arch. dép. Côtes-dAmor，C 184.

懂得军事的乡绅从军。1573 年、1574 年和 1587 年，封臣们仍旧被召集。① 在 1636 年，反西班牙战争初期，路易十三于 8 月 11 日下了一封诏书，召集布列塔尼的封臣去皮卡第地区。9 月初，雷恩爆发了一场持续三天的暴动，总督写到布列塔尼的贵族对于召集通知十分生气，而最高法院却给出了逮捕令，暴动被法院和贵族的矛盾激化了。②

由此可见，布列塔尼中下层贵族为了维持其家族的社会地位所承担的经济负担是很沉重的，特别是在战争时期，军事开支更是巨大，对中下层贵族家庭来说难以承受，因此有的家族成员则凭借其对武器的熟悉，进入王室军队中。

3. 中下层贵族的军事收入

在 16 世纪和 17 世纪初，国王在布列塔尼地区维持着很少的常规军。在 1547 年，在 51 个勤务兵的部队中，只有两个，埃唐普(Etampes)和罗昂(Rohan)被安置了宿营。这里的危险主要来自于海边，为了应对，国王必须信任所有封臣们。但是也因为这个，布列塔尼贵族不再有临近的机会加入正规军中。对于布列塔尼贵族来说，王室领地的公国同盟引起了两个不利的军事后果：必须同意为应付国王的敌人所作的努力，但是宫廷和职务机会却大量地减少。跟 15 世纪一样，围绕着军事职业的大部分还是富有或者中等的贵族们。在 16 世纪，圣米歇尔的骑士们，通常被称为国王等级的骑士为富有贵族，夏多布里昂·德·博福尔家族(les Chateaubriand de Beaufort)一共有三个；中等贵族有两个，他们是勒布得耶(Le Bouteiller)和莫佩尔蒂领主(Maupertuis)(他是 50 多个军人的统帅)；还有圣倍尔勒(Saint-Pern)和利古耶(Ligouyer)的领主，而一个来自布亥勒(Breil)15 世纪法院官员的家族

① Marc Kessedjian, *La seigneurie rurale des Marches de Bretagne au XVe siècle, Saint-Brice en Cogles sous la famille des Scepeaux*, Rennes, 1972, p. 302.

② Guy Chaussinand-Nogaret, *La noblesse au XVIIIe siècle*, Paris: Hachette, 1976, pp. 347-350.

则有不少于 11 个。① 可见贵族的军事职务的稳定性较差，继承性不强。

15 世纪布列塔尼贵族较难进入服务于国王的军事部队中去，但一些出身于小贵族的军人和统帅们有些例外。16 世纪的布列塔尼的统帅，就是出身于 1480 年贵族收入少于 80 里弗尔的封地领主，就像贝特朗·德·普莱斯古安(Bertrand de Plesguen)，他是 1540 年富热尔(Fougères)的统帅，丹热地区(Dingé)勒普莱西沃夏(Plessis-au-Chat)的领主。而他的先辈皮埃尔·德·普莱斯古安(Pierre de Plesguen)在 1480 年收入是 80 里弗尔，只是个卖马的商人。② 在 15 世纪，担任军事职位的条件更难，因为王室军队要去布列塔尼以外更远的地方作战，新战争的花费又导致了新的费用。

神圣联盟战争(1589—1598 年)提供了许多省外的军事职位。1595 年王室军队在布列塔尼共有 7300 人，主要在特雷韦迪(Trévédy)和贝瑟雷姆(Barthélémy)地区，神圣联盟又有其他几千人。经常被贵族视为灾难的内战为小贵族提供了获得军衔的机会。军官的军饷远远超过了小贵族的土地收入：巴赫-舍弗赫(Barre-Chevrie)领主让·古泽勒(Jean Guezille)，是一个有 50 人步兵部队的统帅，在 1594 年，他每个月的军饷是 33.3 埃居，约 100 里弗尔，而他的土地每年收入只值 62.5 里弗尔。不过，步兵火枪手的军饷较少，因为实际上军饷也是根据服役的兵种而变的，如以下表格所示。可见，在骑兵中，当火枪手拥有马骑的时候，也就是轻骑兵或者戴头盔的武士时军饷会提高。统帅的军饷也根据编制的人数而变。军饷并不是军官的唯一收入，一些步兵的统帅还把一部分士兵的军饷纳入了囊中。③

---

① Croix Alain, *La Bretagne aux 16e et 17e siècles*, 1981, Paris, pp. 80-82.

② Meyer Jean, *La noblesse bretonne au XVIIIe siècle*, Paris, 1966, p. 183.

③ Meyer Jean, *La noblesse bretonne au XVIIIe siècle*, Paris, 1966, p. 201.

16 世纪王室部队的军饷①

（每月军饷用里弗尔计算）

	1498—1532	1527	1533	1550	1552
统帅	50		83. 3	150	
副长官			70. 5	54	
披甲战士	15		15～20	33. 3	36
弓箭手	7. 5		7. 5～15	16. 7	18
步兵		6			

在神圣联盟战争期间，贵族统帅经常得到敌方领主农场的财产；魁布里阿克（Quebriac）城堡的统帅在迪南得到了神圣联盟成员的财产，扣押了丹特比阿克（Tintebiac）大领主的财产。亨利四世还奖励了一些杰出的统帅，给他们神圣同盟成员的财产，或者是其他的无人继承的财产。在神圣同盟战争之后，王室驻军部队再次减少：1610 年，路易八世在布列塔尼只有 300 名左右士兵，只有两个部队是被统帅领导的，其他的都是被中士指挥的。② 有时为了一些特殊的需求在布列塔尼要征集一些连队，但是众多的长期的军事职位到 1636 年后才重新被提供，这些职位是服务于三十年战争的，离布列塔尼较远，因此，小贵族的军事职位也比较难获得。

通过对 16 世纪布列塔尼中下层贵族的探讨，可以看出：16 世纪物价上涨幅度之大，增长到原物价水平的三倍，考虑到里弗尔银币的贬值，以德尼耶计算的贵族年贡减少了；但是由于中下层贵族还保有实物地租和地产收入，贵族的整体收入下降的比例不大。对于小贵族来说，地产在收入中占明显优势，地租的增长似乎已经维持了稳定的购买力。其次，在 1541 年到 1589 年，布列塔尼贵族财产的负担加重。封地领主

① Arch. dép. Loire-Atlantique, B. 2088.

② Bottin Jacques, *Seigneurs et paysans (1540-1650)*, Paris, 1983, p. 164.

们为了接受军队审核要自行装备。贫穷的贵族在1557年后还要缴纳他们收入5%的税金。军事职位的稀少证实了军事服役的费用对布列塔尼的小贵族来说是过重的，迫使一批小贵族破产。然而，对布列塔尼整个中等贵族阶层而言，这种负担尚可承受。

三、诺曼底巴约地区

诺曼底的巴约区(Bayeux)是一个中等大小的二级行政中心，从16世纪至17世纪，巴约并不是特别繁荣，但也没有停滞发展。巴约地区的贵族经历可以代表下诺曼底其他地方的贵族，具有一定的典型性。同时，这个地区摆脱了法国大城市中心，如巴黎、里昂等的直接影响，其贵族的发展代表了法国其他与其相同情况的地区贵族的发展，具有一般性。这个地区包括225个教区，大约覆盖1000平方千米。

(一)16—17世纪贵族人口的增长

巴约地区贵族人口和家庭数量在16世纪稳定上涨。关于这个地区的贵族信息，是根据1463年、1523年、1540年、1598年、1642年和1666年这一系列对贵族的研究、调查和登记资料中得出的(如下表所示)。在这项研究中，巴约地区的每一个贵族家庭都可以证明他们在皇家政府官僚中的特殊地位。同时，在这些资料中，也可以清楚地了解到居住在这个地区贵族家庭的规模。此外，在历次调查研究中，贵族家谱可以用来区分前一次调查就出现过的家庭和在这个地区第一次出现的家庭。通过这些调查登记中包含的证据、家谱和记录专员的评论等信息，可以估算出各个家族有多少代人是贵族。调查记录专员自己也使用一种方法来区分古老的贵族和敕封贵族，即连续四代人以上拥有贵族地位的家族，即世纪贵族，则是古老的贵族，否则就是敕封贵族，以此来区分旧贵族和新贵族家庭。

从1463年到1666年，巴约地区居住的贵族从211户家庭增加到

592 户，人数几乎增加了三倍。从 15 世纪晚期到 16 世纪增加得最快：从 1463 年到 1523 年，贵族家庭数量增加了 29%；1540 年到 1598 年，贵族家庭数量增加了 81%。

贵族家庭数量增长表(1463—1666 年)①

年　代	家庭数量
1463	211
1523	273
1540	309
1598	559
1624	520
1666	592

由此看来，16 世纪巴约地区的贵族有着戏剧性的增长，但这并不是因为敕封贵族的大量流入而造成的，虽然在这些年的调查研究中，新贵族的面孔出现数量一直都在增长(如下表所示)：在 1523 年新迁入 96 户贵族，1598 年迁入 179 户，1666 年迁入 109 户。整体上，在 1523 年至 1666 年的五次调查中一共有 477 户新迁入的贵族。而且，在这些迁入贵族家庭中，很少是受封家族或刚刚册封的家族，大多数新迁入的家族(在 477 户新迁入的贵族中有 274 户，即 57%)在来到巴约地区时，几乎有一个多世纪的贵族血统了。② 他们是从邻近地区迁入该区的旧贵族(至少有 3/4 来自下诺曼底的其他地区)。只有 1/3 的迁入者(166 户家族，即 35%)是敕封贵族，或者是那些刚刚在其第一个世纪的家族。

---

① James B. Wood, *The Nobility of the Election of Bayeux, 1463-1666: Continuity through Change*, Princeton: Princeton University Press, 1980, pp. 82-83.

② 对于这些古老的贵族家庭的判断、评估，是基于上面注释中所提到的研究资料里，关于贵族家谱、文书和记录专员的评论得出的。

巴约地区迁入贵族家庭增长表(1463—1666年)①

年代	新迁入的家庭				家庭总数
	世纪贵族	敕封贵族	未知	新迁入家族的总数	
1523	47	41	8	96	273
1540	33	15	4	52	309
1598	89	77	13	179	559
1624	34	5	2	41	520
1666	71	28	10	109	592
总计	274	166	37	477	2253

因为在巴约地区，敕封贵族只占新增贵族的很小比例，所以16世纪贵族规模的戏剧性增长并不是下层社会流动的结果。事实上，贵族的大多数这种戏剧性膨胀是旧贵族引起的：在新迁入这个地区的家族中，大多数是古老的贵族家庭，他们增加了这个地区的贵族数量，同时，巴约地区本身的贵族人口也在增长。例如，在巴约地区居住时间非常久远的几个家族(至少从1463年开始)，其成员从1523年的177名扩充到1598年的229名。② 因此，这些移居到巴约地区的旧贵族并不是简单地弥补这个地区古老贵族成员在数量上的减少，而是大量移居旧贵族数量的增加。这些新移居贵族中本身人口的积极增长，增加了巴约地区贵族的总数。同时，该地区本身居住的旧贵族的人口也在增长，贵族人数不断扩大，形成了巴约地区贵族阶层的巨大膨胀。

在巴约地区的新移民贵族中，旧贵族的数量总是超过敕封贵族的数量，而在这个地区长期居住的旧贵族通过人口增长也不断膨胀。在巴约地区敕封贵族在贵族总数中的比例从来都很小(如下图所示)。事实上，

---

① James B. Wood, *The Nobility of the Election of Bayeux*, *1463-1666*: *Continuity through Change*, Princeton: Princeton University Press, 1980, p. 96.

② James B. Wood, *The Nobility of the Election of Bayeux*, *1463-1666*: *Continuity through Change*, Princeton: Princeton University Press, 1980, p. 99.

旧贵族(家族史至少超过一个世纪)的数量从16世纪早期到晚期几乎都保持了相对的稳定，并在17世纪早期逐渐增加。在1523年和1598年，巴约地区贵族总数的81%，在1666年，贵族总数的85%都是家族史超过一个世纪的古老贵族。有很多贵族拥有更长的历史：例如，在1666年，91%的贵族家族史至少有七代或八代人。

所有这些都证实了旧贵族阶层比之前所想象的要稳定兴盛，至少在16世纪的巴约地区，古老的家族仍然继续支配着贵族阶层，直到1666年，才被认为是敕封贵族替代旧贵族潮流到来的时期。这也暗示着在决定贵族特性的过程中，可能过高地估计了敕封贵族的重要性。① 固然，新家族在16世纪加入了贵族阶层中，但是从总体上看，贵族组成仍然在很大程度上受古老家族地理上的流动和人口增长的影响，而非新增加的敕封贵族。

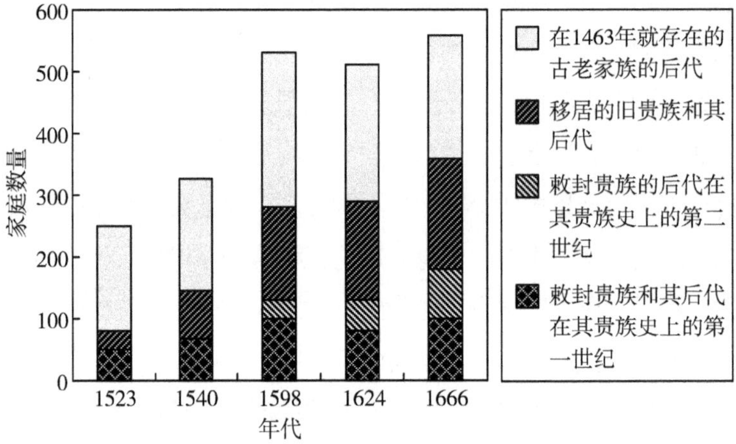

贵族古老程度比例图②

① Lebeurier Goubert, J. R. Bloch, *L'anoblissement en France au temps de Francois* Ⅰ, Paris, 1983, pp. 34-55.

② James B. Wood, *The Nobility of the Election of Bayeux, 1463-1666: Continuity through Change*, Princeton: Princeton University Press, 1980, p. 104.

(二)贵族的收入

一些资料表明，在17世纪有相当数量的贫困贵族存在，且数量有所增长，贵族的特殊地位也有所下降，许多历史学家认为这与从第三等级上升的新贵族密切相关①。而在巴约地区并非如此。

通过比较1552年发布的通告、延期通告和1640年对贵族收入的评估，可以得出16世纪中叶到17世纪中叶巴约地区贵族财产分配的变化情况。在1640年，皇家政府官员记录下了对巴约地区每个贵族家庭年收入的评估。② 根据这个评估，456户贵族家庭总共享有每年大约637250里弗尔的总收入，平均每户贵族年收入大约为1400里弗尔，但是大多数家族的年收入达不到这个平均水平。有236户贵族家庭被视为“贫困”，这些贵族只有不到400里弗尔的年收入。而大量的收入都集中于较少的贵族家庭中。只有33户贵族家庭享有5000里弗尔或者更高的年收入，这个地区中有两户最富裕的贵族家庭——盖布里埃·德·布里克维尔(Gabriel de Bricqueville)(25000里弗尔的年收入)和菲利普·德·爱斯宾内(Philippe d'Espiney)(20000里弗尔的年收入)，他们收入的总和比236户较贫困的贵族收入总和还要多。因此，1640年，在巴约地区仍有大量相对贫困的贵族。

1552年的通告清单列出259户当地贵族需承担军事义务。根据他们的综述，这259户贵族从其封地上总共享有20752里弗尔的年收入。这些收入的分配非常不平衡：每户从封地上得到的平均收入是每年80

---

① Madeleine Foisel, *La revoite des Nu—Pieds et la revoltes normandes de 1639*, Paris, 1970, p. 211; Pierre Goubert, *Beauvais et le Beauvaisis de 1600 a 1730*, Paris, 1960, pp. 208-213; Pierre Deyon, *A propos des rapports entre la noblesse francaise et la monarchie absolue pendant la premiere moitie du XVIIe siècle*, Revue Historique 221, 1964。

② James B. Wood, *The Decline of the Nobility in Sixteenth and Early Seventeenth Century France: Myth or Reality?*, The Journal of Modern History, Vol. 48, No. 1, On Demand Supplement (Mar., 1976).

里弗尔，但是3/4的贵族收入不及这个平均水平。52户贫困贵族根本就没有从封地上得到任何收入。大多数财富都集中于很少的富裕贵族手中。例如，这个地区最富裕的贵族——让·德·佩勒维(Jean de Pellevey)，从封地上得到的收入比140户贫困贵族收入的总和还要多。①

如果假设1552年的封地收入在贵族中较为公平地分配的话，就可以和1640年的实际收入分配相比较了。如果贵族在16世纪中叶到17世纪中叶就枯竭了的话，应该可以找出，比起1552年来说，在1640年有足够多的相对贫困的贵族。如果大量的旧贵族在敕封贵族加入贵族阶层的同时，变得穷困的话，应该可以找到新贵族在不断增长的总收入中占有很大份额的证据。

以下图表比较了1552年和1640年巴约地区贵族封地收入分配状况。这个比较显示出在16世纪中叶到17世纪中叶贵族收入分配结构没有很明显的变化。例如，在这两年，占贵族总人数一半左右的贫困贵族总收入还不及所有贵族总收入的1/10，而占贵族总人数1/10的富裕贵族却垄断了一半以上的所有贵族总收入。这表明，大量相对贫困贵族的存在是贵族社会结构的长期特性，并不是敕封贵族加入贵族阶层所引起的，同时，在此之前就已经存在大量贫困贵族了，并且他们在1552年和1640年的增长比例是相同的，也没有迹象表明贵族中财富的集中有所增长。通过图表中曲线和对角线的距离表示出贵族财富分配不均衡的程度。如图所示，1552年和1640年的不均衡程度并没有多少变化。收入分配并没有变得更加不均衡，没有更加集中于少数人手中。

此外，从16世纪中叶到17世纪中叶，新老贵族之间的相对经济地位似乎并没有发生太大改变(如下表所示)。例如，在1552年和1640年，旧贵族控制着总收入的几乎4/5，这个比例确切地反映了他们在贵

① James B. Wood, *Demographic Pressure and Social Mobility among the Nobility of Early Modern France*, Sixteenth Century Journal, Vol. 8, No. 1(Apr., 1977).

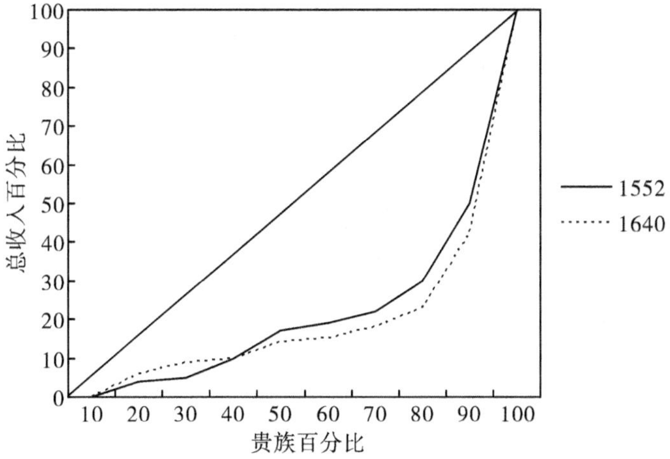

1552 年和 1640 年贵族收入分配图①

族中的重要性。新贵族，即那些成为贵族不超过一个世纪的家族，在这两个年代都只控制着大约 1/5 的财富，这个数字也贴切地反映了他们在贵族中的相应地位。由此，旧贵族尚未处于衰落的地位，较为稳定地跨越了 1552—1640 年这将近一个世纪的时间，其社会地位并没有明显衰退。

1552 年和 1640 年新老贵族收入比例表②

	1552 年(%)	1640 年(%)
旧贵族	79.9	78.5
新贵族	20.1	21.5
总　计	100	100

对巴约地区贵族财产结构的进一步研究，可以说明贵族并没有趋向衰落状态。下图使用 1552 年和 1640 年地区所有贵族的平均收入图表来

① James B. Wood, *The Nobility of the Election of Bayeux, 1463-1666: Continuity through Change*, Princeton: Princeton University Press, 1980, p. 132.

② James B. Wood, *The Nobility of the Election of Bayeux, 1463-1666: Continuity through Change*, Princeton: Princeton University Press, 1980, p. 141.

区分富裕和贫困贵族。图表在新旧贵族中也分出了富裕和贫困阶层。的确，在这个地区有很多相对贫困的旧贵族。事实上，在1552年和1640年，贫困的旧贵族占所有贵族的很大部分。但是，旧贵族并不比新贵族有更多不利：有相当大部分的新贵族也相对贫困。因此，贫穷不仅仅局限于古老家族中，旧贵族不一定贫穷。事实上，很多富裕贵族都来自于古老的家族，并且旧贵族经常掌控着贵族中的富裕阶层。例如，从1552年到1640年，巴约地区内三十户最富裕的贵族中，旧贵族的数量就没有变过。这些富裕的古老家族在如此长的时间里保持其地位的能力，足以反映出旧贵族在整体上仍保持着稳固的地位。

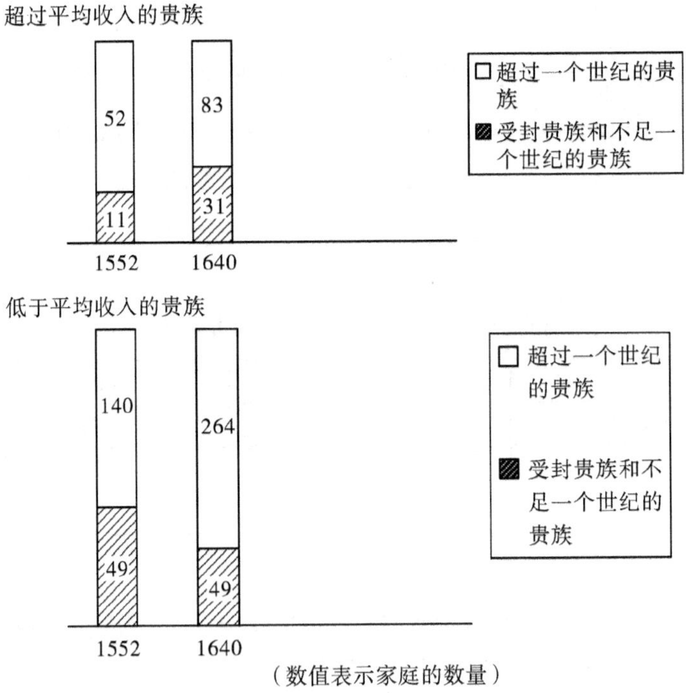

1552年和1640年贫富贵族古老程度比较图①

① James B. Wood, *The Nobility of the Election of Bayeux, 1463-1666: Continuity through Change*, Princeton: Princeton University Press, 1980, p. 152.

总之，从 16 世纪中叶到 17 世纪中叶，巴约地区旧贵族整体经济地位仍然没有改变，古老家族从整体上没有变得比新贵族更穷，旧贵族也没有在贵族总收入比例中下降，而且来自于古老家族中的旧贵族还经常是巴约地区最富裕贵族的一部分。

（三）贵族的封地

按照通常的理解，在 16 世纪的困境中，部分贵族为了维持其社会地位和奢侈的生活，开始出售自己的土地，以暂时缓解危机。由此引发了土地从贵族转入资产阶级手中的现象，失去封地是贵族趋向衰落不可避免的结果。但是，巴约地区的通告和列表清单反映出来的领土财产所有权却没有显现出这种迹象。例如，1552 年的通告列出了 431 块封地和其所有者，1640 年记录了 487 块封地的所有者。从这些文献资料中，可以推断巴约地区不同时期内大部分封地的所有者，并且可以追踪不同阶层——即贵族与非贵族阶层在拥有封地比例上的变化。

下面的表格指出 1503 年到 1640 年，不同阶层拥有封地数量的比例。这个表格描绘出两个封地群体：第一个群体包括 1503 年在列表中记录的 262 块封地，其中 215 块封地在 1552 年的通告中也出现了。虽然 1503 年的列表只包括这个地区大约一半的封地，但是从 1503 年和 1552 年列出的封地所有权的比较中，可以得出 16 世纪前半期所有权变化的程度。第二个群体包括 1552 年和 1597 年通告上以及 1640 年列表中列出的 400 多块封地。从这个表中得出的最明显的结论：在 1503 年到 1640 年这一个半世纪里，非贵族阶层并没有剥夺贵族的封地。贵族总是掌握着这个地区至少 88%的封地，同时，在 1597 年到 1640 年，贵族的封地份额还上升到了 93%。由此得出，在巴约地区的贵族阶层内，本来被认为会处于特别艰难境地的旧贵族，他们的封地占有份额从 1552 年 57%增加到 1597 年的 63%，并且在 1640 年仍然掌握着总封地的 62%。在这一时期，倒是新贵族占有的封地数额有所下降。

不同阶层占有的封地数量表(1503—1640年)①

所有者阶层	占有封地的百分比				
	1503年	1552年(上半年)	1552年(下半年)	1597年	1640年
旧贵族	74	73	57	63	62
新贵族	12	17	21	18	19
非定居的贵族	6	2	10	7	12
平民和无法确认的人	9	8	12	12	7
总计	100	100	100	100	100
封地总额	262	215	431	417	487

此外，各个阶层占有领地相对价值发生的变化，也没有显现出贵族有衰落的迹象。下表使用1552年和1640年通告清单中记录的领地收入价值，计算出贵族阶层和非贵族阶层从领地获得的总收入。非贵族的封地收入从来就没有超过总封地收入的13%。在贵族中，古老家族封地收入的份额稳定地增长，从1552年占有总收入的52%，上升到1597年的65%和1640年的72%。如果在总收入中减去非久居贵族的财产，那么本地旧贵族则总是占有总领地收入的90%以上。

不同阶层领地收入分配比例表(1552—1640年)②

所有者阶层	总收入占有百分比				
	1552年	1562年	1587年	1597年	1640年
旧贵族	52	60	62	65	72
新贵族	17	14	11	12	12

① James B. Wood, *The Nobility of the Election of Bayeux, 1463-1666: Continuity through Change*, Princeton: Princeton University Press, 1980, p. 192.

② James B. Wood, *The Nobility of the Election of Bayeux, 1463-1666: Continuity through Change*, Princeton: Princeton University Press, 1980, p. 195.

续表

所有者阶层	总收入占有百分比				
	1552 年	1562 年	1587 年	1597 年	1640 年
非定居的贵族	23	19	15	13	15
平民和无法确认的人	8	8	13	11	2
总计	100	100	100	100	100
封地总额	431	415	445	417	312

因此，对领地占有量的分析，说明贵族从 16 世纪早期到 17 世纪中期仍然处于较为稳固的地位。不管领地占有量怎么变化，旧贵族占有份额仍然在增加，而非下降、瓦解，并呈现出不同的所有权形式。在不同阶层失去和得到领地的相互作用中，可以找到这种稳定性的关键。例如，在 1503 年到 1640 年间有至少 335 项领地转让现象。下表显示出这种变化的连环性结果。在这 335 项领地更换所有者现象中，285 项是关于贵族的。然而，这些变更中大多数对于贵族整体来说并没有损失：285 项领地变换所有者中，有 251 项只是从一个贵族手中转到另一贵族手中。从贵族到非贵族手中的仅有 34 块领地，但有 41 块其他的领地又从非贵族手中重新转到贵族手中了。这所有连环性的结果都是贵族拥有领地数量增加的表现。贵族间交换的现象是很明显的。例如，旧贵族在这个时期总共失去了 189 块领地，但是其中 121 块又转到其他旧贵族手中了。因为旧贵族从其他贵族和非贵族手中又获得了 69 块封地，所以他们整体上还是多获得了一块封地。甚至在和新贵族交易封地的过程中，旧贵族也仍然具有优势：旧贵族转让了 25 块封地给新贵族，但新贵族却转让了 31 块封地给旧贵族。

有观点认为，从 16 世纪到 17 世纪，财产从贵族手中持续地转入平民手中，从旧贵族手中转入新贵族和平民手中，这种变化被认为是贵族趋向衰落不可避免的结果。但是，在巴约地区并没有发生这种变化，贵族仍保留着较大份额的封地所有权。

封地所有权变化表(1503—1640 年)①

	转让给旧贵族	转让给新贵族	转让给非定居的贵族	转让给非贵族	总计
从旧贵族转让	121	25	23	20	189
从新贵族转让	31	19	8	4	62
从非定居的贵族转让	11	7	6	10	34
从非贵族转让	27	11	3	9	50
总计	190	62	40	43	335

综上所述，下诺曼底区的巴约地区，从 16 至 17 世纪，贵族人口不断膨胀，且旧贵族家庭的数量一直超过敕封贵族的数量，占巴约地区贵族家庭总数的很大比例，在人数上古老的家族仍然支配着这个地区的贵族阶层。在经济收入上，虽然也有很多相对贫困的旧贵族，但是贫困现象并不是只存在于旧贵族中，在新贵族中的数量也不少，所以相对贫困现象是贵族社会结构的长期特性。然而旧贵族的年收入在巴约地区贵族总年收入中仍占很大的比例，他们仍控制着贵族中的富裕阶层，由此反映出旧贵族在经济上仍然保持着强大的地位。从贵族拥有的封地上看，虽然也有贵族变卖封地的现象，但大多数封地仍在旧贵族之间转移，他们继续保留着较大份额的封地所有权。由此证明，16 世纪到 17 世纪，巴约地区旧贵族的社会、经济地位仍然较为稳固。

四、下普罗旺斯地区

下普罗旺斯从东到西共 12 个法官管辖区，分别是埃克斯(Aix)、塔拉斯孔(Tarascon)、阿普特(Apt)、圣-马克西曼(Saint-Maximin)、布里

① James B. Wood, *The Nobility of the Election of Bayeux, 1463-1666: Continuity through Change*, Princeton: Princeton University Press, 1980, p. 203.

尼奥勒(Brignoles)、巴尔若尔(Barjols)、土伦(Toulon)、伊埃雷(Hyères)、德拉吉尼昂、奥普(Aups)、格拉斯(Grasse)和圣-保罗(Saint-Paul)①，这些法官管辖区是一个开放的整体，坐落在西部广阔的平原上，离大海不太远，海拔不太高，气候不那么恶劣。下文从1747年至1786年的土地登记簿来看该地区封建地产的分布、税收价值、所有者人群、其家族的身份和地位。

1. 封地的主人

1747年，在下普罗旺斯这12个法官管辖区中，拥有封地的人是如下这些:②

1	王亲贵族(阿马尼亚克(Armagnac)伯爵)
56	佩剑贵族(家族渊源久远)(16.1%)
30	14或15世纪晋升为贵族(8.6%)
43	16世纪晋升为贵族(12.4%)
56	17世纪晋升为贵族(16.1%)
30	新贵族(18世纪)(8.6%)
22	确定是贵族，但不知道成为贵族的时间(6.3%)
60	平民(17.3%)
5	教士(1.4%)
44	出身不明(12.7%)

以上总共是347位封地主，其中有238位贵族，占总数的68.6%。贵族的数目超过了总数的2/3，占据了绝对多数。仅仅旧贵族(17世纪之前获得贵族头衔的)就超过了1/3(37.5%)，在贵族封地主中也超过了半数。但是，表中也有虽然只是一小部分但数量不少的非贵族。由于在出身不明的9%的人中有可能存在贵族，所以非贵族所占的比例也许没有那么高。表中的五个教士是马赛的神甫肖兰(Chaulan)先生、伊埃

① 18世纪在普罗旺斯，法官管辖区的概念较少使用，更多的是使用方便征税的税务区划。

② AD des BDR, C 1843, pour 1747.

雷地区波克罗勒岛(Porquerolles)修道院的德拉莫特(de la Motte)院长、圣保罗法官管辖区中勒布罗克(Le Broc)地区旺克(Vence)的主教、苏里昂(Surian)阁下，他们都是贵族。这些人分布在12个社区：埃克斯地区的佩利萨讷(Pélissanne)、塔拉斯孔地区的阿尔勒和埃加利埃(Eygalières)、圣-马克西曼地区的南(Nans)、土伦地区的土伦(Toulon)、伊埃雷地区的索利耶(Solliès)、德拉吉尼昂地区的巴尔热蒙(Bargemon)和卡拉斯(Callas)、格拉斯地区的格拉斯(Grasse)、卡涅(Cagnes)、旺克和圣-保罗地区的库尔瑟古莱(Coursegoules)。一般情况下，市政管理人员都是所管理地域的领主或者共同领主，或者在另一个小村落拥有至高无上的封建权力。这当中最有名的例子就是阿尔勒的执政官，他同时也是市郊一个名为特兰克塔耶(Trinquetaille)的地方的领主。①

现在从法官管辖区的角度来看地产和封地主的分配。不过，这里值得注意的是，在将区划内的这些产业逐一叠加的之后，无法得到之前看到的347个封地主的结果。事实上，在计算土地拥有者的时候，一个封地主就算拥有多块土地也只被计算一次。因此，为了得到每个区域中封地主的数目，将个人和土地联系起来计算。如果一个人在两个或更多的区域中拥有自己的封地，那么他将被计算两次或者更多次。

根据出身整理的1747年在12块法官管辖区中的封地主数目及占比②

	埃克斯	塔拉斯孔	阿普特	圣-马克西曼	布里尼奥勒	巴尔若尔
王亲贵族	1 1.2%	1 1.9%				
佩剑贵族	9 11.3%	8 15.6%	7 25%	4 33.3%	2 50%	4 20%

① J. J. Julien, *Nouveau commentaire sur les statuts de Provence*, Aix, 1778, tome. II, p. 154.

② AD des BDR, C 1843, pour 1747.

续表

	埃克斯	塔拉斯孔	阿普特	圣-马克西曼	布里尼奥勒	巴尔若尔
14 或 15 世纪晋升为贵族	10 12.6%	7 13.7%	3 10.7%	2 16.6%		
16 世纪晋升为贵族	21 16.5%	10 19.6%	3 10.7%	1 8.3%		4 20%
17 世纪晋升为贵族	18 22.7%	4 7.8%	4 14.2%	3 25%	2 50%	4 20%
18 世纪晋升为贵族(新贵族)	7 8.8%	3 5.8%	3 10.7%			5 25%
无标注时间的贵族	6 7.5%	6 11.7%	4 14.2%			2 10%
平民	4 5%	3 5.8%				
教士	1 1.2%					
出身不明	2 2.4%	9 17.5%	4 14.2%	2 16.6%		1 5%
贵族总数	72 91.1%	39 76.4%	24 85.7%	10 83.3%	4 100%	19 95%
区域封地总数	79	51	28	12	4	20

(续表)根据出身整理的 1747 年在 12 块法官管辖区中的封地主数目及占比

	土伦	伊埃雷	德拉吉尼昂	奥普	格拉斯	圣-保罗
王亲贵族						
佩剑贵族	1 3.5%	3 15.7%	19 22.6%	1 20%	8 26.6%	6 18.7%
14 或 15 世纪晋升为贵族	6 2.1%	1 5.2%	2 2.3%	1 20%	1 3.3%	

续表

	土伦	伊埃雷	德拉吉尼昂	奥普	格拉斯	圣-保罗
16 世纪晋升为贵族	1 3.5%	1 5.2%	5 5.9%		2 6.6%	3 9.3%
17 世纪晋升为贵族	2 7.1%	3 15.7%	18 21.4%		1 3.3%	5 15.6%
18 世纪晋升为贵族(新贵族)	1 3.5%	2 10.5%	4 4.7%	1 20%	4 13.3%	1 3.1%
无标注时间的贵族	1 3.5%	1 5.2%	3 3.5%		3 10%	2 6.2%
平民	11 39.2%	3 15.7%	23 27.3%	2 40%	8 26.6%	8 25%
教士		1 5.2%	1 1.2%		1 3.3%	1 3.1%
出身不明	5 17.7%	4 20.9%	9 10.6%		2 6.6%	6 18.5%
贵族总数	12 42.8%	11 57.8%	51 60.7%	3 75%	19 63.3%	17 53.1%
区域封地总数	28	19	84	5	30	32

可见，在西部(埃克斯、塔拉斯孔和阿普特)和中部(圣-马克西曼、布里尼奥勒和巴尔若尔)地区，贵族封地主明显占据多数，所占比例达到了3/4甚至更高。在东部地区，除了较小的奥普地区之外，贵族明显较少，封地占比的平均百分比在60%左右，在土伦甚至比例低达42%。关于他们职业的统计及封地占比如下：①

① Monique Cubelles, *La Provence des Lumières*, Les parlementaires d'Aix au XVIIIe siècle, Paris: Maloine, 1984.

穿袍贵族(担任法官或其他司法职务)：65(18.6%)

佩剑贵族(担任军事职务)：55(15.8%)

无职业贵族：14(4%)

职业不详和无职业的贵族：137(39.3%)

职业不详和无职业的平民：34 ⎫
有明确职业的平民：15 ⎭ 49(14.1%)

教士：5(1.4%)

其他：23(6.4%)

由此可以看出，穿袍贵族的数量还是多于佩剑贵族的数量，说明此时期贵族的晋升是有渠道和空间的。同时，穿袍贵族一般从事司法性质的职业，那些拥有封地的高阶法官都是高等法院里的顾问，王宫里的伯爵，在财政部工作，还有很少的一些人是国王的秘书。而佩剑贵族则基本从事与军事相关的职务，比如国王军队里的中尉、舰队长、骑兵旅长、军舰的船长等。还有一些佩剑贵族的等级则相对较低，他们似乎是入伍士兵中被遗忘的一群。大多数贵族没有固定职业，只依靠自己的封地租税生活。从统计数据还可以得出，18 世纪法国的司法职务较多，为中下层贵族提供了获取官职的机会，在这个过程中司法人员的数量不断膨胀。平民中的有产者通常有满意的职业，他们中有的是辖区法院的官员，有的是律师，还有农场主和商人。贵族人数比较多的三个地区主要处于普罗旺斯的中西部地区，分别是埃克斯、塔拉斯孔和德拉吉尼昂，在这些地区穿袍贵族和佩剑贵族的人数差不多，力量较为均衡；无职业和职业不详的贵族在每个区域所占的比例都很高，说明大多数贵族还是没有固定工作；教士在这些地区拥有地产的数量很少，其比例还不如拥有地产的平民，说明此时期平民的地位有所上升。

下面，再分析一下 1785 年的土地登记簿，从家族出身角度给出了

与 1747 年不同的事实：①

2	王亲贵族(阿马尼亚克(Armagnac)伯爵和孔代(Condé)亲王
45	佩剑贵族(家族渊源久远)(9.4%)
28	14 或 15 世纪晋升为贵族(5.9%)
45	16 世纪晋升为贵族(9.4%)
64	17 世纪晋升为贵族(13.5%)
65	新贵族(18 世纪)(13.7%)
33	确定是贵族，但不知道成为贵族的时间(6.9%)
134	平民(28.2%)
5	教士(1.05%)
53	出身不明(11.1%)

可以从以上统计数据得出，在下普罗旺斯地区 1785 年共有 474 个封地所有者，其中有 282 个贵族，占 59.4%。首先我们敏锐地观察到，封地主的总人数上升了，比 1747 年多了 126 人。第二个观察到的现象，是封地主中贵族比例的下降，从 1747 年的 68%下降到 59%。减少量最多的是旧贵族，他们只占了总数的 1/4，而 1747 年的时候他们占总人数的 37%，在贵族中的比例也只剩下不到一半，从 1747 年的 54%下降到 42%。平民是收益最大的阶层，从 1747 年只占 17%的份额上升至 1785 年的 28%。教士的团体几乎没有变化，出身不明的部分也几乎没有改变。在地区视角的封地主分布中，可以观察到西部区域和中部区域有同样的变化，虽然贵族依旧有优势(封地占比 60%~84%)，但与其他阶层相比所占的比重下降了，在南部和东部地区，贵族的比例更少(37%~62%)。在这一点上，1747 年至 1785 年间发生的演变几乎符合之前的地域差异。

① AD des BDR，C 1881 pour 1785.

根据出身整理的1785年在12块法官管辖区中的封地主数目及占比①

	埃克斯	塔拉斯孔	阿普特	圣-马克西曼	布里尼奥勒	巴尔若尔
王亲贵族	1 0.6%	1 1.3%	1 2.6%		1 14.2%	1 4.1%
佩剑贵族	11 7.6%	6 7.8%	4 10.5%	3 23%	1 14.2%	2 8.3%
14或15世纪晋升为贵族	13 9%	7 9.2%	3 7.8%			1 4.1%
16世纪晋升为贵族	27 18.7%	12 15.7%	4 10.5%	2 15.3%		2 8.3%
17世纪晋升为贵族	24 16.6%	6 7.8%	5 13.1%	3 23%	3 42.8%	2 8.3%
18世纪晋升为贵族(新贵族)	5 10.4%	7 9.2%	7 18.4%	3 23%		7 29.1%
无标注时间的贵族	10 6.9%	7 9.2%	6 15.7%			3 12.5%
平民	34 23.6%	20 26.3%	4 10.5%	1 7.6%	2 28.5%	3 12.5%
教士	2 1.3%					1 4.1%
出身不明	7 4.7%	10 13.1%	4 10.5%	1 7.6%		2 8.3%
贵族总数	101 70.1%	46 60.5%	30 78.9%	11 84.6%	5 71.4%	18 75%
区域封地总数	144	76	38	13	7	24

① Monique Cubelles, *Structure de groupe et rapports sociaux au XVIIIe siècle: les parlementaires d'Aix-en-Provence*, thèse de doctorat d'État, Lille III, 1981.

（续表）根据出身整理的1785年在12块法官管辖区中的封地主数目及占比

	土伦	伊埃雷	德拉吉尼昂	奥普	格拉斯	圣-保罗
王亲贵族			1 0.9%			
佩剑贵族		2 10%	14 13.4%	1 20%	9 27.2%	6 20.6%
14到15世纪晋升为贵族	2 7.4%	1 5%	1 0.9%	1 20%	1 3%	
16世纪晋升为贵族		2 10%	3 2.8%		2 6%	3 10.3%
17世纪晋升为贵族	1 3.7%	5 25%	16 15.3%		1 3%	2 6.8%
18世纪晋升为贵族(新贵族)	3 11.1%	2 10%	14 13.4%	1 20%	4 12.1%	4 13.7%
无标注时间的贵族	4 14.8%		2 1.9%		3 9.1%	3 10.3%
平民	11 40.7%	4 20%	41 39.4%	2 40%	9 27.2%	5 17.2%
教士		1 5%			1 3%	
出身不明	6 22.2%	3 15%	12 11.4%		3 9%	6 20.5%
贵族总数	10 37%	12 60%	51 49%	3 60%	20 60.6%	18 62%
区域封地总数	27	20	104	5	33	29

1785 年时封地主的职业统计如下：①

穿袍贵族（担任法官或其他司法职务）：85（17.9%）

佩剑贵族（担任军事职务）：93（19.6%）

无职业贵族：26（5.4%）

职业不详和无职业的贵族：113（23.8%）

职业不详和无职业的平民：96 ⎫
有明确职业的平民：33 ⎭（27.2%）

教士：5（1.1%）

其他：23（5%）

与 1747 年相比，佩剑贵族的比例略有上升，无职业贵族的比例也略有上升。职业不明的比例下降了，这反映了普罗旺斯 1785 年的资料比 1747 年的资料保存得要好，这也得益于 1787 年贵族们为了进入普罗旺斯的政治机关，纷纷提供了他们的贵族证明，以此为契机收集到了半个世纪前缺失的职业信息。② 此外，还可以观察到平民的比例上升了，同时各个阶层在职业方面发生的变化很小。从区划上看，高阶法官依旧主要集中在西部地区，佩剑贵族的分布更加平均，人也更多，相比西部而言东部的规模更大一些，但由于封地的绝对价值上升，贵族在实际分布中更倾向于向埃克斯、特拉斯孔和阿普特聚集。

可以看出，从 1747 年到 1785 年，在这近 40 年里普罗旺斯 12 块法官管辖区封地数和封地主的比较来看，封地数量有所增长，但幅度不大，说明封地有可能被分割、卖出，不过土地基本上还是在贵族之间转手，总体来说贵族阶层还是保持了在当地经济上的主导地位。同时，贵

---

① Monique Cubelles, « *À propos des usurpations de noblesse en Provence sous l'Ancien Régime* », *Provence Historique*, tome 20, juillet-septembre, 1970, pp. 223-228.

② 贵族身份的证明是 1787 年封地主贵族为了进入普罗旺斯的政治机关自行提供的，并不是所有的封地主都要提供这份资料，因为除了封建地主身份之外，进入政治机关的人选必须是获得贵族头衔之后三代以上或者获得头衔后经过一百年的贵族。这样就排除了平民和刚刚获得贵族头衔的人。

族中担任官职的人数有所上升，官职更加有利于他们进行土地交易、谋取利益，这也是一个良性循环。

2. 封建产业

为了确定贵族免税的基数，他们的产业是要估值的，土地的估值单位是弗罗林①，较小的单位是苏和第纳尔。1747 年，12 个下普罗旺斯的法官管辖区的土地估值总额大约是 1377 弗罗林，这个数据可能低于实际情况。每个参与估值的区域(在总收入中)所占的比例是不一样的，如下表所示：

1747 年下普罗旺斯 12 个法官管辖区的估值情况②

埃克斯	367 fl 2′ 4°	26.6%
塔拉斯孔	186 fl 6′ 11°	13.5%
阿普特	155 fl 11′ 11°1/2	11.2%
圣-马克西曼	64 fl 5′	4.6%
布里尼奥勒	34 fl	2.4%
巴尔若尔	108 fl 11′	7.8%
土伦	30 fl 3′ 3°	2.1%
伊埃雷	64 fl 1′ 7°	4.6%
德拉吉尼昂	209 fl 7′ 11°	15.1%
奥普	7 fl 4′	0.5%
格拉斯	67 fl 10′	4.8%
圣-保罗	80 fl 7′ 3°	5.8%
总计	1376 fl 11′ 2°1/2	

(注：百分比表示每个区域的估值在总估值中所占的比例。fl 表示弗罗林，′表示苏，°表示第纳尔。)

① 弗罗林(florin)为法国早期使用的金币。

② Monique Cubelles, « *La propriété féodale en Basse-Provence dans la deuxième moitié du XVIIIe siècle: nobles et bourgeois* », dans *Sociétés et idéologies des Temps modernes. Hommage à Ariette Jouanna*, Montpellier: Presses de l'Université de Montpellier III, 1996, p. 195.

如图所示，每片区域的土地估值的重要性不仅仅在于可以以此推算贵族财产的价值，而且在于可以从中看出封建产业的分布密度。在 18 世纪下普罗旺斯地区封地地图上，可以观察到当时封建领地特别密集和特别分散的区域。在南部埃克斯、德拉吉尼昂、塔拉斯孔等地封建领地较为集中，而在东部的罗纳河三角洲和卡玛格地区封地则分布得非常少。把贵族区分成 16 世纪末之前获得头衔的旧贵族和 17 世纪之前家族不属于贵族的新贵族，得到 12 个区域中的总体统计数据如下：

1747 年下普罗旺斯地区统计估值情况①

旧贵族	861 fl 1′2°1/4	62.5%
新贵族	301 fl 7′7°5/12	21.8%
没有标注授封日期的贵族	93 fl 6′ 3°	6.7%
（全体贵族）	（1256 fl 3′ 0°2/3）	（91.2%）
平民	51 fl 1′ 4°1/4	3.7%
教士	9 fl 6′ 6°	0.6%
共有群体	36 fl 5′ 1°	2.6%
出身不确定	23 fl 5′ 5°7/12	1.6%
总计	1376 fl 9′ 5°1/6	

可见，贵族在非常大比例上（91.2%）占有土地价值，其中旧贵族拥有土地的价值大约占土地总价值的 2/3。比起之前人数的计算，在这里贵族的压倒性优势更加明显，很多贵族封地主的生活都是物质极大丰富的。其他社会阶层的状况就惨淡得多，个人的估值相对较少，他们受到法律和土地大小的限制，每个人的估值几乎都没有到一个弗罗林。

① Monique Cubelles, « *La propriété féodale en Basse-Provence dans la deuxième moitié du XVIIIe siècle: nobles et bourgeois* », dans *Sociétés et idéologies des Temps modernes. Hommage à Ariette Jouanna*, Montpellier: Presses de l'Université de Montpellier III, 1996, p. 206.

“自古以来”的贵族，王室军队的总管温蒂米勒(Vintimille)总督同时拥有奥利乌勒(Ollioules)男爵领地(埃克斯法官管辖区，5 弗罗林 6 苏)、奥利乌勒的后封地蒙托邦(Montauban)(3 苏)、阿尔克(Arcs)侯爵领地(德拉吉尼昂法官管辖区，6 弗罗林)、鲁西荣(Roussillon)男爵领地(阿普特法官管辖区，5 弗罗林 2 苏)、圣-萨乌尔南(Saint-Savournin)封地(同一法官管辖区，8 弗罗林 8 苏)和万斯(Vins)侯爵领地(布里尼奥勒法官管辖区，4 弗罗林)，总计 42 弗罗林 1 苏。与他对比，可以算是高层有产者的土伦辖区法院的负责人莱奥托(Léautaud)先生的财产只能算是小意思，他是土伦法官管辖区的图尔雷特(Tourrets)的共同领主之一，产业估值为 2 苏 8 第纳尔。

在各区域中，不同的社会团体的税收价值所占的比例是不一样的。但通过百分比我们可以在地图上清晰地画出对贵族非常有利的西部(埃克斯、塔拉斯孔和阿普特)和中部(圣-马克西曼、布里尼奥勒和巴尔若尔)地区。但是在这些拥有大量贵族封地主的地区也有比东部数量更多的平民封地主。从土地价值上来说，在德拉吉尼昂和格拉斯的贵族也占有非常重要的位置。相对而言，在土伦、伊埃雷、奥普和圣-保罗，贵族让出了一些收入给其他的社会团体。

对 1747 的土地进行估值后，再来分析一下 1785 年封地的估值情况。这一年，12 个区域一共估值约 1379 弗罗林，虽然经历了 1778 年的重新估值，但依旧与 1747 年的估值情况相当接近：

1785 年下普罗旺斯 12 个法官管辖区的估值情况①

埃克斯	377 fl 8′ 3°	27.3%
塔拉斯孔	175 fl 6′ 11°	12.6%
阿普特	159 fl 4′ 6°	11.5%
圣-马克西曼	59 fl 3′	4.6%

① AD des BDR，C 1881 pour 1785.

续表

布里尼奥勒	34 fl 9′	2.4%
巴尔若尔	109 fl 9′ 10°	7.9%
土伦	31 fl 2′ 3°	2.2%
伊埃雷	63 fl 9′ 8°	4.5%
德拉吉尼昂	217 fl 0′ 6°1/2	15.7%
奥普	7 fl 4′	0.5%
格拉斯	69 fl 7′	5.0%
圣-保罗	73 fl 11′ 9°	5.2%
总计	1379 fl 6′ 8°1/2	

由此可见，在12个辖区中，各社会团体所占的比例与1747年相比并没有发生什么变化。贵族的百分比几乎与1747年的时候保持一致。相反，旧贵族(从62%下降至52%)向新贵族(从22%晋升至30%)作了一些让步。平民的占有比例略有上升，从3.7%上升至4.2%。

1785年下普罗旺斯地区统计估值情况①

旧贵族	717 fl 11′ 2°1/2	52%
新贵族	421 fl 11′ 7°2/3	30.5%
没有标注授封日期的贵族	115 fl 7′ 3°	8.3%
(全体贵族)	(1255 fl 5′ 11°1/6)	(91.0%)
平民	58 fl 5′ 10°11/12	4.2%
教士	3 fl 9′ 5°	0.2%
团体	36 fl7′ 0°1/2	2.6%
出身不确定	25 fl 2′ 2°3/4	1.8%
总计	1378 fl 6′ 8°1/4	

① AD des BDR，C 1881 pour 1785.

从上表可以看出，在各区域中，贵族和其他社会阶层的聚集情况与1747年基本相似，在原本第二等级就占据优势的地区，优势地位持续广泛扩张，在那些有封地的贵族的势力本来就相对薄弱的地方，贵族势力依旧相对较弱。另外，最小的奥普地区的数据完全没有变化。

从以上几个表格可以做个小结：首先，从1747年到1785年，封地主的数量上升，新贵族的比例增加，新贵族逐渐取代了古老的家族的地位。拥有封地的平民的产业估值略有上升，从占总值的3.7%上升到4.2%。其次，贵族的税务登记册上显示出在某些情况下封建领地的分裂。所谓"分裂"并不是指共同领主中的一个获得了多数人的支持分裂出去，而是常常有两个、三个、四个甚至更多的领主瓜分一块封地。地理分布上的差异在这里显现得很清楚：西部和中部的封建产业还聚集在一起，东部和南部则更多地碎片化了。从总体上看，分裂比重组发生得多。比如位于埃克斯的鲁塞封地在1747年分给了6个共同领主，到1785年，共同领主人数变成了10个，这块地的总估值是6弗罗林。位于德拉吉尼昂的昂皮(Ampus)封地在1747年时有2个共同领主，分别是佩拉什(Perrache)先生和卡斯特拉内(Castellane)先生，当时的估值是每人2弗罗林。1785年，这块封地属于让·巴蒂斯特·德·佩拉什的继承人(2弗罗林)、佩拉什旅长(1弗罗林9苏)和新来的远不如从前的共同领主有名的奥普的律师皮埃尔·德·南(Pierre de Nans)(只有3苏)。作为反例，我们可以看一看塔拉斯孔的西纳尔(Sénas)侯爵领地的重组。1747年，两个封地主各自对他们的领地进行了估值：贾伦特(Jarente)先生(4弗罗林11苏8第纳尔)和最高法院的顾问贝诺(Benault)(11弗罗林3苏4第纳尔)。1785年，贝诺家族占有了整个这片侯爵领地，估值16弗罗林3苏。位于土伦的加德(Garde)封地1747年时属于法庭主席托马斯伯爵(估值12弗罗林10苏7第纳尔)和埃克斯最高法院的前任顾问帕西(Passis)侯爵(估值2弗罗林)共同所有。1785年，托马斯伯爵的继承人拥有了全部封地(估值14弗罗林10苏7第纳尔)。[①] 这样的土地

---

① Monique Cubells, *La Provence des Lumières*, Les parlementaires d'Aix au XVIIIe siècle, Paris, Maloine, 1984, p. 182.

流通并不是新鲜事，无论共同领主分裂土地或者侵吞重组土地都是自古已有的。

在 1747 年和 1785 年 12 个法官管辖区的登记册中，可以统计出 506 件封地的转让事件。在这些转让中，312 件是家族内部的转让，其中大部分是继承转让，占 62%。其余的是一些买卖交易，我们可以用如下的方法来分析它们。首先，我们列出 105 起贵族间的买卖，其中 39 起发生在两个旧贵族之间，15 起发生在两个新贵族之间，27 起买卖是旧贵族转卖给新贵族，6 起新贵族转卖给旧贵族，还有 18 起发生在两个没有标注获得贵族头衔时间的贵族之间。我们还需要加上 16 起平民间的买卖，13 起平民卖给贵族，43 起贵族卖给平民以及 17 起参与交易的人中有人出身不明。在大多数情况下，封地总是由同一阶层的人拥有，即使是狭义上的阶层，我们所说的以出身划分的阶层亦是如此，有 382 次转让都发生在相同出身的人之间。有 89 次转让发生了头衔的更改，其中比较多的是从旧贵族转让给新贵族以及从贵族转让给有产者，从上层阶级转给下层阶级的情况比相反的情况多。这就可以证明贵族在相对数字上的减少，新贵族在贵族中地位的提高。举一些实际的例子，如位于德拉吉尼昂(Draguignan)的昂普斯封地(Ampus)，曾经在 1747 年部分属于定居在阿维尼翁的骑士贵族卡斯特拉内先生(Castellane)，估值为 2 弗罗林。1785 年，这一部分以 1 弗罗林 9 苏和 3 苏的估值分别转让给了 17 世纪初的贵族佩拉什先生(Perrache)和奥普的有产者律师皮埃尔·德·南(Pierre de Nans)。同一个卡斯特拉内先生在德拉吉尼昂的拉格(Lagnes)封地被最高法院顾问，16 世纪末 17 世纪初的贵族埃蒂安纳·迪布尔盖(Estienne du Bourguet)取代。德拉吉尼昂的皮布雷松(Puibreisson)封地，估值为 3 弗罗林 6 苏，在 1747 年曾属于骑士贵族维尔纳夫·德·特兰(Villeneuve de Trans)侯爵。1784 年，这块地被卡利昂(Callian)的有产者安托万·肖塔尔(Antoine Chautard)买去。再举一些相反的例子。位于特拉斯孔的博尚(Beauchamp)封地的一部分，估值约 10 苏，在 1747 年时属于阿尔勒地区法院的负责人，有产者法莱

(Fallet)。1785 年，骑士侍从亨利·德·鲁雷·德·韦基耶尔(Henri de Rouret de Verquières)(授封贵族的时间不详)买下了这块地。① 可以看出，此时期土地交易说明了贵族为适应转型时期经济变革所做出的适应措施。

总结一下拥有封地的人的类型：首先，是那些出身大家庭的人，他们拥有多块封地，有时会被授以爵位，他们一般属于旧贵族，甚至带有非常古老的贵族血统，他们在宫廷的部门占据着高官的位置。比如维尔纳夫-特兰一家，在 1747 年，路易被授以特兰侯爵的爵位，成为位于德拉吉尼昂的鲁雷、皮布雷松和图尔雷特的领主，他的所有领地被估值 10 弗罗林 1 苏 6 第纳尔，他出身于非常古老的骑士家族，是海军官员。1785 年，他的儿子路易-亨利·维尔纳夫-特兰同样拥有了这些领地，他是步兵官员，1762 年担任王室军团上尉，随后于 1763 年在鲁西荣成为王室陆军上校副官。1767 年，他进入宫廷，娶了王室军队总指挥副官的女儿安娜-玛德莱娜·德·沙米亚尔·德·拉叙泽(Anne-Madeleine de Chamillard de la Suze)。费力克斯·杜·米伊(Félix du Muy)家族的经历有些复杂，但小有名气。1757 年，唐克雷德·德·费力克斯(Tancrède de Félix)是格里尼昂的伯爵，尚泰梅尔(Chantemerle)的领主和米伊的侯爵(总共估值 18 弗罗林 2 苏 8.66 第纳尔)，他的贵族头衔历史并不悠久，直到 17 世纪初才获得贵族头衔，他是王室军队总指挥副官，后来其兄弟路易接替了政府官员的身份，成为 1774 年到 1775 年战争期间的国务秘书。②

其次，封地持有者是高阶法官、最高法院的官员或者在埃克斯地区伯爵宫廷中供职的官员。他们可能出身于新贵族家庭，但贵族血统并不必需。如阿尔贝塔斯(Albertas)家族，让·巴蒂斯特·德·阿尔贝塔斯

① Monique Cubells, *La Provence des Lumières. Les parlementaires d'Aix au XVIIIe siècle*, Paris, Maloine, 1984, p. 126.

② Monique Cubells, *La Provence des Lumières. Les parlementaires d'Aix au XVIIIe siècle*, Paris, Maloine, 1984, p. 132.

是布克(Bouc)的侯爵，内尔(Ners)和佩绍里斯(Pechauris)的领主以及热姆诺(Gémenos)的领主，他的领地都在埃克斯地区(估值 17 弗罗林)，他是 16 世纪品行高尚的贵族之一，是伯爵宫廷中的首席委员长。1785 年，他的儿子让-巴蒂斯特-苏桑接替了父亲的职位和封地。再小的贵族也会有一块自己的封地，或者只是一块地的一部分，他们会想方设法将这块封地登记在册，估一个较低的价值，以保证他们贵族头衔的存续。家族出身可以是新贵族，但最好是一个非常古老的贵族血统的分支，虽然的确出身与财富并没有什么必要的关联。一般情况下，他们很少能获得升职，经常没有职位。科尔德(Cordes)先生在 1747 年是埃克斯的欧龙地区(Auron)的共同领主，封地估价 1 弗罗林 1 苏，他是维特利(Vitry)的军队官员，16 世纪末获得贵族头衔。1785 年，科尔德家族始终是同一领地的共同领主，土地估值也从未变化过。科尔德的儿子是朗格多克(Languedoc)军队的官员。1747 年，在圣-保罗地区，哈布斯(Rabuis)先生常住格拉斯，是罗克福尔(Roquefort)和托朗克(Thorenc)的共同领主(封地分别估值 1 弗罗林 2 苏 4. 5 第纳尔和 1 弗罗林 6 苏)。他是伯爵宫廷的书记官，任职期间获得了贵族头衔。1785 年，他的女儿玛德莱娜不再拥有托朗克的共同领主权，她嫁给了财政总管让-弗朗索瓦·德·阿斯捷(Jean-François d'Astier)，这是一个从法官变为新贵族的例子。

再次，另一种类型是持有封地的小贵族家族，如吉罗·德·阿盖(Giraud d'Agay)家族，他们和贵族混在一起，加入没有头衔的贵族行列。只需要一份贵族身份认证，从事被认为是高尚的工作，和一次明智的选择好的婚礼就可以混入贵族的行列，他们随波逐流，见风使舵，以获得社会的认可。① 1747 年，位于德拉吉尼昂的(La Garde-Freinet)的一部分封地被德拉吉尼昂地方法院的官员吉罗先生估值 1 弗罗林 2 苏，他是一个企图成为贵族的有产者，同时也是该地区阿盖封地的一个小领

① Monique Cubelles, « *À propos des usurpations de noblesse en Provence sous l'Ancien Régime* », *Provence Historique*, t. 20, juillet-septembre 1970, pp. 223-301.

主，领地估值仅仅有 3 苏。1785 年，他的儿子弗朗索瓦继承了父亲的封地，这时他的领地阿盖已经升值到 1 弗罗林。弗朗索瓦曾经是海军官员和王室军队的下士。1787 年，他提交了用以进入普罗旺斯政府机构的书面证明材料。弗朗索瓦的兄弟安托万是军舰的船长，他以检查员的身份列席了选举普罗旺斯政府机构成员的贵族大会。弗朗索瓦所在的家族得到社会的认可，由此一个拥有封地的贵族出现了。①

最后，封地主中还有一部分平民，他们基本是有产者，有的有职业，有的没有，他们中的有一些人和贵族走得很近，甚至会觉得他们不久之后就会跻身于贵族行列。平民封地主中大部分是法官或者是法律人：地区法院的大法官，海军法庭的法官，或者律师。1747 年的记录中出现了四个大商人、一个税务员、一个农场主、一个圣-特洛佩兹(Saint-Tropez)的筑防指挥官和一个海军工程师。当然，平民封地的估价一般都比较低，通常只占有广阔土地的极小一部分，非常零碎，甚至会贬值。没有一位平民是真正意义上的一块封地的领主，他们从未独立占有过整块土地，无论这块土地很大，还是中等面积，还是很小。1747 年，艾克斯地方法院的前任总负责人马丁·德·阿米拉(Martin d'Amirat)在格拉斯地区是估值 10 苏的阿米拉封地的共同领主。这块土地上的另一个共同领主是蓬特瓦(Pontevès)夫人，估值 6 苏。两个人的封地加起来也不是很大的数字。1785 年，马丁先生的儿子接替了他的父亲，人们用古代军人的名字称呼他，叫他圣-路易骑士。这样的称呼已经离贵族不远了，但是他依旧很有自知之明地自称马丁·德·阿米拉。虽然他本可以提供出充分的进入普罗旺斯政府机构的材料，但他并没有那样做。1785 年位于塔拉斯孔地区的玛雅纳侯爵领地的情况是一个很好地说明有产者封地主一般状况的例子。这片领地 1747 年的时候还属于祖籍阿尔勒的古老而贫穷的波塞莱家族，封地估值是 15 弗罗林。

---

① Monique Cubells, *La Provence des Lumières. Les parlementaires d'Aix au XVIIIe siècle*, Paris, Maloine, 1984, p. 283.

但是，债权人已经开始分割这片土地用来依次偿还欠款了。1785年，玛雅纳封地已经完全被分割成碎片，波塞莱骑士保留着一小片估值1弗罗林2苏9第纳尔的土地，与其他26个共同领主分享原先的一整块土地。下面的清单更清楚地解释了这件事：①

埃尔米特(Hermitte)先生，财务顾问	3 fl 5′ 8°1/12
D普莱(Poulet)先生，圣-雷米的有产者	1 fl 9′ 5°
拉乌塞·德·塞永(Raousset de Seillons)先生(法官家庭)	1 fl 4′ 11°
高等法院院长阿尔博·德·约克(Arbaud de Jouques)	1 fl 2′ 8°
皮热·德·巴邦塔纳(Puget de Barbentane)先生，15世纪贵族	11′ 10°1/2
加布里埃尔·德·通迪蒂·德·布劳瓦克先生(Gabriel de Tonduti de Blauvac)	10′ 6°
高等法院顾问贝诺·德·吕比埃尔(Benault de Lubières)	10′ 4°1/2
路易·让(Louis Jean)，圣-雷米(Saint-Rémy)的商人	3′ 1°
皮埃尔-图桑·迪朗(Pierre-Toussaint Durand)，圣-雷米的律师	1′ 11°
加布里埃尔·查理(Gabriel Charles)先生	1′ 7°
伊丽莎白·鲁(Élisabeth Roux)小姐	9°1/2
约瑟夫·加勒隆(Joseph Galleron)，圣-雷米的商人	4°3/4
路易·德维尔(Louis Deville)先生	4°3/4
约瑟夫·迪马(Joseph Dumas)先生	1′ 0°1/2
让和约瑟夫·米斯特拉尔兄弟，园艺师	6°11/12
高等法院顾问弗朗(Franc)	8′ 5°
公证人亨利·梅屈兰(Henri Mercurin)	5′ 1°1/2
佩拉(Pellas)夫人	4′ 1°
佩内斯(Pennes)侯爵，16世纪贵族	1′ 11°
沙布朗(Chabran)，圣-雷米的律师	3′ 2°1/8

① Monique Cubells, *Structure de groupe et rapports sociaux au XVIIIe siècle: les parlementaires d'Aix-en-Provence*, Lille: thèse de doctorat d'État, 1981, pp. 302-303.

续表

约瑟夫·皮斯托耶(Joseph Pistoye)，圣-雷米的法官	1′ 5°3/8
路易·让(Louis Jean)，圣-雷米的商人	1′ 7°1/2
玛雅纳社区(la communauté de Maillane)	1′ 2°
继承于鲁地区(Roux)的法官和让·阿莱(Jean Allet)	6°
贺维耶(Rivière)先生	4°
拉维勒(Laville)先生，法院记录员	3°

可以看出，那些拥有封地的下层民众，他们的土地正在一点点碎片化，慢慢地蚕食着封建贵族的产业，但是这些产业还没到手就已经贬值了。在这个过程中，有一些小贵族阶层由于没能经营好自己的财产，领地也逐渐分化，最终降到平民阶层。

总体来说，下普罗旺斯地区的 12 个法官管辖区中的封建产业依旧牢固地掌握在各种贵族手中。18 世纪后半叶发展的趋势是新贵族的持续进步和有产阶层的谨慎经营。

第三章 婚姻策略

在旧制度统治下，两个家族之间通过婚姻建立起来的纽带，不分等级，其重要性都远远超过简单意义上的子孙后代的繁衍。撇开生理上的传宗接代不谈，家族物质利益的巩固是最为重要的。婚姻是融入财产网络的优先方案，它甚至可以直接建立这种网络，为了避免个体的逐渐孤立以及由此招致的经济没落，婚姻成了一种极为重要的手段。由于更多地考虑到整个家族的稳定而不是夫妻家庭的稳定，婚姻不再只是一种自然的、发自内心的行为。这是很重要的一方面，除此之外还有一点，联姻带来的荣耀会不同程度地反映在所有的社会阶层中，尽管看上去在贵族阶层表现得最为明显，事实上，在一个名流争奇斗艳的圈子内，婚姻内部的身份较量是很常见的。新的联盟具有一种公开性，这种公开性难以阻止，因为它涉及一些或由于地位，或由于财富而自然地受人瞩目的阶层。继家族之后，还有宫廷、地位相等的人以及公众舆论来判断联姻的质量。家族荣誉问题同样免不了被提及，要么遵循门当户对的古训，要么离经叛道，在其家族以外的圈子里自力更生。

在旧制度统治下，族内通婚是一种覆盖一切社会阶层的婚姻行为，它的普及不仅取决于由同一地域的祖先们建立的自然往来，也依赖于有意强调群体之间社会界限的王室立法。习惯势力和法律势力相互交织，共同为明显的隔断意图服务。由此建立起来的族群，带着对地位更迭的不安，开始实行自主繁衍。1776 年由杜尔哥试行的废除行会、行会师傅以及行会管事的方案遭遇失败，再现了这一方面的意义。不变性是一个加强存在合理性以及每一阶层合法地位的概念。而族内通婚则成了一种既自发又理性的现象，它终结了已经将家族群体连结起来的日常的、职业的关系，有利于保证附属物的一致，以及免于与其他族群接触，同时也阐明了不同阶层一致奉行的决定，由国家政权维持的整个社会的决定。①

第一节 家族联姻

贵族婚姻总是围绕一个中心问题，子孙后代的延续，常常超越个人幸福的问题，嫁妆或遗产也只不过是财产的转移。家族的延续，不管是生理上的还是名义上的，都是支配家族行动的第一要义。不惜一切代价，维持姓氏的存在，是一项历史任务和原则，覆盖着贯穿世纪的家族轨迹，涉及保留对过去活动的回忆，由所有后代的行动来纪念这一回忆，用一种几乎成为永恒的连续性来超越时间的狭隘性。所有家族，不论距离他们封为贵族的年代有多遥远，都充分意识到繁衍种族、建立世系的必要性。

出现在宫廷和司法部门的家族继承现象，很好地证明了在可持续性问题上的家族忧虑，即使是在贵族阶层之外也得到认可。此外，姓氏本身的荣誉很快会超过以这一姓氏冠名的职务的荣誉，从而仅仅因为其姓氏就能获得价值。职务对名声的支撑作用，如果和姓氏的延续力相比，就没那么持久了。这种抱负会在家族濒危，或者子女在感到自己为习俗和亲族关系所迫而不得不组建一个新家庭的时候表现出来。卡尔男爵(Cars)就是一个例子，他的婚姻完全是被迫的，但是有利的："我的大哥没有子嗣，在4月12日的战役中我二哥操控'荣耀'号战舰时死去，

① Georges Mongrédien, *La Vie de société aux XVIIe et XVIIIe siècles*, Paris: Hachette, 1950, pp. 126-130.

两个哥哥都没有子嗣，因此，我所有的亲人都坚决地想要给我操办一桩婚事。”①

年轻的贵族常常会因为上一辈人的影响而投身于家族保护事业，不过有许多还是需要经过王室批准的，批准与否通常视情节轻重而定。有些家族会向国王寻求物质援助，以便订立一桩体面的婚约。罗尔达骑士(Lordat)的家族就陷入过一场僵局：一位年轻寡妇想让她即将出生的孩子来继承家族的长子女分支，但如果是个女孩，她亡夫的弟弟就必定会计划用婚姻来阻止姓氏的失传。虽然新生儿的来临会确保财产的继承，但是姓氏的继承就会受到影响(需要额外的后代)。不过罗尔达骑士向国王祈求援助，他写了这封请愿书：“罗尔达骑士先生，也就是如今的骑兵团团长、宪兵队中校，已为国王效忠三十年，他买到了方洛(Fanjeaux)管辖区，以增加他微薄的遗产收入。然而要是能看到他的两个兄长的孩子继承自己的姓氏，他也就心满意足了。但他很不幸地在同一年同时失去了这两个兄长。刚过世的那位给他的妻子留下了一个遗腹子，这个孩子将带走他的家产。此外，他的家族已经失去了骑兵团的补贴。看到家庭面临如此艰难的状况，这位妻子想让罗尔达骑士先生操办一桩婚事。由于经济拮据，罗尔达先生请求国王补偿他曾付给方洛辖区的10000里弗尔现金。他尊敬的陛下不会因此遭受任何损失，同时又能改善一位老士兵的生活，这位老士兵急需操办一桩婚事。”②由此，罗尔达骑士先娶了蒙大尼亚克家族(Monlaignac)的一位姑娘，这位姑娘给他带来了60000里弗尔的嫁妆，后来又娶了科蒙-拉福尔斯家族(Caumont-La Force)的一位姑娘，这两位一起终于使他光宗耀祖。他成了家族里富有名望的贵族。马耳他-德-克莱蒙-德-昂布瓦斯骑士(le chevalier de Malte de Clermont d'Amboise)在他的兄长们死去后，获得了侯爵的头衔，同样地，他决定结婚，迎娶穆斯捷侯爵(Le marquis de Moustier)的女儿，

---

① Duc des Cars, *Mémoires*, Paris, Pion, 1890, tome. I, p. 329.

② Mathieu Marraud, *La noblesse de Paris au XVIIIe siècle*, Paris, Seuil, 2000, pp. 181-182.

诸如此类。王室的救济，就像我们在罗尔达骑士身上所见，不仅必不可少，还成了王亲家族的一种婚姻传统。这种介入能够采取不同形式，如赐予一种身份、一项豁免权、一笔补助金等，它通常能使联姻者尊贵庄严的身份神圣化，也从而与国王建立了特殊的关系。近亲总能从君王的关怀中受益，这种关怀在婚礼和添丁的日子里会重新上演。1785 年，伯姆贝尔侯爵(Le Marquis de Bombelles)在日记中写道："我们乐于见到合适的联姻组织起来。今日，在王后的支持下，又来了一例。结亲的是德-屈斯蒂纳伯爵（Le Comte de Custine）和德-萨布朗小姐（Mlle de Sabran），这位小姐是德-波利尼亚克伯爵夫人(La Comtesse de Polignac)的闺蜜，也是德-布夫莱骑士(Le Chevalier de Bouf-flers)的挚友。她还是德-萨布朗先生(Monsieur de Sabran)的侄女，德-萨布朗是拉昂(Laon)的主教，也是王后的指导神甫。国王陛下很有可能赐予她宫廷夫人的身份，将来也同样会赐予德-屈斯蒂纳先生(Monsieur de Custine)皇太子的青年侍从的身份。"①

两个贵族家族在凡尔赛宫联姻，包括他们背后强大的支撑，这种支撑在交易、馈赠、限制性规定方面都十分有利。两家人早已通过宫廷和军事生活相互熟识，很了解对方的声望和权贵抱负，也打探到了对方的财力。于是一种既关乎荣誉又关乎物质利益的动机使他们结为了亲家。族内通婚永远都是要考虑到这两个方面，结合了实际好处和显赫地位。钱财不仅对于夫妻过日子至关重要，在夫妻双方有社会等级需要捍卫的时候则更为重要，不过婚姻被认为是一种自身可以带来财富的活动，因为有王室的赞助。毫无疑问，这种补充性是维持巴黎这种类型婚姻的基础，在巴黎，姑娘们的嫁妆越来越胜过王权在理论上可以带来的好处。

贵族婚姻的财产交易在遗产继承人的婚姻市场获得的成功演绎得淋漓尽致。如德-拉罗什富科子爵(Le Vicomte de La Rochefoucauld)的儿子成为了德-杜德维尔公爵(Le Cuc de Doudeauville)，那是因为他与公国遗

---

① Marquis de Bombelles, *Journal*, Genève, Droz, 1978, tome II, p. 48.

产女继承人订立了婚约。德-夸尼侯爵(Le marquis de Coigny)和德-蒙巴宗公爵(Le duc de Montbazon),因为分别娶了德-孔夫朗元帅(Le Maréchal de Conflans)的两个女儿,同样也进入了她们母亲的遗产继承队列,这位母亲是瑟奈泰家族(Senecterre)的最后一位遗产女继承人,她号称整个圣通日海岸(Saintonge)的夫人。德-大马士革-克吕伯爵(Le Comte de Damas-Crux)和德-卡尔伯爵(Le Comte des Cars)分别娶了里尼家族的两个遗产女继承人,因为她们母亲的缘故,这两个姑娘将成为拉-罗什-罕布尔家族(La Roche-Rambures)的遗产女继承人。德-热斯维尔公爵(Le Cuc de Gesvres)娶了杜-盖斯克兰家族(Guesclin)最小的女儿。德-阿尔古公爵(Le Cuc d'Harcourt)娶了欧比松-德拉弗亚得家族(Aubusson de La Feuillade)长子女分支的遗产女继承人。年轻的德-克吕索公爵(Le Cuc de Crussol)和德-塔兰托亲王(Le Prince de Tarente)分别娶了德-沙蒂永公爵(Le Cuc de Châtillon)仅有的两个女儿,她们同样也是拉-瓦里耶家族(La Vallière)的公爵们的遗产女继承人。布里萨克公爵(Le Duc de Brissac)娶了一个将会继承马萨里尼-曼西尼家族(Mazarini-Mancini)遗产的妻子。蒙莫朗西先生(Montmorency)娶走了高永-马蒂尼翁家族(Mlle de Goyon-Matignon)的小姐,她将继承祖父布勒特男爵(Le Baron de Breteuil)的遗产。洛赞公爵(Le Duc de Lauzun)成功地向布芙耶小姐(Mlle de Bouffiers)求了婚,等等。①除了宫廷职位、补助金之外,还有巨额财产在这类联姻的竞争中流动。一些家族的重建得益于这种结亲手段,他们还可以得到一种统治地位,一个典型的例子就是波旁-奥尔良家族(Bourbon-Orléans),它的崛起得益于菲利普·埃加里德(Philippe Égalité)与合法继承人庞蒂耶夫尔小姐(Mlle de Penthièvre)的婚事。可以看到,以女性为媒介的联姻通常可以实现加官进爵的目的。联姻必须带来双方物质条件的改善,以确保个体经济收入的增长。利益

---

① Georges Mongrédien, *La Vie de société aux XVIIe et XVIIIe siècles*, Paris: Hachette, 1950, pp. 153-160.

合作似乎应该促进构建一个强大的家族团体。例如杜尔多奈侯爵的婚事，身为阿图瓦伯爵(Le Comte d'Artois)贴身侍卫的他，娶了格勒内伯爵(Le Comte de Crenay)的女儿，于是拥有了和普罗旺斯伯爵(Le Comte de Provence)相当的职位。① 宫廷贵族的通婚是对利益的不懈追求，这些利益即贵族财富可能包含或产生的一切好处，以私人的和王室的利益网络作为支撑。

当然，贵族之间通婚是在有很多名门望族汇集在一起时才可能发生。地缘政治、旧制度统治下权力的空间分布，将领主财产和公共权力持有者汇集到了一个狭窄的地方：一座城堡和一个中心城市，比如巴黎。贵族势力的巩固以这样一种聚集为养料，这种聚集是由王权本身决定的。要不是有王室的近距离保护，贵族有可能很快就丧失了这种族的声望，而且族内通婚是建立这一声望的动力之一。与国王的日常亲密往来带来了一种整体的优越感，这种优越感又因现实身份而得到升华，国王的优待和补助使每一个家族振作和强大起来，这个社会集团的威望就得到了维持，族内通婚的意图也得到了很好的解释。一切的好处都向这个集团汇集。当血亲结婚行为开始时，这种利益联合就达到了最大化。种族或种族自身创造的形象典范，有时会促使族人优先考虑表亲之间的联姻，这是出于优越感。例如被法兰西奖励了公爵荣誉的克洛伊家族(Les Croy)，对他们而言，成为显赫家族一员的意识和骄傲所带来的，除了继续维持荣誉的意愿，还有着手落实一项真正的血亲战略的准备。克洛伊家族不同分支间的多场联姻就这样在近代陆续上演起来。② 这种偏好同样来源于对遗产散落的忧虑，并且旨在应付由独女出嫁造成的财产向外族的日渐流失。这样一算计，财产才被确信会在同属于一个家族的树枝上摇摆。在这样一种对家族凝聚力的深谋远虑面前，血亲关系于

① Mathieu Marraud, *La noblesse de Paris au XVIIIe siècle*, Paris, Seuil, 2000, p. 186.

② Harold A. Ellis, *Boulainvilliers and the French Monarchy: Aristocratie Politics in Early Eighteenth-Century France*, Ithaca: Cornell University Press, 1988, p. 192.

是就成了族内通婚的参考条件，如此，荣誉和财富能同时得到保护。这种结亲选择会被重复，并被坚定地维护，就像1743年，巴仕西·杜·盖尔拉(Baschi du Cayla)家族两位表亲的婚姻一样，下一代人又会重复。在蒙莫朗西(les Montmorency)、拉罗什富科(les La Rochefoucauld)家族也出现了类似的情况，他们家族旺盛的分支鼓舞着这种联姻模式在每一代人中反复进行。巴黎贵族都都热衷于家族间的联姻，例如罗昂(Rohan)、阿尔古(Harcourt)、诺瓦耶(Noailles)、舒瓦瑟尔(Choiseul)、勒维(Lévis)、杜佛(Durfort)、鲍弗蒙(Bauffremont)、纳博纳-佩尔(Narbonne-Pelet)、马耶-德拉图尔-兰德里(Maillé de La Tour-Landry)、顾费埃(Gouffier)、鲁夫赖-德-圣西门(Rouvroy de Saint-Simon)、皮哥-德-当皮埃尔(Picot de Dampierre)、格里莫德-杜-鲁尔(Grimoard du Roure)、博阿尔内(Beauharnais)、加利费(Galliffet)、柯华马(Croismare)、豪特福尔(Hautefort)、蒙特克莱(Monteclerc)、诺亚(Noé)、格拉沃(Grave)、摩日(Moges)、蒙旦纳尔(Monteynard)、奥马尔(Aumale)家族等①。

在穿袍贵族的联姻中，财政收入方面的交易则更为明显。穿袍贵族大多是新晋的贵族，他们没有位列第二等级的远亲。这些家族有意在过于局限的圈子之外发展联姻系统，以稳固自己的社会根基。血亲关系在巴黎大概是那些不再寻求稳固或提升的家族的特性，但这些家族，如果说不是依附于一种对其整体权威的先入为主的认识，那么则是依附于一种既得的声誉。在某种程度上，可以感受到维持这一习惯的家族那股旺盛的活力，这就暗示了一个政治家族的存在，即某种贵族的胜利和一种需要保护的资本。

显然，除了资历，家族的声望总是离不开先于婚姻的权力关系。事实上，区分同一族群个体的是品质、宫廷地位、财产的精明配量。这三种成分中的突变有可能会使一方或者另一方改变主意。庞贝尔侯爵(Le

---

① F. Bluche, *Les Magistrats du Parlement de Paris au XVIIIe siècle*, Paris, Economica, 1986, pp. 86-90.

Marquis de Bombelles)就讲述了一位准岳父在得到始料未及的晋升后，给准新郎家族带来的的沮丧："拉费龙奈家族(La Ferronnays)的先生们很久以来都是未能显赫且联姻匮乏的贵族。伯爵的独子遇上了一笔好交易，他被介绍给了蒙莫罕家族(Montmorin)的一位小姐，他们家的小姐除了麻烦不断以外，永远也算不上有钱。但是有传言称蒙莫罕先生将会成为王太子的太傅，这足以使这位(马德里)大使和他的夫人眼光放高。他们现在正在盘算另一桩婚事。"①蒙莫罕侯爵今后可以为他的女儿们寻找更有地位的夫家，对象锁定在博蒙伯爵(le comte de Beaumont)和吕塞尔子爵家(Le Vicomte de La Luzerne)的年轻人身上，吕塞尔是国务大臣的儿子。在门当户对的谋略驱使下，被视为相配的两个家族决定联合对方的等级、地位、遗产，他们也会受制于宫廷生涯的起伏不定，受制于得宠和失宠的矛盾运动。这种形式的仲裁，建立在晋升速度之上，也表明与家族资历并置的还有权势匹敌原则。围绕确实的优势，贵族联姻揭示出，合适的或保护性的婚姻并不存在，它实际上是一种出于"贪欲"的婚姻。这是一个沉浸在自我声誉中的族群，它热衷于追求霸权。贵族总是围绕着利益而存在，王室对贵族的认可带来了巨大吸引力。从这一角度看，婚姻永远只是加入王室恩宠和附庸体系的一种手段。

贵族通婚的现象在这个等级内部各个阶层中都存在。法官阶层偏爱跨职业的婚姻胜过其他形式的结合，尤其是当联姻的家族处在同等阶层，也就是说当它联结了国王理事会和政府部门内部家族的时候。堂表关系的混乱同时反映出围绕国家职能契约的附庸关系和竞争关系。贵族通婚的意图无论怎样都只围绕某种特别的收益显示出来。围绕职业利益的联姻也是贵族联姻的重要考量因素。市政长官的儿子、间接税法庭政府薪金主计员勒维娶了一个政府年金主计员的女儿诺小姐(Mlle Nau)。诺小姐的父亲已经娶了一位政府年金主计员的妹妹——昂普热小姐(Mlle L'Empereur)。诺先生的儿子，同样也是政府年金主计员，娶了一

---

① Marquis de Bombelles, *Journal*, Genève, Droz, 1978, tome II, p. 201.

位波什隆小姐(Mlle Boscheron)——另一位政府年金主计员的女儿。他的弟弟——裁判所理事，娶了科尚小姐(Mlle Cochin)，成了一个政府年金主计员的女婿。至于昂普热先生(M. L'Empereur)，他同样娶了一位政府年金主计员的妹妹德普拉斯小姐(Mlle Desplaces)。这一行业的例子可以举很多。另外，这些家族都是贵族且通常属于城市旧贵族有产阶层。包税人阶层和司法阶层通常也表现成相当闭塞的遗产圈。尽管从事财政的家族职务承袭在贵族中算是较弱的(很少超过两代)，通过婚姻加强职业联系的意图依然表现出来，目的是为了更好地保障由此联结起来的家族延续的机会。于是，实力雄厚的家族生存得以保障，在包税人阶层内部建立起来的。这一点在包税人帕尔瑟瓦(Parseval)身上表现得很明显。他是国王秘书的儿子，自己有七个孩子，三儿四女。他的长子是包税人，娶了另一个包税人的女儿布拉克-德拉佩里哀小姐(Mlle Brac de La Perrière)。二儿子也管理税务，娶了国王的一个税务总管的女儿弗洛瓦萨小姐(Mlle de Floissac)，不久也将成为包税人。小儿子单身，是法莱斯战地(Falaise)特派员。至于他的大女儿，则嫁给了一位龙骑兵团团长布若桑-德-圣-迪迪埃(Brossin de Saint-Didier)；小女儿嫁给了包税人德拉罕特(Delahante)；另一个女儿嫁给了斯特拉斯堡(Strasbourg)的王室放债人巴隆先生(M. Baron)；最小的女儿嫁给了税务总管法布斯-德-维尔南(Fabus de Vernant)，这个人后来也成了包税人。他们的姨妈帕尔瑟瓦小姐(Mlle Parseval)此时已经嫁给了一个税务总管戴布尔斯特先生(M. Desbrest)。而他们的表兄弟们当时也都在财务部门工作。这些婚姻既能巩固职业生涯也能带来荣誉。包税人皮妮翁(Pignon)则分别把他的女儿们嫁给了一个包税人和一个税务总管。对于他们而言，帕皮隆家族(les Papillon)应当和让德尔-德鲁西家族(Le Gendre de Luçay)联姻，这样的例子数不胜数。①

---

① Guy Richard, *Noblesse d'affaires au XVIIIe siècle*, Paris,: Armand Colin, 1974, pp. 221-225.

司法职业青睐来自各种领域的人，这些人唯一的共同点就是一心想成为贵族。无数的联姻将这些千差万别的人联系到了一起。国王秘书克雷斯提安-德-吕弗莱(Chrestien des Rufflais)是个银行家和手工工场主，眼看着他的两个妹妹嫁给了两个公证员：国王秘书卢梭(Rousseau)和骑术教练布拉尔(Boulard)，他自己也和其他两个国王秘书结亲了：公证员勒布朗(Le Brun)以及绅士之家的财务总管卡尼尔-德-舍那(Garnier des Chênes)。印度公司总管桑塔尔(Saintard)把女儿嫁给了一个公证员，这个公证员后来承袭了他岳父国王秘书的工作。鲁昂的批发商德拉吕(Delarue)的后代——1709年的国王秘书，其经历也惊人地相似：他的两个女儿分别嫁给了两个国王秘书：一个是巴黎的批发商，另一个是政府年金主计员诺先生；他的儿子则娶了巴黎市政长官的女儿。这个儿子所生的孩子中，两个女儿嫁给了另外两个大司法部的秘书，其中一个是人头税收税人，另一个是政府年金主计员(其姐夫也是国王秘书)。一个儿子做了公证员，另一个娶了一个国王秘书的女儿。至于上文提到的诺先生，他有一个任市政长官的叔父，这位叔父的一个女儿嫁给了一个国王秘书；他还有个姐姐嫁了资产阶级商人，生的孩子做了国王秘书，最后他还有个哥哥是呢绒商，家业传给了儿子。①

面对这类错综复杂的联姻，这些家族有一个明显的意图就是族内通婚。这是一个有意结盟，有统一抱负，以这个手段更轻易地得到所觊觎的权势和地位的阶层。一些家族可能在他们进入第二等级之前就放了一些长线，组建了一个联盟系统，但他们存在不安感，由此通过联姻来巩固家族地位。这些家族会共同完成升迁，一如他们成为权贵之前那样地相互帮助。

新晋贵族内部通婚现象确实存在，甚至在王室高级财务官阶层之外也有发生，遗产政策在这里似乎很开放，没有那么闭塞。在这方面，巴

---

① Ellery Schalk, *From Valor to Pedigree: Ideas of Nobility in France in the Sixteenth and Seventeenth Centuries*, Princeton University Press, 1986, pp. 92-97.

比尔家族的例子是很能说明问题的。巴比尔是一个贵族批发商，他娶了一位国王秘书的姐姐。这位国王秘书是造币厂的看守法官——加尼奥尔先生(M. Cagniard)，他娶了巴比尔家族(Barbier)的一位小姐。他们所生的四个孩子里，两个成为了批发商，一个成了建筑师，还有个女儿嫁给了圣-路易的一位骑士(Le Chevalier de Saint-Louis)。大儿子名叫德-纽维埃(de Neuvillers)，娶了裁判所一个助理法官兼调查专员的女儿古衣奥小姐(Mlle Guyot)，这位小姐的父亲当时娶了另一个未来市政长官的妹妹卢恩小姐(Mlle Rouen)。巴比尔家族的堂表亲分支都是利穆赞(Limousin)的军人，他们与一位大法院参事和一位巴黎军人结了亲。①于是，在贵族等级的边缘也兴起了一股联姻的浪潮。可见，职业联姻对新晋贵族的重要性。

联姻从一个新的视角阐明了商业或行政资产阶级通过大司法部、财务部、市政长官职务或法庭职务加入贵族的模式。例如在德冈(Decan)、米肖(Michaux)、肖莎(Chau-chat)、马里尼埃(Marignier)、米奈(Minel)这些家族之间的联姻，并不计较他们只是不完全的、部分的贵族这一事实，不管怎样，这些都是同一阶层。这些家族的联姻慢慢涉及政府年金主计员阶层以及王室世俗部门。许多官员以个人名义享受特权而不能世袭，他们寻求联姻来传承到下一代。

再看看军事贵族的联姻，以1788年的200个军事贵族婚姻为例，其中有121个人也娶了军事贵族的女儿。然而细看这200个丈夫，可以发现，他们中只有168个人的父亲同为军事贵族。16%的人的父亲是行政官员、大公务员或财务官，剩下的32个新进入军事职业的小贵族则娶了他们原来所在阶层的姑娘为妻。②

巴黎高等法院主席埃里库尔(Héricourt)的儿子——奥松维尔伯爵

---

① Dominique Labarre de Raillicourt, *La Noblesse militaire*, Paris, Labarre de Raillicourt, 1962, pp. 178-183.

② F. Furet et A. Daumard, *Structures et Relations sociales à Paris au milieu du XVIIIe siècle*, Paris, Armand Colin, 1961, pp. 63-65.

(Obsonville)，娶了罗兰(Rolland)主席的女儿。奥耶-伊维利伯爵(Le Comte d'Ogier d'Ivry)娶了一个审计员的女儿，但他自己是出身于穿袍贵族，麦尔斯特男爵(Le Baron de Maistre)和市政厅的一位国王代理检察官的女儿的婚事也是同样情况。博纳蒂-杜-迈斯尼尔侯爵(Le Marquis de Bonardi du Mesnil)，宪兵队军官，与间接税法庭代理检察长的女儿结了婚，但他自己是财务总管的儿子。舍维尔尼伯爵(Le Comte de Cheverny)是布雷索瓦(Blésois)军队的少将，他娶了财务司主席的女儿勒让达小姐(Mlle Le Gendre)，是因为他自己本身是财务总管的儿子。阿格索侯爵(Le Marquis d'Aguesseau)来自穿袍贵族家庭，他娶了部队准将艾维里伯爵(Le Comte d'Évry)的姐姐，艾维里伯爵实际上娶了最高法院一位审查官的女儿。还有，艾维里伯爵是国王秘书的孙子，他娶了另一个国王秘书马松-德-普利赛(Masson de Plissay)(其姐夫是科尔迪埃-德-洛奈(Cordier de Launay)间接税法庭主席)的女儿，并让他的长子娶了沙博奈-德-波奈伊(Chabenat de Bonneuil)最高法院主席的女儿。这样一来就有可能让更多的军人进入法官阶层。也有像骑兵团团长德-吕西奈侯爵(Le Marquis de Lucenay)那样的情况：虽然他娶了税务总管的女儿黛丝布尔小姐(Mlle Desbrest)，但他自己也是出身于从事财政工作的家庭。他的哥哥和侄子还都是税务官。另一位黛丝布尔小姐虽与军官布朗麦斯尼尔伯爵(Le Comte de Blancmesnil)家族有联姻关系，她自己实际上嫁给了一位包税人的儿子德戴利(Dedeley)。国王秘书的包税人拉艾先生(La Haye)给自己的一个女儿相中了中校德阿赞古(d'Azincourt)，又把另一个女儿嫁给了一位国王秘书，诸如此类。反例还有，军队下士勒泰里埃-德莫尔桑(Le Tellier de Morsang)(父亲是法院庭长)把他的遗产女继承人嫁给了审查官杜梅兹-德罗斯奈(Dumetz de Rosnay)，他自己娶了海军总督的女儿奥克华小姐(Mlle Hocquart)，其家族里同时有官员和军人。①

---

① Elias Norbert, *La Société de Cour*, *Paris*, Flammarion, 1985, pp. 236-241.

婚姻远非配偶两个人的事，而实际上是父辈的任务，孩子们职业的转变在父辈计划的结合方式面前并不重要。父辈总是在同样的圈子里作选择。联姻主要考虑同一阶层。下面表格中是139个最高法院家族中父母的职位，抛开儿子的职位不提，这首先是一些在同一个法院内部早已组织好的小圈子，由此来决定他们的族内通婚。

18世纪法国高层官员家庭双方所处阶层及职位表①

	巴黎最高法院	皇室法庭	财政高官	军人	国王秘书	其他
巴黎最高法院	29	16	10	6	4	1
其他皇室法庭	9	13	6	2	3	
财政高官	3	4	2	2	1	
军人	2	1	3			
国王秘书	2	1	2	1	5	2
其他	1	1	2	1	4	

可以看出，司法部门内部的贵族通婚依然是中心准则，其以职位世袭为目标，在家族遗产上建立同样的声誉，家族通婚的好处是使有爵位的家族长期保持联系，从而编织给自己带来优势的关系网。然而这并不意味着家族都以特有的、稳定的方式相互联姻，只不过社会融合偏向于顺着父辈融合的轨迹在下一代中进行。只有在男子娶了一个来自和他同等甚至比他更高的阶层的女子的时候，婚姻才能作为他获得的地位的指针，也只有在这样的情况下，他才走在实现融合的道路上。常见的是，男子如果走进了一个比他所在阶层地位低的阶层，那就说明他原就出身于这个阶层，于是也就进入了族内通婚的模式。低就婚姻的印象就留存了下来。由此可见，贵族联姻的基本目的就是获取利益，相互支撑，以

① F. Furet et A. Daumard, *Structures et Relations sociales à Paris au milieu du XVIIIe siècle*, Paris, Armand Colin, 1961, pp. 126-130.

保持家族的社会经济地位。

第二节 省区贵族的婚姻安排

利穆赞地区的诺瓦耶(Noailles)家族是法国旧制度中最著名,且拥有强大政治影响力的家族之一。他们在17世纪中叶成为公爵和贵族议员,18世纪其家族成员参与摄政会议(Regency Councils)和贵族议会等,其他成员则担任着天主教会的主教、大主教和枢机主教等职位。但该家族早期在诺曼底地区就是一个中下层的贵族,他们经过好几代人的努力,终于成为法国近代早期最显赫的家族之一。

对诺瓦耶家族婚姻安排的考察揭示出数条重要的模式。首先,从13世纪到16世纪早期,相当数量的诺瓦耶家族男子都娶了其他贵族的女继承人。这些女性没有兄弟或其他的男性亲族,因而,在她们的父亲死后,便继承了其父的领主权,于是这些土地便合并到了她们的丈夫手中。事实上,家族早期大量的领土扩张大都是通过这种继承而非直接购并的。通过这种方式,13世纪后半期他们获得了诺瓦拉克(Noaillac)的继承权,14世纪早期获得了蒙卡尔(Montcar)的继承权,15世纪又获得了梅尔勒(Merle)的继承权。这些地盘给了诺瓦耶家族在南利穆赞地区——接近杜雷纳城(Turenne)——的土地所有权,它们成了诺瓦耶家族在那一带继续扩张的基地。①

第二种模式是诺瓦耶家族在15、16世纪所采用的策略,即为一两个孩子准备大量的嫁妆和迎娶费用,使他们拥有大量的财富从而能安排更好的婚姻。16世纪早期有这样一个例子,当路易斯·德·诺瓦耶(Louis de Noailles)和他的妻子凯瑟琳·德·皮埃尔布斯耶(Catherine de

---

① Robert J. Kalas, *Wealth, Place, and Power in Sixteenth Century France: The Rise of the Selve and the Noailles Families*, New York: New York University, 1982, p. 141.

Pierrebussiere)为他们的10个女儿和4个儿子筹划未来时，路易斯并没有足够的金钱为他的所有儿女谋求体面的婚姻。如果他把自己的财产平均分配给14个婚姻，他孩子的嫁妆和迎娶费用将只配嫁给或迎娶当地最贫穷的贵族。与之相反，与其他遇到这种困境的贵族一样，路易斯将他大部分的孩子送到了教会，这样，他就可以将他的财产用在他最大的儿子和最大的两个女儿身上。路易斯的三个小儿子被安置进了教会，他们中的两个后来成了主教。他的八个小女儿被安置到了女修道院，路易斯提供给她们维持生活的年度薪金要少于为她们提供嫁妆的花销。这样，路易斯就稳固了他的财产，可以为他的三个孩子提供美好的婚姻，还可以保持诺瓦耶家族财产在一个较长时段的增长。①

诺瓦耶家族婚姻的另一个特点是其通过婚约来建立与其他家族的紧密经济联系。所有婚约的形成都有公证人的记录和证人的签名。这实际上是对两个家族有关嫁妆、迎娶费用或其他任何经济联系中每个细节进行详细而清楚说明的经济文件。任何可能的意外情况都会在婚约上予以注明，例如，如果这对夫妇没有孩子，如果他们只有女儿，或如果他们的孩子死在他们之前的情况。婚约通常都会写明土地的交换或租赁情况，一个家族向另一个家族的借款，以及任何其他的财产协定。② 事实上，婚约是两个联合起来的非独立家族的经济协定。

建立在诺瓦耶家族婚约基础上的经济联系远不止于提供嫁妆和迎娶费用。婚约中每一个精确的说明，常常规定了这些嫁妆的使用方式。举例来说，一份15世纪晚期的婚约，规定了一个诺瓦耶家族的女儿所带走的嫁妆将仅为她未来的公公用在恢复其家族早先因为经济困难而失去的土地上。在另一份15世纪的婚约上，让·德·诺瓦耶(Jean de Noail-

---

① Robert J. Kalas, *Wealth, Place, and Power in Sixteenth Century France: The Rise of the Selve and the Noailles Families*, New York University, 1982, pp. 147-149.

② Robert J. Kalas, *Wealth, Place, and Power in Sixteenth Century France: The Rise of the Selve and the Noailles Families*, New York: New York University, 1982, p. 153.

les)因为娶了梅尔勒地区(Merle)的女继承人让那·德·盖斯帕(Jeanne de Gaspar)而获得了其领主权，尽管如此，在将这片土地置于他的控制之前，他还是要履行特定的要求：他要承担让那父亲所有的债务，为妻妹提供1400埃居(écus)的嫁妆，为盖斯帕寡居的母亲在梅尔勒地区的生活提供年金。①

让·德·诺瓦耶的儿子艾马德·德·诺瓦耶(Aymard de Noailles)在1482年娶了安东尼特·德·圣艾克苏贝尔(Antoinette de St. Exupery)。除了一份价值2000里弗尔(livres)的嫁妆，在婚约里还另外写明了有关这两个家族间的一些财产安排。安东尼特的父亲保证将一系列先前让·德·诺瓦耶即艾马德的父亲卖给他的租借权再买回给艾马德，同时，也免除了艾马德自其父亲以来所堆积的债务。② 艾马德通过婚约稳固了他的经济地位：新娘带来的嫁妆使他迅速获取了金钱的流入，通过重新获取其父亲时期失去的租借权，他开始有能力改善家族的经济地位，同时他还取消了其父的几项债务。诺瓦耶家族的婚约远远不是个人结合的简单两个家族的联合，其中常常包含了更为深远的财产条款，这使得诺瓦耶家族可以与另一个家族建立起紧密的经济联盟。

婚约的中心就是嫁妆，由于它构成了两个家族间最大数量的财产交换，由此成为婚约中最重要的经济部分。③ 每个新娘的父亲都会为其准备一份嫁妆，嫁妆越多，可以期盼的婚姻就会越般配。处于困境中的家族会视一笔丰厚的嫁妆为其“救命稻草”，现金的流入可以用来清偿债务或恢复兴旺。甚至财政地位非常稳固的家族也很看重大额的嫁妆，因为这可以用来购置新地，或增加年收入。经济实力雄厚的家族可以自己

① Laurent Bourquin, *La noblesse dans la France moderne*(*XVIe-XVIIIe siècles*), Edition Paris: Belin, 2002, p. 67.

② Laurent Bourquin, *La noblesse dans la France moderne*(*XVIe-XVIIIe siècles*), Edition Paris: Belin, 2002, p. 69.

③ Jean-Marie Constant, *La Vie Quotidienne de la Noblesse Francaise aux XVIe-XVIIe Siècles*, Paris: Hachette, 1985, p. 132.

提供大额的嫁妆，他们这样做可以与地位更高的家族建立联系以提高他们的社会地位。

诺瓦耶家族对嫁妆的使用非常在行。从 15 世纪晚期到 17 世纪中期，他们从与其联姻的家族那儿获得了一次比一次多的金钱。嫁妆的增长是诺瓦耶家族身份地位上升和谈判技能精明的体现，由此其他的家族也乐于支付更多的金钱来与他们联姻。这种趋向可以从一些具体数字的比较中清楚地看出：1482 年，当艾马德结婚的时候，他的妻子带来了价值 2000 里弗尔的嫁妆；1503 年，他的儿子路易斯获得了 4750 里弗尔的嫁妆；1540 年，路易斯的儿子安东尼·德·诺瓦耶(Antoine de Noailles)接收了 10000 里弗尔的嫁妆；而 1578 年亨利·德·诺瓦耶(Henri de Noailles)则收到了 30000 里弗尔的嫁妆；1601 年，弗朗索瓦·德·诺瓦耶(Francois de Noailles)的妻子则给他带来了 60000 里弗尔的巨额嫁妆。尽管这其中大部分的金钱支付都是在好几年的时间内完成的，但诺瓦耶家族所接收的巨大而又稳定增长的嫁妆是他们经济和社会地位得以上升的重要途径。他们利用这些金钱重新购买曾经失去的土地，同时再去购买新的土地。① 由此，可以清楚地看到，嫁妆是他们财产的重要组成部分，尤其在获取土地方面。总之，诺瓦耶家族的历史有力地证明了这样一个结论：婚姻在近代早期法国贵族的发展上扮演着重要的经济角色。

婚约通常是由两个家族的家长们来商议，其中，最主要的问题就是嫁妆的规模。换句话说，最主要的就是女方给新郎多少钱的问题。在家长制社会，当男人们之间相互谈论重要的经济事务时，此中女人地位问题就显得重要。在这些谈判中间，贵族的女儿是一个什么样的处境呢？在对诺瓦耶家族资料的研究中可以看出，在婚约中已经给了女人和她的家庭一定程度上的考虑。对新娘的照顾明显体现在两个方面：第一，为

---

① Robert J. Kalas, *Marriage, Clientage, Office Holding, and the Advancement of the Early Modern French Nobility: The Noailles Family of Limousin*, Sixteenth Century Journal, Vol. 27, No. 2, Summer, 1996, pp. 87-88.

新娘提供储备，以使她拥有自己的收入；第二，设置财产安全线，以防丈夫早逝。由此保障家族嫁出女儿，向男方提供大量嫁妆后，仍然能保留部分财产。

事实上，每份诺瓦耶家族的婚约在说明嫁妆的同时也都写明了可供妻子继承的遗产（丈夫生前划定的），指丈夫为其妻带到婚姻中的财产，它的存在就是为新娘提供一份独立的经济来源。尽管这种可供妻子继承的遗产相对于嫁妆来说通常较少，但它却是给贵妇本人一份可支配财产的尝试。

还有一种程度更高的独立经济来源是由新娘自己的家庭提供的，但这不是经常的。举个例子，在一份 1540 年安东尼·德·诺瓦耶（Antoine de Noailles）和让那·德·贡多（Jeanne de Gontault）确定的婚约上，让那的父亲提供 10000 里弗尔的嫁妆，支付期超过 20 年。除此之外，他放弃让那从她那已故的母亲那儿继承的不动产收入：兰杜（Lentour）男爵领地和几处领主权，这些合计起来价值 15000 里弗尔。这就为让那提供了她可以控制的收入，使她在婚姻开始之初就有了某种程度上的经济独立。这类婚约值得注意的是，它展示了女性如何通过遗产对女性亲属提供财产支持，以满足她们特殊的需要，如作为提供嫁妆的收入，或者——就像贡多家族一样，在家庭内部将土地在女性之间数代相传。①

另一类经常出现在诺瓦耶家族婚约中的条款是在新娘成为寡妇的时候如何确保她的收入。举个例子，在艾马德·德·诺瓦耶和安东尼特·德·圣艾克苏贝尔在 1482 年订立的婚约中，她父亲提供了 2000 里弗尔的嫁妆，支付期数年，并且他确定了保护其女儿和家庭的条款。如果安东尼特成了寡妇，她将从嫁妆中获取一份收入，并且如果她再婚，她仍可以获得年金。除此之外，还有一个条款规定了嫁妆与其妻和继承人的关系，如果安东尼特死时无后，艾马德就必须将他所接受的嫁妆归还给

---

① Robert J. Kalas, *The Noble Widow's Place in the Patriarchal Household: The Life and Career of Jeanne de Gontault*, Sixteenth Century Journal, Vol. 24, 1993, p. 105.

其已故妻的父亲或其他的继承人。总之，如果安东尼特无后而亡的话，嫁妆对男方是无用的。① 因而，嫁妆作为一种特定的储备保护了妻子的继承人，就像丈夫的继承人受到保护一样。如果安东尼特没有孩子，她的嫁妆将重回到她的家族，这样，她的亲属可以使用这些财产，将有可能又建立一份嫁妆。

有很多新娘受到这种方式保护的例子：1531 年，路易斯·德·诺瓦耶(Louis de Noailles)在为他的女儿玛格丽特(Marguerite)商议与吉·德·阿勒芒(Guy d'Alemans)的婚约时提供了 4000 里弗尔的嫁妆，同时，上文所述，他看到了女儿也是这种"保险"条款的受益人。如果吉死在了玛格丽特之前，她将住在蒙塔蒂(Montardit)城堡(她丈夫的领地)中，并且可以获取其收入的一半。如果她又另嫁他人，她将从其前夫的地产中获得总额 1000 里弗尔的财产。②

还有其他来自诺瓦耶家族婚约的例子，但每个婚约中都有一个目标是一致的：对新娘和其家庭一定程度上的经济保护。婚约为新娘和新郎都提供了经济利益上的保护，当新郎的家庭获取了这些利益中最大最好的一份时，新娘及其家庭的经济需求也受到了重视，而不至于让一个家庭因嫁出女儿损失太多财产。

家长评估孩子未来的婚姻所依据的远不止是经济力量。那个家族的社会地位也是考虑的重要因素。与显贵，尤其是与王室有联系的上层贵族进行联姻总是值得追求。这类婚姻让人称羡，由此可以安全地接近国王，而国王则总管着官职、财产和赏赐。15 世纪中期，诺瓦耶家族的家长曾经建立了这种联姻，家族使让·德·诺瓦耶(Jean de Noailles)娶

---

① Robert J. Kalas, *The Noble Widow's Place in the Patriarchal Household: The Life and Career of Jeanne de Gontault*, Sixteenth Century Journal, Vol. 24, 1993, p. 106.

② Robert J. Kalas, *Marriage, Clientage, Office Holding, and the Advancement of the Early Modern French Nobility: The Noailles Family of Limousin*, Sixteenth Century Journal, Vol. 27, No. 2, Summer, 1996, p. 95.

了利穆赞权势家族的成员让那·德吉梅尔(Jeanne de Gimel)。这桩婚姻对诺瓦耶家族最大的吸引力即是吉梅尔家族通过联姻与杜雷纳(Turenne)子爵——利穆赞地区最为重要的土地所有者——所建立的联系。① 这桩婚姻对诺瓦耶家族来说是一招妙棋，因为在16世纪获取财富方面，这使他们联系上了后来证明能给他们带来巨大帮助的家族。

这桩婚姻的好处体现在16世纪20年代。让·德·诺瓦耶的曾孙安东尼(Antoine de Noailles)开始服务于杜雷纳子爵弗朗索瓦·德·拉杜尔(Francois de la Tour)——即安娜·德·蒙莫朗西(Anne de Montmorency)的女婿，很快就成为了治安官(Constable of France)，即这个地区最重要的政治人物之一。安东尼在杜雷纳子爵麾下参加了意大利战争，并且由他派遣参加了出使意大利和西班牙的皇家外交使团。在杜雷纳子爵影响下，1529年安东尼被任命为王室法庭的法官，这是诺瓦耶家族第一个法院的职位。在蒙莫朗西公爵和国王的庇护下，安东尼抓住机会迅速提升，很快，他被任命到更高阶的军事政治职位。②

因此，婚姻在诺瓦耶家族成员晋升的过程中扮演了相当重要的角色。他们因为娶了其他贵族的继承人而获得了相当数量的领主权；大额的嫁妆使他们拥有充足的经济力量去扩充土地和清偿债务；他们为女儿订立了相当程度的财产保证；他们的婚姻使其与利穆赞地区最有权势的家族建立了经济和社会联系；并且通过杜雷纳子爵和治安官与皇室建立了联系。诺瓦耶家族作为一个典型的例子说明了一个计划良好的婚姻在贵族社会经济地位上升过程中所发挥的巨大作用。

在诺瓦耶家族中从16世纪到17世纪所订立的29桩婚姻中，只有

---

① Robert J. Kalas, *Wealth, Place, and Power in Sixteenth Century France: The Rise of the Selve and the Noailles Families*, New York: New York University, 1982, p. 172.

② Robert J. Kalas, *Wealth, Place, and Power in Sixteenth—Century France: The Rise of the Selve and the Noailles Families*, New York: New York University, 1982, p. 175.

一个是与穿袍贵族所订的。这发生在 17 世纪中期，当时这个家族就任于巴黎最高法院。① 而其他的诺瓦耶家族婚姻都是同佩剑贵族所订，这就意味着他们同族结婚的比例维持在一个相当高的程度上。诺瓦耶家族的家长们非常热衷于提高他们的社会和经济地位，而与富有的穿袍贵族联姻对此也是非常有利的，但他们最终没有选择这类婚姻，是因为佩剑贵族有一种强烈的在他们固有的社会环境内通婚的愿望。

① Robert J. Kalas, *Marriage, Clientage, Office Holding, and the Advancement of the Early Modern French Nobility: The Noailles Family of Limousin*, Sixteenth Century Journal, Vol. 27, No. 2, Summer, 1996, p. 183.

第四章　谋取官职

旧制度时期，贵族为了增强家族的社会经济地位，除了增加自己的土地收入和联姻外，还有一项非常重要的措施就是谋取官职，通过建立委托附庸关系网以及购买或以婚姻安排来谋取政府官职，给贵族向上层社会迈进带来了很多便利，令家族在地方和中央的势力都能得到稳固，相互促进。

第一节　官职的谋取

近代拥有官职的贵族得益于其职务的便利性，可以出租他的职务，或者部分变卖他的职务；职务可以不由它所对应头衔的人担任，而由儿子或者侄子这类亲戚担任；年龄限制免除后，职务有望在法定年龄(在高级法庭，理论上是25岁)之前担任。近代出现在财务司、检察厅和最高法院主席团的诸多职业承袭现象，反映了寻求家族持久性的愿望。由于升迁更多地取决于不稳定的委任，而不是取决于拥有某种职务，取决于反复无常的、随局势摇摆的、不可靠的当权者的意志。因此，也有许多贵族家族满足于特别法庭提供的空间，即使他们是以断断续续的形式出现在那里，这并不妨碍他们把主要精力放在获取官职上。巴图家族的例子可以证明这一点：巴图先生是1687年第一位进入财务司的官员，但没过几年就去世了。一直等到1728年才有另一个巴图出现，他佩有同样的徽章，一直到1791年该职务被永久废止时，还有另外其他三个(两个兄弟和一个远房表亲)巴图在任。官职的稳定性是贵族家庭不断致力保持的事情。

同时，以官职为手段的家族的延续只能在父亲和长子之间，也就是说次子会被往其他的职业方向疏散。所有围绕父辈职务而延续的家族不可避免地同时分担着多种活动。尼克拉伊家族，从16世纪以来就前赴后继担任着财务司总管的职务，他们的次子女分支则进入了军事领域工作，或者还有的进入了大法院主席团。帕尔瑟瓦-德舍那先生(M. Parseval des Chênes)在把他的大儿子送入梅兹(Metz)和阿尔萨斯(Alsace)的财务司当税务总管之后，又把他的二儿子送进了税务所。罗杰-德-格丹古尔先生(M. Roger de Gadancourt)在把他的长子安排到自己的财务司后，又把另外两个儿子一个放到了最高法院当理事，另一个放到了审理间接税案件的最高法院做院长。索阿尔先生(M. Choart)是间接税最高法院院长，从前做过审计院助理稽核，他把自己的职务传给了大儿子，又把小儿子送进了财务司。①

家族所有成员的专业化明显是地位较低的中下层贵族特有的现象，这一阶层晋升的缘由是担任了某种特殊职务：一种可以提高地位或者可以使个人沐浴到王室的恩宠的职务。家族的状况仍然依赖于所承担的职务。尽管靠工作谋生是庶民的特质，握住一项职权从提高社会地位层面来讲还是至关重要的，即使这与贵族生活准则背道而驰。还有，就在某些宫廷贵族或者旧贵族的次子女满足于不劳而获的等级和有声望的职位时，新晋贵族或者他们的直系后代只能凭他们拥有的职务来摆脱平民印记，这种逃避带来了家族内部职业的多样化。像布拉(Les Boula)那样出身于1705年的国王秘书的家族，在旧制度统治末期进入了最高法院、间接税案件审理最高法院以及国会。萨里耶家族(Les Sallier)则进入了

---

① J. Chagniot, *Paris et l'Armée au XVIIIe siècle: étude politique et sociale*, Paris, Economica, 1985, pp. 413-415.

最高法院、间接税案件审理最高法院和大法院。蕾丝卡罗皮埃家族(Les Lescalopier)出身于16世纪的巴黎市政长官阶层，后来进入了最高法院、国会和军队。克莱蒙家族(Les Clément)1711年被封爵，后来进入了最高法院、财务司和间接税案件审理最高法院。蒙道龙家族(Les Montholon)则进入了财务司、国会、绅士之家中，也有部分进了军队。杜佩蕾德-圣茅尔家族(Dupré de Saint-Maur)在1513年因担任财务主管职务而被封爵，这一头衔使其跻身巴黎法官阶层最古老的家族之列。这一家族在250多年以后也依然出现在财务司、国会、最高法院、巴黎裁判所和军队里面。① 职业的分化每一代都在加强，终于在多个世纪以后建立起了一个强大的集团，且由于长久以来积累的声望而十分繁荣昌盛。

双重职业也有助于家族的延续和升迁。用一种职务联合另一种职务、增加任职机会，这些做法通常能提高任职者在多种职业领域的地位。这只不过是一种为了向遗产继承人传承尽可能多的职务而采取的补充性手段。该现象很好地阐明了一种以职务和地位为中心的家族政策，许多人因此拥有一种补充职业 。在王亲贵族中，行政部门已经开始从税务机构的高官或中心城市的高级法庭，甚至巴黎律师团中挑选法律精英或财政精英进入皇宫。税务司的17位成员在1788年进行过类似的活动，有5个官员进入国王宫中，另外5个进入王后宫中。王室系谱官员舍兰(Chérin)同时也是间接税案件审理最高法院的理事。大法院成员麦茹-奥尔诺伊(Mayou d'Aulnoy)是王后宫中的总检察长。绅士之家的秘书长维维安-德-古拜(Vivien de Goubert)，是间接税案件审理最高法院的主席。王室是贵族官职的重要依靠，但也会出现双重职业现象：加特尔苏-德拉莫特(Quatresoux de La Motte)同时是市政厅政府年金主计员和间接税案件审理最高法院的公证秘书；高丹(Cottin)既是贴现银行董事长

① William Doyle, *Officers*, *Nobles and Revolutionaries*: *Essays on Eighteenth-Century France*, Hambledon Press, 1995, pp. 217-220.

又是海军军需总管；包税人德维尔(Deville)是外交部秘书长；运输业包税人高莱-德-奥特维勒(Caulet de Hauteville)也是寄售税务员；等等。①

旧制度下，法国许多财务官同时兼任水泽森林管理员、最高法院薪俸检察员以及政府年金主计员的职务。许多平时负责保障军需供给的战事特派员，同时担任着一些小型财政职务，或者进入了国防部。不少财务官以及某些相当富裕和有影响力的法官可以成为王室高级官员、二线小城市的国王助理，他们不用强制待在办公居住地，有的只是挂名，仅仅是为了增加声誉和得到相应的薪俸。

双重职业是有多种动机的，其中有缓解未能得到法官职务的愤懑，或是为了寻求稳固而优越的保护，又不需要有明确的资格并有声望的那些法庭职务。除了能确保很丰厚的酬金，担任这些职务还能得到众多王室成员的拥护，尤其是在任职者管理着亲王或国王财产的时候，这些官职承认了任职者特殊的地位，并具有令人敬佩的才能，也承认了其家族的声望。另一方面，职务数量的增长也增加家族财产，降低了为后代安排工作的难度，有利于巩固家族声望和影响力。

然而这些家族安排不会总是好运连连，对贵族年轻后代的控制仍然是一项艰巨的任务。有时贵族后代的放纵可能会把在职的贵族卷入困境。如尼古拉依(Nicolaï)主席的儿子，为了重新挽回家族的危险局面，王室的干预显得必不可少。“他很爱花钱，凭着他叔叔——凡尔登主教、路易十六的王太子神甫的密友的声誉向龙骑兵团团长借了债，他的父亲拒绝支付这笔欠款，借口是他已经支付了100000里弗尔用来买这个兵团。他随后给了儿子一个没有收入的兵团，也就是王室宪兵团，来解决他的麻烦。买龙骑兵团的钱将会赎回来，用以还债。”②

贵族家庭为其次子们获取官职的措施同样能增加家族的财力和声誉。军队通常是大多数穿袍贵族或财政贵族的次子们寻求职位的地方。

---

① Akadémiai Kiadó, *Noblesse française, XVIe-XIXe siècles*, Paris: CNRS, 1981, pp. 231-235.

② Comte V. Esterhazy, *Mémoires*, Paris, 1899, pp. 117-119.

有很多例子可以说明这一点：巴黎财务总管特莱芬(Treffond)，他在1764年任国王秘书，让他的大儿子做了最高法院理事，小儿子做了轻骑兵团团长；国务大臣朗伯(Lambert)把他前两个儿子送进了最高法院工作(其中一个成了审查官)，另外两个小儿子则入了伍，其中一个在法国警卫队服役；调查委员会主席布里松(Brisson)把他的职务传给了大儿子，小儿子则进了皇家炮兵部队；国会议员奥尔索(Orceau)，也是绅士之家中的大法官，把大儿子送进了国王理事会，二儿子送到了法国警卫队；拉姆瓦尼翁(Lamoignon)主席——未来的掌玺大臣，把他的长子送进了最高法院，又让第二个儿子做了步兵队队长。一项研究表明，在艾克斯最高法院家族里面，有52%的次子都被送入了军队。①

父辈的职务留存给长子，迫使其他男性后代受排挤，带来了某种不牢固性，有时会造成非受益者身份的降低。声誉以及大家族享有的家族和政府的支持有助于把次子们安排进入军队。但即使某些大家族，如莫普(Maupeou)、马舍(Machault)、于德-米洛麦斯尼尔(Hue de Miromesnil)、阿格索(Aguesseau)等，依靠其政府职务以及外省有头衔的人物接收了巴黎法官之子进入法国警卫队兵团，大部分家族仍然很难越过龙骑兵团团长或步兵中校等级。因此，职位的延续往往要以一部分后代社会地位的衰退为代价。

然而贵族家族有权对其后代的未来提供引导和支持，缺少家族帮助的人是无法单靠自己发迹的，特别是在一个声望首先与集体力量联系在一起的社会里。自主行事是不可能的，应当与整个家族的意见妥协，这是年轻人杜佛尔-德-舍维尔尼(Dufort de Cheverny)，法官家族的子孙，亲身经历得出的教训。那时，他狂热地想要投入军事生涯："我当时19岁，急于拥有一种身份……我探寻了适合我的出路，我只找到了警卫队下军官的职务。我跟我的家族谈论了此事。父辈的所有穿袍贵族都大吃

① M. Cubells, *La Provence des Lumières: les parlementaires d'Aix au XVIIIe siècle*, Paris, Maloine, 1984, pp. 61-65.

一惊。他们希望我结婚然后接受最高法院理事的职务。”①可见，家族影响足以给个人带来压力，迫使他与集体的立场一致，负隅顽抗的当事人会面临失去一切保护、让自己陷入不得不感到害怕的离群索居的境地。例如这位杜佛尔-德-舍维尔尼家的另一位亲戚，1771年，巴黎最高法院被掌玺大臣莫普(Maupeou)解散。这位亲戚，在他的大部分亲戚都被解雇的时候，自己决定加入新法庭："非常不幸地，德-巴拉西先生(M. de Barassy)和我们一起回到了巴黎，他显得很狂热，而且，凭着大法院顾问的身份，他去了莫普最高法院……于是我们有天看到他耀武扬威地来告诉我们，他在巴黎高级法院任职，以伯爵夫人蓬斯为首的我们所有的亲朋好友都怒不可遏；其他更远的亲戚不知道会怎样，反正我——大法院两位主席和主法庭顾问杜普斯-德-马赫塞(M. Dupuis de Marcé)的表兄，决定和他好好谈谈；我的妻子很生气。最后我们一致认为他应该递交辞呈。他那么做了，显得有点不情愿，但他很愚蠢地坚持要自立门户，后果就是收到了一封驱逐信，就这样被流放到了蓬圣马克桑斯(Pont-Sainte-Maxence)。”②德-巴拉西先生答应了离开巴黎的要求，将来一切的在政府部门晋升的希望可能就此落空了。家族控制在此一览无余，并在穿袍贵族阶层发挥到了极致，这些贵族本身已经和大贵族阶层建立了联系。踌躇满志的法院理事先生的行为使其在众表亲和旁系亲属中失去了声誉。

第二节　通过贵族附庸关系获得官职

家族干预也可以通过附庸关系的形式来表达，如奥热尔先生(M.

---

① Mathicu Marraud, *La noblesse de Paris au XVIIIe siècle*, Paris, Seuil, 2000, pp. 216-217.

② Mathieu Marraud, *La noblesse de Paris au XVIIIe siècle*, Paris, Seuil, 2000, p. 218.

Augeard)的经历："我的家族把我安排进了财政领域工作。我本可以凭借偶然的出身和我有幸属于的那些大家族的优势而大有作为。我很不幸……而且我离异的父母并没有给我留下一个比较可靠的补救的前景，只给我留下了由我的姨夫担任的包税人的职务，我姨夫向我承诺未来将由我继承他的职务。"①

家族附庸关系也反映在官职领域的任人唯亲现象中，如国库总管米高-达维莱(Micault d'Harvelay)就是从他的叔父帕里斯-德-蒙马泰勒(Pâris de Montmartel)那儿继承了这一职务。② 包税人德拉罕特(Delahante)，由于没有男性后代，把目光转向了他的侄子并承诺由他来继任其职务。1788年，年轻的弗雷尼里(Frénilly)获得了他的叔父圣瓦斯特管辖领域(Saint-Wast)总督职务的继承权。岳父和女婿之间的继承关系也是很常见的。间接税案件审理最高法院的顾问维雅莱特-德-马拉舍尔(Vialatte de Malachelles)通过其岳父布里永-德-茹伊(Brillon de Jouy)的关系继承了巴黎法院代理收税官的职务。桑西元帅(Saincy)从他岳父梅尼(Meny)那里获得了教会总管的职务。③ 包税人家族提供了最多的徇私可能，因为每一个包税人的事务所通常都是由近亲、表亲组成。

同时，由于购买官职需要大量的资金投入，家族的财政支持成为迫切的需要。族亲们在参与买官活动时或投资前会关心职务的收入。所以德拉罕特先生对他的包税人职务很感兴趣，还有黛丝弗尼埃尔女士——前任包税人的遗孀、她的女婿夏布里昂伯爵以及伯爵夫人，每人出资1/4。整个家族围绕职务收益而联合起来，又通过收益共享加强了本就存在的联系。家族从这种安排中得到了一切能得到的好处。这样一来，尽管理论上每代人中只有一人获得职务，职务带来的好处却可以惠及许

---

① J. M. Augeard, *Mémoires secrets*, Paris, 1866, pp. 27-28.

② G. Chaussinand-Nogaret, *Gens de finance au XVIIIe siècle*, Bruxelles, Complexe, 1993, p. 48.

③ G. Chaussinand-Nogaret, *Gens de finance au XVIIIe siècle*, Bruxelles, Complexe, 1993, pp. 50-51.

多人。这一原则解释了在新晋贵族中出现的家族附庸关系现象，这些举措在整个特权阶层都卓有成效。职场自然还是附庸关系上演的阵地。法庭内部附庸关系行为的范围不仅仅立足于一个家族，更立足于一个亲族关系的广义观念之上，军队也拥有一种可以便利和偏袒家族保护主义的征募机制。

等级或家族意识是贵族身份的主要元素和个体相互依存的原动力，要经过好几代人才能显示出来，适用于几代法官家族或政府官员家族，如菲利博(Phély-Peaux)、若利-德-弗勒里(Joly de Fleury)、勒费弗尔-德-奥梅松(Lefebvre d'Ormesson)、佩尔蒂埃(Le Peletier)、阿梅洛-德-夏约(Amelot de Chaillou)、阿穆瓦尼翁(Lamoignon)家族等。① 对这些家族而言，向国王效忠真正成为了一种祖先留下来的传统。家族的延续更多地依靠一种无可争议的贵族声望。圣-西蒙公爵在这方面的保守主义是举世无双的。这种声望取决于一个或多个世纪的履历，取决于正直的、古典主义式的严谨形象，取决于父子相传的法律知识，取决于来自于父辈耳濡目染的教育，也为继承所主导。这些家族的声望很高，要求成员必须具有近似宫廷高级贵族的一些品质和慷慨大方、器宇不凡、高雅而尊贵的举止。法官巴比耶(Barbier)在他的《日记》中就讲述了最高法院主席们显示和捍卫自己所在阶层的必要性，其中提及了1724年博蒂埃-德-诺维翁(Potier de Novion)的辞职和波尔塔耶(Portail)的提名："九月，为成为主席已经付出了这么多努力的诺维翁先生，终于败在了他的古怪性格和贪婪品质上。会见民众和抛头露面对他来说是不可能的。一个在所有人心目中都应该充满智慧的人，这样一来就变得多么的渺小……主席职位最后给了波尔塔耶先生——大法院院长；他仪表堂堂，和蔼可亲，对所有人都礼貌殷勤，是一个非常有智慧的法官；他完美地胜任了这一职务。此事自然激怒了最年长的大法院院长德拉莫瓦尼

---

① J. Félix, *Les Magistrats du Parlement de Paris*, 1771-1789, Paris, Sédo pols, 1990, pp. 129-131.

翁先生，他也有着良好的口碑……波尔塔耶先生并没有一个与最高法院主席职务相称的出身……十二月，最高法院主席波尔塔耶先生看上去十分高兴并且花费了很多钱，这落下了一个话柄，有人说麦斯梅斯先生(Mesmes)(前任主席)过着贵族生活，诺维翁先生过着资产阶级生活，而波尔塔耶先生过着资产阶级贵族生活；这是对他的出身的攻击。"①于是，拥有一个像翎饰一样，能让人联想到贵族庄严的大法官家族姓氏就显得十分必要。法官在投入内阁生涯的同时，也经常接触军职。这两个领域的官员往往属于已经由诸多婚姻关系联结起来的贵族阶层。他们肯定有一种以履行崇高职责和在处理政务时密切合作为纽带的共同的归属感。很多旧贵族放弃了军旅生涯而转投外交或行政事业，进入法庭能塑造声望和拉平社会差异。这些穿袍贵族，由于在职业上和传统上接近公爵阶层，于是抛弃了对军队的兴趣，开始复制某种类似于公爵阶层的行为方式。

另外，许多法官的遗言中都提到了一些给留在外省的穷亲戚的遗赠，这是一种相当浓厚的家族感情的证明。奥梅松(Ormesson)主席的儿子们也是这样得到远房表亲奥博纳先生(M. d'Eaubonne)支付的年金。奥博纳先生自知没有后代，本能地将他的关爱转向了侄子们。他们有着同样的姓氏：勒费弗尔(Lefebvre)。法官家族也同样有它们的历史和回忆，尤其是当他们有一个往往很悠久的传统要维系时，以及他们为谋求意识形态的统一而放弃了实际职务的时候。需要注意的是，巴黎分支在法官领域的成功是家族长期努力的产物，保留姓氏的尊贵。

然而，一些富有声望的家族，一心寻求数百年的延续，最后却只在穿袍贵族中只形成了一小部分。高级法庭的不断更新常常取决于新的谱系的出现，正如1774—1789年进入最高法院的81个法官，都出自新兴

---

① Guy Richard, *Noblesse d'affaires au XVIIIe siècle*, Paris,: Armand Colin, 1974, pp. 75-77.

的贵族家庭。① 能够自称拥有家族传统的那部分法官的势力实际上是很薄弱的。至于同一世纪的新晋贵族——基本上出身于司法部，他们的直系后代只求放弃父辈的身份以及尽快投身一项有声望的职务。而成为贵族的动机则是为了便于给下一代安排工作。确切地说，新晋为贵族的一代人被视作过渡的一代。17—18 世纪的国王秘书阶层中，仅有 22%的人继承了父亲的职务。即使是这样，这种形式的继承通常是由父亲在买了司法部的职务之后开始的。

巴黎给予了王国新晋贵族们足够的威望，从而使他们能够保障其家族在城市延续，在那里，他们不需要靠投入军事生涯来践行贵族主义。但相比于追求职务的稳固，他们更加青睐于骑士贵族的模式：取得某种头衔并在军队任职。承袭现象在穿袍贵族内部当然是少数，它在拥有财政官职的贵族内部更为常见。18 世纪包税人领域有 45%的家族的职务只保留了一代，还有 45%的家族承袭了两代，只有 10%的家族延续了超过三代。新晋贵族的后代反而是由许多代军人组成。然而，国王秘书家族中很少有从军的，第二代和第三代都没有。联姻在这种家族选择中也有重要作用。许多有爵位的贵族接收了出身于“下层”等级的姻亲家族进入他们的兵团里担任很有前景的职务。这种入伍的便利和鼓励令晋升贵族得以模仿传统精英，照搬贵族习俗以实现家族的升迁。新晋为贵族，即个人升迁的获得，是建立在这一程序基础上的。所以尽管转投军事领域可能意味着阶级地位的不稳固，尽管这一行业带有危险性质，仍然有许多巴黎中下层贵族跃跃欲试。这样典型的例子有很多：如军队少将艾纳里伯爵(le comte d'Ennery)从前是荣军院肉商(1703 年任国王秘书)的孙子；奥赛伯爵(le comte d'Orsay)是波斯特(Postes)和赫莱(Relais)监察官的儿子，成了龙骑兵团团长、绅士府邸首席元帅，且前后娶了克洛伊家族(Croy)和奥恩罗尔家族(Hohenlohe)的两位女儿。再

① F. Bluche, *Les Magistrats du Parlement de Paris au XVIII siècle*, Paris, 1990, pp. 146-147.

如庞热家族(Panges)的侯爵和骑士——特级战事财务官家族的最后一代，当了轻骑兵上校和骑兵部队首领；间接税案审理最高法院院长图尔门(Tourmont)的独子，是步兵部队中校；法院院长科斯特-德-尚培龙(Coste de Champeron)的独子，是步兵部队的年轻军官。森林水泽的大总管高松-德-吉普斯(Cosson de Guimps)的独子进了近卫骑兵队；最高法院院长波提埃-德-诺维翁(Potier de Novion)的独子，享有伯爵头衔，成为龙骑兵团团长；最高行政法院审查官丹尼尔-德-佩尔奈(Daniel de Pernay)的独子在斯特拉斯堡驻防，进入了阿图瓦步兵团；间接税案审理最高法院检察官古奥尔(Gouault)的独子，是香槟地区步兵团的参谋；财务官普隆德(Prondre)的两个传人——盖尔芒特侯爵(Le Marquis de Guermantes)和弗勒朗日伯爵(Le Comte de Fleuranges)，也同样从了军。最高法院顾问波利埃(Porlier)的大儿子德吕贝莱侯爵(Le Marquis de Rubelles)，是炮兵部队中校，二儿子是步兵团团长；财务总管博纳尔迪(Bonardi)，1764年因其职务而晋为贵族，其三个儿子分别被封为麦斯尼尔侯爵(Le Marquis du Mesnil)、圣-苏勒皮斯伯爵(Le Comte de Saint-Sulpice)、博纳尔迪男爵(Le Baron de Bonardi)，且都成了龙骑兵团或宪兵队的军官；邮政部主管朗格卢瓦(Langlois)的四个儿子都进了军队，等等①。

军队的吸引力往往会使年轻人抛弃原先的职务。例如最高法院主席、大法官莫普(Maupeou)的长子，1771年仰仗父亲的权力摆脱了他的职务并成了勃艮第步兵团上校。同样，最高行政法院审查官玛隆-德-贝尔西(Malon de Bercy)的独子，1771年放弃了最高法院法院理事职务转而进了阿尔图瓦伯爵(Le Comte d'Artois)的警卫队，位居上校。阿格维尔侯爵(Le Marquis d'Hacqueville)——法兰西警卫队首领，实际上是从前的最高法院理事，其父亲也是最高法院理事。夏多布里昂伯爵(Le

① F. Bluche, *Les Magistrats du Parlement de Paris au XVIII siècle*, Paris, 1990, p. 205.

Comte de Chateaubriand)——从前雷恩的最高法院理事，是最高法院院长勒佩尔迪埃·德·罗桑波(Le Peletier de Rosambo)的女婿，他成了步兵团团长。蒙布龙伯爵(Le Comte de Montbron)的儿子做了一年的最高法院理事后，进了瑞士卫队。国务大臣布丹(Boutin)的大儿子则离开了最高法院并转投了殖民军队，他的弟弟当时已经是龙骑兵团团长。国王秘书、政府年金审计员的独子们也选择了军事生涯，有些最后还获得了爵位：如蒙热鲁侯爵(Le Marquis de Montgeroult)——龙骑兵团团长，其实是一位政府年金主计员的儿子；威尔莫南男爵(Le Baron de Villemenant)——国王瑞士卫队的副长官、卢瓦尔河畔夏丽德(La Charité-sur-Loire)总督，是1743年的国王秘书、从前的军粮供应官以及冶金大商人巴保-德拉绍萨德(Babaud de La Chaussade)的独子等①，诸如此类的例子很多。

次子们受排挤是以父辈职务的继承为名义，而放弃父辈职务对于长子来说则意味着社会等级的滑动。转行不是因为对父辈职务的不适应，法院生活的清规戒律、对与有关法官日常装束的命令的服从(1684年颁布的一则法令规定了法官们在法庭内的穿着)、对财务官伦理道德的怀疑、法院交际的封闭性等诸多因素促使他们做出对军事生涯的选择。他们挣脱了家族束缚，并且希望选择适合于自己的职业。如果说1720年之前成长起来的那一代人自愿沉湎于家族声望和职业的决定中，那么这之后的一代人则打乱了等级秩序，他们追求个人的而不是父辈的理想。在穿袍贵族中，这种个人主义更多是和军人阶级的定义而不是和军人的艰苦生涯联结在一起的。由于感到个人理想与自身所处的世界之间存在巨大的壕沟，年轻人一心只想着融入高等贵族社会。最高法院理事帕基耶·德·库朗(Pasquier de Coulans)讲述道："在完成学业后，我学习了没什么用的法律。和同时期所有的年轻人一样，骑马、拿枪、学跳舞，

---

① F. Furet et A. Daumard, *Structures et Relations sociales à Paris au milieu du XVIIIe siècle*, Paris, Armand Colin, 1961, pp. 289-292.

在我看来是那时最理想的工作。”①年轻时期的帕基耶是家中独子，最后还是遵照父亲意愿，像他一样做了法院的理事。也有些人走了不同的路，成为了军人。这种转变，对个人来说，有点像是赢得了自由，它不仅被认为是个人首创精神的结果，是挣脱传统束缚和家族控制的结果，也催生了真正有望成为第二等级精英的一代人：他们拥有那个时代除法庭之外的新职业，有介于巴黎和外省之间的新的生活方式，在卫戍部队和中心城市圈子里面有新的往来、新的升迁希望。职业方向的变动强行将个人从社会控制中解放了出来，之后他们的后代又会跌进一个对其而言充满新的价值和新的束缚的世界里。这最终是贯穿新时代的买官贵族向尚武贵族过渡的常见现象。

因此，有许多因素共同成就了世俗贵族的一种相对自主和相对自由，由职务的遗产化带来的政治独立，由长子权利造就的次子分支的职业独立或者为了追随贵族标准而对父辈职务的完全抛弃。社会约束随地位的提高而增加，施压方式也在增加。个人从一个由父辈紧密联系来决定的、居高临下的状态，进入一种混沌状态，在亲族关系中是偶然的。社会控制在逃避世袭职务、家族庇护、家族的公众声望和宫廷声望的人身上起到的作用相对比较少。对其他家族而言，社会控制只是家庭内部的。

通常，进入公务员阶层或政府部门需要委任状。这要求在法庭内部找到一些保护人。推荐是通用做法，来帮助在众多的候选人中进行挑选。一些人会慎重地选择到王亲贵族的事务部门，以便优先拉拢到王室的支持。财务部门的所有大姓氏，如布莱（Bouret）、萨瓦莱特（Savalette）、拉里维（La Live）、杜布莱克斯（Dupleix）、拉波尔德（Laborde）等，同样要把他们的升迁归功于与当权者关系密切的人们的庇护。那时候的财政贵族，取得了一定的社会地位，成了王国精英阶层

① Chancelier Pasquier, *Mémoires*, Paris, Pion, 1894, tome 1: Révolution-Consulat-Empire, pp. 16-18.

的一部分。想要给亲族、仆人以及挚友安排职务的保护人有很多，他们只想出卖自己的影响力。典型的例子就是对包税人的任命：国王和财政部门主管的同意是必不可少的，如莫泊桑先生（M. de Maupassant）的事例："莫泊桑先生给了朗雅克夫人（Mme de Langeac）200000 法郎，让她许诺可以助他成为包税人，这一职务最后让另一个人得到了，而她却没有归还这笔钱，这是她的一贯作风。这个可怜的男人的贿款有很大一部分都是借的，他彻底完了，将在监狱里度过余生。"①香槟地区的财政税务总管布贝-布鲁-肯（Boubée-Brou-Quens）也出卖过一位宫廷贵族的影响力："爱德华-德-狄龙伯爵（Édouard de Dillon）的朋友们忙于设法给他增加方便，因为在当时形势下一个男孩一年得有超过 30000 里弗尔才可以维生……他们只有一个办法：替他谋得一个财务官的职位，然后向其收取利息。这位财务官就是布鲁肯先生，他决定向给他税务官职务的人每年支付 10000 法郎。"②

买官市场就这样被王公贵族的扶持套牢。尽管这些职务能让人从某种稳定性中获益，但得到这些职位，对在交易中占最大利益的人来说，需要一种依靠和保护，这在由国王直接介入提名活动的时候尤为重要，如外省总督提名、国会议员提名等。事实上，职业以及以职业为中心的贵族行动反映了家族地位状况的差异性。军队以及王亲事务部门仍然沿用祖先的惯例。这些惯例，在日趋合理化和制度化的同时，重复了中世纪贵族的作风，即他们的等级和家族意识。社交、婚姻或财务行动为手段的贵族活动，不再把家族稳定建立在王族的保护之上，而是把职位的承袭建立在行使特权而带来的声望和权力之上，家族的多代世袭传承就这样建立起来，这种传承在子孙后代中还发展出一种无私奉献、吃苦耐劳、宗教虔诚的贵族精神。然而，长子继承制迫使这些贵族走向职业分散的道路。这种职业分散，在保存了个体的某种创新自由的同时，也使

---

① Duc de Lauzun, *Mémoires*, Paris, 1879, pp. 63-64.

② Mathieu Marraud, *La noblesse de Paris au XVIIIe siècle*, Paris, Seuil, 2000, p. 236.

众多人走上了军事道路，由此带来了次子分支的贫穷化和旧贵族的衰落。由于不同家族间分化的不平衡，精英信条的支撑也逐渐减少。贵族开始资产阶级化，被新晋贵族的定期涌现以及他们的精神所影响。在第二等级谋求与第一等级在地位上的接近的情况下，大贵族和大资产阶级之间相似性逐渐增加也是可以预见的，二者的分歧只表现在中心城市的生活方式上。因此，就在新晋贵族渴望跻身正统贵族行列时，正统贵族在某种程度上却想获得自身解放，作为社会等级变动的发酵地和催化剂，见证了新晋贵族的蜕变。

第三节 官职的收入

贵族的职业收入是相当不平等的，这并不仅是工资的缘故，职业属性的多样化也是一个原因。贵族的职业就是完成国王的指示，而这种职业的类型很丰富，于是就意味着他们从中取得的报酬也具有多样性。每一项职务都有相应的收入，其中还夹杂着不同类型的利润。利润始终是一个被贵族公开抨击的原则，然而巴黎贵族并不会减少他们追逐自己生存方式的热情。职业只不过是众多获利手段中的一种，是贵族与君主的关系，从这一层面来看，职业只不过是一个积累财富的媒介。还有很多其他的、非正式的手段，可供那些急于接近君主的贵族采取。

首先，由于职务众多，收入的多样性就不言而喻。例如法官的工资要加上讼费和委托金，这些都是随法官履行职务的程度而波动的附加收入。每个人都在自己的团体里表现出或多或少的勤奋以作为其收益的筹码。在这些具有随意性的收入之外还配合着王室的补助。这些补助更多的是与头衔挂钩而不是与职务挂钩，任职者获得补助的手段同时也使他得到了青睐。这些补助能把所谓的“国王的人”、心腹、专员同宫廷秘书区分开来。最后，大部分官员以集体名义享有不同的豁免权，这些豁免权同样也被应用到了不同的投资上。还有，大部分豁免权与贵族的人头税、封地税减免权等特权搀在一起。

在法官阶层，1751 年最高法院的侦查理事有望获得 3000 里弗尔的工资，大法院主要法庭成员的工资从 5000 到 8000 里弗尔不等，也有人的工资估计比这少。事实上，只有高等法院主席、检察院主席的职务收入较高，他们的收入很容易就能超过 6000 里弗尔，但这只是在最高法院内部。另外，由于为谋职下的投资如此之大，再高的收入都会显得很微薄。巴朗坦(Barentin)于 1788 年被提名为司法部长，他把间接税案件审理最高法院主席的职务以 30000 里弗尔的价格卖给了总检察长罗加尔(Hocquart)。①

由于收入微薄，最高法院内部职务的价格高得让人难以承受，同时，最高法院的歇业政策以及它与权贵的冲突状态抑制了工资的上涨。财务司和间接税案件审理最高法院的薪金同样低。要先扣除二十分之一税，也就是买官价格的 5%的利息税后才能得到最后的工资，这显然非常少。加在法官身上的人头税、二十分之一税以及大量的交际费、接待费通常使他们的纯职业收入显得很微薄，即使是把他们众多的随机收入，如回扣、讼费以及实物税等，都考虑进去还是很少。讼费一年只能给一位最高法院理事带来 200 到 400 里弗尔的收入，加上几十升盐和几十磅蜡烛。② 另外，就算是国王同意增加某些职务的薪俸，这也通常意味着要支付一笔钱作为抵偿，这笔钱很快就抵消了处心积虑得来的利润，更不用说国王有时会强制其行政官员贷款了。

为了缓和这种匮乏，一些人会谋求宫廷职务，成为王宫日常官员，但这些职务要求拥有强大的靠山以及在权贵身边任职的中间人。王侯宫中的世俗官员、王室行政顾问基本上很明确地来自高级法庭以及高级财政阶层，也就是说来自高官阶层，在那里，他们已经讨到了权贵的欢

---

① Geneviève Delaume, *Le Bureau des finances de la généralité de Paris*, Paris: Cujas, 1966, pp. 53-55.

② Guy Chaussinand-Nogaret, *La Noblesse au XVIIIe siècle, De la Féodalité aux lumières*, Paris: Hachette, 1976, p. 182.

心，且已经在为他们的提名做准备。也有一些人谋求司法部门的职务，加入高等的理事会，这类职务收入相当高，但数量不多，而且要求具有很强的洞察力和反应能力。最后还有遗嘱方面的职务，这类职务的现金或实物补偿很多。

法官试图以商业化方式取得最大的职业收益。交易就是摆在他们面前的一条捷径：他们可以租让或部分变卖职务，但自己仍然挂名。但是最高法院官职及其他职务的价格，在整个世纪一直呈下降趋势(税务司的职务除外)，这不仅是因为工资微薄，还因为受到经济形势的影响，1720 年法律体系的衰颓，之后的宗教战争、冉森派和莫里纳派的武装对立以及各种战争的重负，迫使官员们相继辞职和逃亡。职务的稳固实际上不再能得到保障。大部分主要法院官职的价格只能降低，尤其是最高法院理事的职务从 1714 年的 10000 里弗尔变成了 1751 年的 4500 里弗尔。①

此外，在高级法院内部，真正能拿到补助的只有主席和国王身边的人，一些尽责的、随和的理事们也能得到部分津贴。事实上这些额外报酬理论上是独立于职业属性的，并且只意味着同国王的某种特殊关系。它们被包含在国王的馈赠机制之内，且将优先给离王亲贵族最近的人，基本上是保留给宫廷人员、朝臣或政府官员的。这些人的薪金和职务没有半点关系，但他们不仅能得到保留给他们的主要补助，还享有多种类型的分红：总管除了工资和奖金之外，在重新与包税人订立租约时，每隔六年就能有 60000 里弗尔的厚礼。国务秘书一职大约有 22000 里弗尔的收入。同样地，财务委员会主席，只拿一份工资，却能从相当可观的薪俸中获利，就像本桑瓦尔男爵(Le Baron de Besenval)提到的："直到那时，财务司主席的职位都只不过是一个名誉头衔而已：6000 里弗尔

---

① Guy Richard, *Noblesse d'affaires au XVIIIe siècle*, Paris: Armand Colin, 1974, pp. 115-116.

的薪俸——与这一头衔挂钩，被理解成了一种奖金。”①

在18世纪，给国王的理事会效劳，同宫中其他职务相比，能得到很多的优待。但是王权表现出非常不平等的态度：最高行政法院审查官的薪俸，从18世纪初的1200里弗尔变为了路易十五统治后期的16300里弗尔，路易十六时代依然有所增长，而财务总管、财政大臣的同僚们的职位价格在1771年虽然从20000里弗尔涨到了35000里弗尔，但他们的薪俸却减少了，由34000里弗尔降到了17500里弗尔。有些职位在1777年还将会被撤销，某些职位变得多余，或者职权一点点消失，国王会对其随意处置并试图从中取得利益。②

外交职务也一样，除了薪金丰厚，在诸多场合还有望拿到附加奖金。由于国王对圣-普利斯特伯爵(Le Comte de Saint-Priest)在葡萄牙大使馆的工作感到满意，会定期给予他一笔额外收入：“在我任职第一年的年末，我写了一篇关于葡萄牙形势的文章……舒瓦瑟尔公爵(Le duc de Choiseul)对这篇论文感到非常满意，他对其进行了公开表扬，且从国王那里给我申请了一笔2400里弗尔的奖金。接下来的两年我又分别写了第二篇和第三篇。”③

这种随机馈赠在整个与国王亲近的圈子里都很普遍。它以几乎无法预见的形式，对关乎政治形势、宫廷机制以及王室恩宠之下的重要职务，给予不等的奖励。因此，很难确定这类馈赠的实际部分，同某些职务一年一度的收入而言，这些是不连续的馈赠。与法官阶层和一部分政府部门不同的是，在财政贵族阶层，纯职务收入占总收入的比重很大。这就是这类职务面向社会价格高的原因之一。包税人显然操纵着他们收

① Jean-Marie Constant, *La Vie Quotidienne de la Noblesse Française aux* XVI*e*-XVII*e Siècles*, Paris: Hachette, 1985, p. 243.

② Laurent Bourquin, *La noblesse dans la France moderne* (XVI*e*-XVIII*e siècles*), Edition Paris: Belin, 2002, pp. 142-145.

③ Guy Richard, *Noblesse d'affaires au XVIIIe siècle*, Paris,: Armand Colin, 1974, p. 89.

取利润的国库资产，他们最终可以确保根据自己的履职方式拥有大量的收入。包税人职务即便没有任何利息和补助金，他们的收入依然是相当可观的：预付的不动产利息、什一税利息、固定官俸、18000~34000里弗尔不等的介入费、约3000里弗尔的办公费，加上租金利润分红，全都是极其丰厚的。1774年，一位包税人在其职务不用交利息的情况下约有5200里弗尔的收入。从1774年到1780年，一位包税人有望得到17500里弗尔的收入。① 不过，为获得提名而争取国王或财政大臣的支持，司法官员会将一部分收入给王室或朝中要员，这是达到目的必须要付出的代价。同样，要从国库透支资金，意味着需要寻求借款，以及被迫用约5%的利息来赢得出租人对所求职务的支持。最后，1780年，当财政大臣内克要求收回间接税和地产，且从此把它们委托给了一些代理人后，包税人的收入受到一定的损失，但总体来说，收入仍然可观。

职务方面，税务总管的收入根据所辖财政区不同从25000到125000里弗尔不等，并且还会带来5%的利率。拉穆鲁先生（Lamouroux）1788年花43000里弗尔买了穆林的税务总管的职务，这是一个并不太有利可图的财政区。但他从此放弃了税务投机买卖，转而进入了王室行政领域。国家对投机买卖、私人利息和税务利息的打击，在旧制度统治末期催生了高级财务官的产生。人们通过征税来统一和拉平个人收益的份额。一位财务主管投放了一笔100000里弗尔的保证金并拿到了一份5000里弗尔的固定薪水，以及一笔随收益增长而增长，但并不构成职务收入的重要利息。另一位财务主管也向国王投放了一笔100000里弗尔的准备金，配有55000里弗尔的利息，他后来收到了6000里弗尔的年金。备受青睐的市政厅年金主计员职务，在18世纪末身价由15000里弗尔涨到了30000里弗尔，这一增长使它的发展势头超过了国王秘书

① G. Chaussinand-Nogaret, *Gens de finance au XVIII siècle*, Bruxelles, Complexe, 1993, pp. 76-80.

的职务。它的职位利息是5%，并在利润增值的情况下会提高，薪俸则是12000里弗尔。①

高级财务官财富的积累力量很惊人，以至于外省政府、军队、教会等的财务职务的价格被提到了全国最高水平，通常是10000里弗尔。投资官职能得到不错的收入，官职的价格应当与回报相适应。就在税务特级官员职务的价格围绕10000里弗尔上下波动的同时，海军及殖民地总财务职务的价格已经高达12000里弗尔，战时特级财务职务的价格则为16400里弗尔。② 这些财务官在国家预算建设、国家经济发展中的重要性，使他们对于君主制度统治而言变得不可或缺。至于其财富的积累，从统治机器角度，和透过他们给统治机器提供的支持，也能够得到充分的解释。

18世纪，买官现象已经从世俗职务领域蔓延到了军事职务领域，军事贵族也被卷入其中。想要在军队立足，持有财产是必不可少的条件，军队的大门最容易向享有补助金的贵族们或者高级财务官员的儿子们敞开。于是一位军团上校可以将他的部队或他的副长官职位卖给出价最高的人。交易的价钱直接到达他手里。兵团和部队不需要公证人就可以被卖掉，只需双方协商好。如果官员偶然死亡，职务不能被抵押，只有持有俸禄扣款敕书的职务才能被抵押。在撤职或加爵的情况下，职务是非继承性的，不能抵偿或转交给遗产继承人。任职者的提前退休从而也是常见现象，上校可以让其警卫们的职位尽快空缺出来以供出售。上尉可以对其职务进行投机买卖，尤其是在和平时期，那时价格可以提到最高。

清偿协议包括求官者拿出来承诺给某位欲退休的官员作为退休金的一笔费用，它有助于解放某种职位和促进快速晋升。于是，在18世纪

---

① G. Chaussinand-Nogaret, *Gens de finance au XVIIIe siècle*, Bruxelles, Complexe, 1993, pp. 103-105.

② Guy Richard, *Noblesse d'affaires au XVIIIe siècle*, Paris,: Armand Colin, 1974, p. 263.

中期，2200 里弗尔被承诺给了一位中校作为其退休金，2000 里弗尔给了一位上尉，这笔钱之外显然还要加上应付给兵团上校的相关警卫职务的钱。①

军事贵族能得到的报酬主要来自于与其军阶相称的职务：王室的补助金；不同等级的贵族勋位饰带；外省或要塞地管辖权；外交职位；国王、王后或王子事务部的带薪职务，在这之外还要加上教会福利分配，它也是补助骑士的一种合适又划算的手段。职务利益领域的牺牲在此有利于得到与统治者密切接触的机会。王室补助制度依赖于家族或个人的效忠。人与人之间、家族与家族之间的关系，脆弱地维持着。然而，这一制度倾向于把馈赠理解成自然的、定期的津贴，这归因于君主想要通过施舍，构建一种与贵族的明确的附庸模式，作为贵族排场和风头彰显国王风光的一种交换，国王会给贵族以补偿来做这种交换。恩宠是因为贵族为国王，甚至是王权的光辉形象服务的。

由于津贴、地位与职务的合并，收入总额会相当可观，这些要素甚至会先于固定工资，构成朝廷大臣收入的主要来源。所以格拉蒙公爵(Le Duc de Gramont)因担任贝阿恩(Béarn)的司令能挣到 9000 里弗尔，因担任法兰西警卫队上校又能挣到 12000 里弗尔。再比如绍姆贝格男爵(Le Baron de Schomberg)，他在宫中相当散漫，其薪俸也能达到 18000 里弗尔。波瓦斯热兰伯爵(Le Comte de Boisgelin)，作为国王更衣室大总管，享有 1970 里弗尔的薪俸、7200 里弗尔的津贴，另外还要加上 6000 里弗尔是任洛林地区(Lorraine)圣米耶勒镇(Saint-Mihiel)总督的工资。管辖蓬德维勒(Pont-de-Veyle)的德拉-图阿耶伯爵(Le Comte de La Touraille)，其工资为 10000 里弗尔。年轻的德-吉舍公爵(Le Duc de Guiche)，自从与波利尼亚克公爵(Le Duc de Polignac)的女儿结婚后，就能领到 3000 里弗尔的薪金，而他的妻子，在其死后，还享有 6000 里

① Mathieu Marraud, *La noblesse de Paris au XVIIIe siècle*, Paris, Seuil, 2000, pp. 285-289.

弗尔的津贴。布勒特耶男爵(Le Baron de Breteuil)凭着其驻维也纳大使的身份，又或者由于他的官俸以及其他优势，拥有大量财产，他在1781这一年就给布维勒侯爵(Le Marquis de Bouville)的遗产继承人们买了许多庄园，总计10500里弗尔。①

在诸多亲王的宫中，也是如此。为了雇佣众多官员，世俗的或者军事的，亲王需要发放能与其威望相匹配的薪酬。如果说国王兄弟或太子宫中的费用是由国王支付，那么其他王亲，如孔德(Condé)、孔蒂(Conti)、庞蒂耶夫尔(Penthièvre)亲王宫中的开销则是遵照王子的范例。预计支付给绅士之家的官员们的薪金，主任秘书为1400里弗尔，两大贴身侍从为600里弗尔，猎队首领为500里弗尔。在奥尔良公爵(Le Duc d'Orléans)那里，国王并不准备发放同样的金额：只有2000里弗尔给大侍从，以及不超过1000里弗尔给其他八个贴身侍从。但是王子们经常给他们最满意的官员们发放津贴。所以蒙西尼先生(M. de Monsigny)——从前的膳食总管，1788年能从新任奥尔良公爵那里领到1500里弗尔的劳务利息。庞蒂耶夫尔公爵(Le Duc de Penthièvre)的受补贴者名单，在1791年，提到了一些从发给最踏实的官员的600里弗尔到发给盖布里昂侯爵夫人(La Marquise de Guébriant)3000里弗尔不等的金额，这位夫人是一位王宫大侍从的遗孀。外族王子们的名册也十分丰富，奥地利国王、德国王子、普鲁士大帝都从巴黎贵族家庭中招募官员，这些家族常常来自边境区域或者原本来自他们的国家。1772年，夏尔拉里伯爵(Le Comte de Charlary)因担任帕尔马公爵(le duc de Parme)(路易十五的女婿)的贴身侍从，能领到4000里弗尔的工资。②太子的情况则几乎与国王类似，需要从为其效劳的人们那里购买劳务和忠心。

---

① William Doyle, *Officers, Nobles and Revolutionaries: Essays on Eighteenth-Century France*, Hambledon Press, 1995, pp. 124-128.

② Marie Caron, Thérèse, *Noblesse et Pouvoir Royal en France, XIIIe-XVIe siècle*, Paris: Armand Colin, 1994, p. 178.

埃斯特赫齐伯爵(Le comte Esterhazy)曾计算过1776年间他收入的细账，他的宫廷生涯开始于那个时期。他没有任何地产，他的收入基本上是来源于国王以及他在匈牙利地位显赫的表兄弟们："国王给了我一张价值10000里弗尔的票据作为我在巴黎的终身年金，也就是说我每年能领到10000里弗尔。我在维也纳的家族也享有同样数目的津贴，我的兵团有6000里弗尔的薪俸，我父亲去世时我得到了1500里弗尔的抚慰金，这些钱能够保障我生活优裕，于是我在巴黎落下脚来。"①

圣-普里斯特伯爵在继承家族地产之前，一直苦于没有外交和军事大臣的官职，没办法凑齐购买地产所需要的数目，最后还是国王给他填补了差额："直到那时我的钱财都仅限于一点点的家具，我还没有任何的产业。人们建议我在诺曼底买一块地，这并不贵，但我还是不知道拿什么去支付……我把这件事告诉了舒瓦瑟尔公爵，他向我保证让国王帮助我购买。果然，他让我得到了一笔4000法郎的补助金。"②这位朝臣的经济依附状态在此可见一斑。然而，这笔数目是与贵族的职务收入相关联的。鉴于贵族职业与家族形象和社会形象联系在一起，更重要的是同国王的关系，也决定了补助金的多少。于是，职务只是维持与权力的关系的一种手段。

这种救助对贵族的生活越来越重要，贵族不仅不能缺少为维系其权威、等级以及在统治者心目中的地位的生活而给予的馈赠，而且还要为失宠而担忧，他的每一个公共举动、一切交往习惯都表现出紧张感。补助金和贵族个人发展之间几乎全面的联系既强化了贵族优越感，也强化了其附庸感，巴黎贵族成员中很少有反抗这种附庸状态的。这种附庸模式已经充分贯穿于贵族传统之中，只有那些被排挤者——总体上是外省贵族还心存不满。巴黎贵族和外省贵族之间的差别对待突出了协助政策

① Michel Phlipponneau, *La vie rurale de la banlieue parisienne*, Paris: Imprimerie nationale, 1956, pp. 172-173.

② Yves Durand, *Les Fermiers généraux au XVIIIe siècle*, Paris, 1975, pp. 103-104.

和王室福利政策的不公平。当然，巴黎之外的受助者也有很多，他们分割第二等和第三等的补助金。虽然不能和朝臣们的津贴相提并论，却也还是很丰厚的，介于 2400 和 20000 里弗尔之间。富有的外省贵族同样也享有王室的奖金。然而，它在某种程度上是因为亲族关系、联姻或职务关系而依附于巴黎，能够获得一笔 10000 里弗尔数目的补助金，意味着在宫中拥有强大的靠山。在圣路易范围内，一些军事中下层贵族享有国王给的 400 里弗尔的薪金①。

综上，巴黎贵族存在两种类型的职务收入：国王发给法官和士兵们的津贴或补偿金形式的劳务费以及赋税投机买卖得来的利润，在税务官阶层，经济行为同时掺杂着国家利益和个人利益，构成他们的主要收入。所以，如果说一边是直接来源于王室的收入，另一边则是来自私人操纵的收入。第一来源是从国王的预算中提取的固定的报酬，第二来源则是从国库收入总额中提取的不稳定的、商业方面的利润。可以看出，商业资本主义被认可，且融入了贵族职务中。以营利为目的的职务利用现象，逐渐在贵族内部蔓延开来。但职务收入还不是支配巴黎贵族阶层职业选择的唯一因素，还有声誉、家族传统和必要投资等，从总体上指引着职务的分工。利益的诱饵对中下层贵族来说，是接触国王的理事会、接触某些宫廷要职和高级指挥权的一个过渡。

第四节　省区贵族获取官职状况

省区贵族家庭非常热心于获取皇室官职，他们通过买卖、婚姻和附庸关系等途径尽可能地向上晋升，靠近王室，以便获得更多的经济利益和更高的家族地位，并通过世袭传给下一辈，振兴整个家族。

---

① Jean-Dominique Lassaigne, *Les Assemblées de la noblesse aux XVIIe et XVIIIe siècles*, Paris, 1965, pp. 175-177.

一、布列塔尼地区

15 世纪末，私下买卖官爵的情况在布列塔尼地区也十分常见。1494 年，布列塔尼地区颁布法令，持有司法职务的人可以将职务买卖或租贷。16 世纪以来，这种买卖情况相较于 15 世纪有了很大的发展。1540 年，弗朗索瓦一世着手减少和限制布列塔尼地区公证人员的数量；委员会在初期执行得非常迅速，在 1541 年冬末反而呼吁增加，弗朗索瓦一世的愿望已经在皇家法庭执行，在那里公证员今后将作为被国王授权的官员出现。如此限制公证职位的数量和对职位本身的明确鉴别都会引起已批准的职位的大涨价；那些已经持有职位的人从中受益。其他一些王室的决定则导致了官爵职位的增加和多样化。例如，自 1544 年起，开始设立测量员和土地测量员这些职位。尤其是区域司法组织被于 1551 年在雷恩（Rennes）、南特（Nantes）、瓦勒（Vannes）和魁贝（Quimper）建立的四个法官席所扰乱，紧随其后还有最高法院建立的影响。最高法院一半左右的职位都是保留给布列塔尼本地人，一般设立两种不同级别的法院，最高法院和地方法院，以前的司法总管辖区法院，整个布列塔尼地区有 36 个，其中有些很小。在国王恢复了蓬戴弗赫（Penthièvre）和特埃居尔（Tréguier）地区的伯爵领地情况下，司法总管辖区法院的数量在 1536 年也有所增加，在减少了领主土地权以后，瑞贡（Jugon）、圣-布里厄克（Saint-Brieuc）和兰尼翁（Lannion）地区的司法总管辖区法院也建立起来。1565 的法令较好地规定了将一些小的司法总管辖区法院合并成相似且更重要的法院，且数量维持在 16 个，但也不用完全执行；在 18 世纪仍然保留有 25 个法官席，其中 9 个位于雷恩的地方管辖区内。布列塔尼地区的王室官员数量职位与其他地区差不多，罗兰·穆尼耶（Roland Mousnier）认为贵族们通常都被“看作国王的代表，新税的负责人”，这也是 1675 年下布列塔尼（Basse-Bretagne）地区农民反抗贵族的原因之一。① 如果布列塔尼贵族代表国王，这就意味着他们掌握着大量各个级别的职位。从1554年和1555年起在布列塔尼议会21个成员中，有5个平民，其中1个是刚被授予爵位的人的儿子和15个至少在15世纪就进入贵族阶级的人。这些人工作于最高法院的新理事之前都是司法总管，拨给津贴的人员，或王室司法总管辖区法院的检察官，或是雷恩、南特拥有审判权的法官，而且我们可以看到这些官位在15世纪末通常由中等贵族阶级掌控。因此上布列塔尼的中等贵族掌握了最高法院的大部分的新官职。雷恩和南特的司法总管在整个16世纪也属于贵族阶级。在波勒梅(Ploërmel)，1605年一个司法总管职位估价15000里弗尔，由平民阶层担任过一小段时间(从1563年到1570年，从1590年到1593年，从1606年到1611年，从1629年到1635年)，而且同样的国王检察官的职位(估价6000里弗尔)也从1592年到1598年和1625年到1638年由平民担任。从1601年开始拨给津贴的职位(估价10000里弗尔)也由平民阶层担任。在迪南(Dinan)，估价9000里弗尔的司法总管的职位从1570年到1627年一直由平民血统的马赫(Marot)的后代们担任，并于1598年通过信函被授予爵位。在Hédé，司法总管(1605年估价2400里弗尔)和国王检察官(估价1000里弗尔)的职位在17世纪都被贵族阶级垄断：这就是为什么布列塔尼贵族，至少中等贵族阶级，并不赞同轻视教育的原因。中等贵族阶级的后代们通常选择巴黎和普瓦提埃的大学上学并进行司法学习。1541年，努埃勒·德·费勒(Noël du Fail)只是低级警务人员，且只能申报60里弗尔的收入，在购买之前将成为雷恩的律师，到1553年，获得地方参议员的职位。朗巴勒(Lamballe)地区的领主贵族司法总管于1598年让教士交给他儿子一些基本的知识，1602年，将其送往一个由教士指导的年轻贵族集体，学习三年，再到昂热(Angers)学习民法；1618年在继承

---

① Roland Mousnier, *Fureurs paysannes: Les Paysans dans les Révoltes du XVIIe siècle*, Paris: Calmann-Lévy, 1967, p. 331.

他父亲的朗巴勒(Lamballe)司法总管职位之前，他将先去雷恩的议会接受锻炼。①

贵族阶级会想办法保护大量的职位，一方面，法院职位的买卖带来了收入、酬金和诉讼费，这意味着这些费用由诉讼人支付，高于担保金，也会有过度滥用的情况。另一方面，所有持有这些易购买且高价的职位的人都想从中获益。

(一)中下层贵族通过官职致富

最高法院和地方法院的建立提供了大量多样化的职位，尤其新职位显得更为突出。中等贵族阶级对最新职位的迷恋在一段时间内降低了中等贵族阶级对司法总管辖法院的职位的要求。从 1554 年开始，半个世纪以来王室或领主的小型法院的官职并没有被中等贵族阶级标高价且不贵，它们更多地被小贵族买卖。17 世纪，所有官职都在加速涨价。这可以从此时期部分贵族家庭发展的例子看出来。罗伯特·琴格内一世(Robert Ginguené I)是舍瓦勒亥(Chevallerais)领主的弟弟，1463 年，他从一对平民夫妻那儿买下了兰甘镇(Langan)以北属于枫丹勒(Fontaine)的一栋房屋，并有 13 茹赫那(journaux)(土地面积单位)的土地，而且成功免除了他的佃农费用。1480 年，他只有 30 里弗尔的贵族收入。他的儿子娶了拉舍贝勒(La Chapelle)领主(1480 年，该家族有 120 里弗尔贵族收入)的女儿，1494 年，该收入还要被分给罗奈(Launay)封地一部分，这是拉舍贝勒领地的一个基本组成部分。到了第三代罗伯特·琴格内二世(Robert Ginguené II)，他成为枫丹勒先生，自 1539 年起就担任厄德地区(Hédé)法院的公证员，延续家族的传统。1540 年之后他就开始提高捐纳的价格，慢慢巩固和增加他的财富。首先，他迎娶了玛丽·琴格内(Marie Ginguené)，拥有了枫丹勒西北部勒霍夏(le Rochay)的继承份额；然后，从 1530 年到 1544 年，他陆续购买 6 个执行官管辖区和

① Bottin Jacques, *Seigneurs et paysans* (1540-1650), Paris, 1983, p. 98.

四块面积为 1、2 或 3 茹赫那(journaux)的土地。最终，于 1555 年他一次性获得了原来属于拉舍贝勒的领地的 23 茹赫那土地，估价为 800 里弗尔。他的长子吉奥姆·琴格内(Guillaume Ginguené)安排了很多土地的征集。1565 年，他就在官位等级中晋升并成为厄德地区小型司法总辖区法院的司法总管，并连任至 1600 年。1579 年，他购买了位于吉贝勒(Guipel)的布拉布里耶尔(Blabelière)地区的一半房屋和一个水磨坊。新的产业构成使他获得了房屋和杜勒塞(Doulçays)6 茹赫那的土地(价值 140 埃居)。在吉奥姆购买了执行官管辖区土地的二十年后，他渐渐将这片土地都划入自己的势力范围，成为杜勒塞地区堂堂正正的领主。经过三代人的努力，1580 年，琴格内家族用 2680 埃居购买了拉舍贝勒地区剩下的领地。1596 年和 1602 年之间，家族所有的产业收入处于 1000 里弗尔这个级别，可以说非常富有了。家族的第五代人定居到了大城市雷恩。1605 年，该家族继承的厄德地区司法总管的职位被评估为 2400 里弗尔。此时，家族长子担任当地国王的代理人，接替原来雷恩的地方法院职务，1605 年该职务评估为 7500 里弗尔。获得国王代理人这个职位，对于一直生活在雷恩地区的琴格内家族来说，应归功于扩大了拉舍贝勒的庄园，并建造了拉舍贝勒-索瑟(La Chapelle-Chaussée)城堡。家族的幼子则在当地最高法院担任律师。皇家职位、城市住宅、乡村城堡，可以说该家族的发展获得圆满成功。①

这样的晋升情况已经不罕见了，还有贝斯夏德(Beschard)家族，其后代也沿着琴格内家族的足迹发展着。马舍汉·贝斯夏德(Mathurin Beschard)在 1520 年重新买下拉夏波尼耶(la Chaponnière)土地后，也仍然是个小贵族。他的儿子在接近 1550 年迎娶了拉舍贝勒领地的琴格内小姐。他们的长子让·贝斯夏德一世(Jean Beschard I)于 1595 年成为了厄德地区的国王代理人，该职位 1605 年估价 1000 里弗尔。从 1584 年起，

---

① Michel Nassiet, *Noblesse et Pauvreté*: *la petite noblesse en Bretagne*, *XVe-XVIIe siècle*, Renne, 1997, pp. 162-165.

他不断扩大拉夏波尼耶的土地面积。让·贝斯夏德一世的长子让·贝斯夏德二世继承了他国王代理人的职位，得到了一栋贵族住宅和同一个教区位于库德亥(Coudray)的一个磨坊。幼子皮埃尔(Pierre Beschard I)如同拉舍贝勒领地琴格内的幼子一样，担任最高法院的律师，他似乎是其中最富有的。从1615年起，皮埃尔一共购买了三块执行官管辖区和一座磨坊，1633年，他还购买了其他三块管辖区，并于1618年和他哥哥交易，于是他基本拥有了拉夏波尼耶地区。直至1637年皮埃尔去世，其所有的产业价值1403里弗尔，相当于中等贵族阶级的标准。在皮埃尔去世时，房屋登记册上记载着，他的房屋内有两个大衣柜(估价30和36里弗尔)，五把结实且有装饰的椅子(每把5里弗尔)，另外四把涂有绣花和饰有钉子的椅子(每把8里弗尔)，书房估价200里弗尔，乐器(诗琴、竖琴、曼陀拉)和一张有标志的桌子显示了其文化概况，六把勺子和一把银勺也是他的财富。这里同样没有显示过度的奢华，他的衣服仅仅估价41里弗尔。1640年，皮埃尔的长子吉勒(Gilles)迎娶了南特市市长的女儿格瑞梯耶勒·罗赫约(Gratienne Loriot)。近1674年，这对夫妻的财富都遗留给了他们的长子，总估价为31175里弗尔，其中仅10.1%是行政官管辖区，5%是平民土地，所有剩下的都是贵族土地。算上执行官管辖区1491里弗尔的收入在内，这笔财富也与中等贵族水平相符。1480年的收入比原先的贵族收入高了2.9倍。其儿子皮埃尔三世(Pierre III)在1674年能购买国王代理人这个职位，并给雷恩地方法院拨款76000里弗尔，当时他所有的财产上升至120883里弗尔，这些都将他的不动产数额提高至152058里弗尔。到了这个家族的第四代人，已经达到了贵族的财富程度。与1480年的初始收入相比，差不多增加了7.5倍。① 一旦达到一定程度，财富值就会大量增长。

枫丹地区的琴格内家族和拉夏波尼耶地区的贝斯夏德家族通过联姻

---

① Michel Nassiet, *Noblesse et Pauvreté: la petite noblesse en Bretagne, XVe-XVIIe siècle*, Renne, 1997, pp. 187-190.

的方式在 15 世纪末达到了与小贵族收入相当的水平（各自分别为 30 和 40 里弗尔），到了 16 世纪末财富开始达到中等水平，地产收入于 17 世纪上半叶超过 1000 里弗尔，王室官职领域的上升期从厄德司法总管辖区法院开始一直到雷恩的地方法院，可以说是很成功的家族发展路径。

另一个小型王室司法总管辖区法院也成功获得了相似的发展。1618 年，吉·卡哈德克先生（Guy Caradeuc）担任圣-奥班-杜-科米尔（Saint-Aubin-du-Cormier）司法总管辖区的总管，该职位于 1605 年估价为 2000 里弗尔，与厄德地区的司法总管是同一等级。吉购买了贝朗热赫（Bel-langerie）地区的土地。但是他所有的儿子都放弃了官职领域，后来这个家族就开始变得贫穷。该地区的另一个家族塞巴斯坦领主（Sébastien）则成为雷恩地区的王室代理人，其职位获得 100 里弗尔的担保。之后他成为了王室公证员，紧接着担任了最高法院的检察官，他的儿子也从 1581 年起担任了索勒尼耶（Saulnier）法院的第一任庭长。① 可以从这个地区两个家族的发展看出，官职对中下层贵族家庭的重要性，不仅可以带来社会地位和荣誉，也可以带来财富。

官职确实给那些有野心的中下层贵族提供了更多的机会，他们通过获取官职来增加家族的财富，提高家族的地位，并处心积虑地安排好后代的官职策略，以保障家族权势的延续。

（二）法院中下层官职的供给

小贵族通常担任基层法院的职务，然而这些官职的威望已经开始下滑，公证员、法院记录员和检察官的作用已经开始降低。由此出现的情况是大多数公证员职位掌握在富有的平民手中。但那些由法院提供的职位数量很多且容易被小贵族获得。职位的总数量已经非常多了：1694 年在圣-马罗的主教管辖区有 2261 个，它们尤其集中在王室司法总管辖

---

① Marc Kessedjian, *La seigneurie rurale des Marches de Bretagne au XVe siècle*, Rennes, 1972, pp. 201-204.

区的中心城市：波勒梅地区(Ploërmel)有 112 个，迪南地区(Dinan)有 101 个。通过司法总管职位的估价，可以看出官职价格的排位。在那些最大的领主法院里，司法总管职位价值约几千里弗尔，相当于王室司法总管的价格。这样一个法庭至少有一个审判官(司法总管)，一个财政检察官和两个公证员。在多尔和圣马罗的联合教区内，拥有至少 37 个这个水平的领主法院，为 232 个教区提供 185 个职位，每个职位位于教区的位置并不远。① 1670 年，在圣-马罗(Saint-Malo)和多尔(Dol)主教管辖区法院数量为 1004，司法官职大于等于 3000 里弗尔的有 38 个，2000 里弗尔的有 37 个，小于等于 2000 里弗尔的有 929 个；在雷奥(Léon)主教管辖区法院数量为 531 个，司法官职大于等于 3000 里弗尔的有 29 个，2000 里弗尔的有 39 个，小于等于 2000 里弗尔的有 456 个；在圣-布里厄克(Saint-Brieuc)主教管辖区法院数量为 424 个，司法官职大于等于 3000 里弗尔的有 19 个，2000 里弗尔的有 18 个，小于等于 2000 里弗尔的有 387 个。② 可以看出，小法院职位数量最多，且提供等级较低估价约 1000 里弗尔的司法官职，由此，小贵族也能从事那些职位。北部教区的领主法院分布是最密集的：圣马罗(Saint-Malo)地区每个教区平均 4. 68 个法院，圣-布里厄克(Saint-Brieuc)地区平均 3. 87 个，雷奥(Léon)地区平均 3 个，数量平均是南部的两倍。官职大多集中在贵族所在地，尤其是小贵族居住地最为密集。对于中等教区，例如北部的上布列塔尼地区，就有或大或小的具有高等法院裁判权的官职。

职位的供应非常重要。从事公证员和法院的职位明显是最受中下层贵族青睐的，土地方面的工作也贯穿其中。在 17 世纪，有 69%的人从事公务员、公证员和律师职务，与之相反的是只有 23%的人当兵和仅 8%的人为教士；在领主法院唯独公务员和公证员就占了 38%。从事

① Roland Mousnier, *La vénalité des offices sous Henri IV et Louis XIII*, Paris: Presses Universitaires de France, 1971, pp. 560-563.

② Roland Mousnier, *La vénalité des offices sous Henri IV et Louis XIII*, Paris: Presses Universitaires de France, 1971, p. 571.

这些工作的人首先应拥有知识学历。获得教育的情况自15世纪以来并没有太多的变化，且对于乡村小贵族来说他们上中学并没有问题。在一个法院记录员的世系中，先是让两个接近14岁的儿子接受朗甘(Langan)地区教士的教育，然后又通过了厄德地区法院记录员的教育，应该是想让他们成为自己的职员。在这种条件下，小贵族孩子们从小就知道签署程序。小型法院的官职并不应该被售卖而应是免费的，而且领主任命官员应在一种主顾关系下进行登记。一些因为年龄较小而比较贫穷的贵族，能成为领主的近亲而且由于家族连带关系受益。在17世纪的库斯布克地区(Couësbouc)法院，两个杜伯埃(Dubouays)家族的人相继继任了开始是法院记录员而后是司法总管的职位；第一个1624年担任法院记录员，是领主的幼子，在1595年继任他父亲101里弗尔的贵族收入，而他父亲给长子留下了1006里弗尔的收入。在吉泽勒(Guezille)家族里，从1500年到1738年，担任了九个以上的领主职位，至少两个舍瓦勒亥(Chevallerais)公务人员，这种情况出现在自吉泽勒家族年长那支后代的继承人与勒贝勒地区(Le Bel)的领主结婚后。在整个17世纪的发展过程中，至少有四个吉泽勒家族的人担任了杜伯埃、皮埃德瓦舍(Piédevachais)和库斯布克地区的法庭官员。公务员职位也同样值得人信赖。在贝尔纳·吉泽勒(Bertrand Guezille)当了很长一段时间公证员和检察官后，最终他当上了皮埃德瓦舍和库斯布克地区的司法总管，这个职位价值2000里弗尔。① 这是一个正常的过程：数量最多的职位是公证员职位，其威望已经明显地有所下降且它们大多数被富有的平民担任；人们通过财务检察官和法院记录员的低级职务，最终担任司法总管职务。此外，人们通常在几个法院兼任职务。这些收入主要是酬金和诉讼费。

在大型领主法院里，领主和官员之间的关系在官职买卖之后已经转

① Meyer Jean, « *Structure sociale des villes bretonnes à la fin de l'Ancien Régime* », Actes du 96e Congrès national des Sociétés savantes, Paris, 1976, t. 2, pp. 490-492.

变了。贝尔纳(Bertrand)的哥哥——居里安·吉泽勒(Julien Guezille)有190里弗尔地租，1626年他出租了位于霍舍(Rocher)的房屋，因为在23岁时他担任了廷德尼亚克(Tinténiac)地区大领主的财务检察官，并且他将在同名的乡镇居住；但他于1632年辞掉了这个职务。1670年，该职位估价6000里弗尔，显示了这个大法院最重要的职位将超过小贵族担任的可能性。事实上1646年，居里安·吉泽勒仅仅是厄德地区司法总管辖区法院的贵族估价员，一个在1605年仅估价100里弗尔的职位。1641年厄德地区司法总管辖区法院的贵族估价员每天收入10里弗尔，对一个中等贵族家庭产业进行估价需要花费几天时间，确实是个好职业。在17世纪下半叶，人们普遍买卖大型法院官职，公开拍卖的情况非常常见。买卖官职的普及和职位价格的提高有利于那些已经在职的人获利，并且在此后也阻断了小贵族担任大型领主法院职务的途径。

二、利穆赞地区的诺瓦耶家族

官职在利穆赞地区诺瓦耶家族上升中也具有很大的重要性，这里官职主要是指家族成员在四个方面的任职：军队、法庭、行政机构和教会。这些职位的任命权主要在国王手中，在16世纪，官职可以反映出贵族的身份与地位，因为它揭示了一个贵族所能享受到的皇室宠幸的程度。所以出任官职是贵族上升历程中的一个重要组成部分。诺瓦耶家族是旧的佩剑贵族，其贵族的社会地位与几个世纪的军事服役相联系，其家族成员对王冠的贡献有着很长的辉煌纪录。诺瓦耶家族参加了从中世纪晚期到近代早期，从百年战争到宗教战争间法国所有的主要战争。例如，15世纪50年代，弗朗索瓦·德·诺瓦耶(Francois de Noailles)追随查理七世参加了百年战争最后阶段的收复吉耶讷(Guyenne)的战争；70年代，让·德·诺瓦耶(Jean de Noailles)追随路易十一参加勃艮第战争；路易斯·德·诺瓦耶(Louis de Noailles)追随路易十二参加了意大利战争；当亨利·德·诺瓦耶(Henri de Noailles)在宗教战争最后阶段追随纳瓦尔王国的亨利，安东尼·德·诺瓦耶(Antoine de Noailles)在哈布斯堡王朝战争中追随弗朗索瓦一世(Francois Ier)和亨利二世(Henri Ⅱ)。① 因而，连续数代诺瓦耶家族的领袖为法国的王冠参加了所有的主要战斗，正是由于这种军事服役，使其获得了王室的宠幸和提升。法国国王记住并奖励那些为他战斗的人，诺瓦耶家族也受益于其辉煌的战斗记录。

安东尼·德·诺瓦耶是16世纪诺瓦耶家族崛起的关键性人物。安东尼的军事服役对他自己的晋升起了相当重要的作用。16世纪30年代，他参加了哈布斯堡王朝战争的几个阶段，从普罗旺斯到北意大利。这段军事服役，连同与杜雷纳子爵和蒙莫朗西公爵的联系为他及其家族打开了法院的大门。升职到海军上校后，安东尼利用他远扬的声名获取了法院和政府的其他官职。②

16世纪诺瓦耶家族日益增长的皇家宠幸从他们的供职中也可以看出。通过其委托人——杜雷纳子爵的努力，安东尼于1529年被任命为御前会议的荣誉长官。尽管是荣誉性的，这个官职却体现了诺瓦耶家族是受王室保护的家族。鉴于安东尼作为一个军人和外交官所表现出来的忠诚和才能，他和家族成员被任命了更高的官职。举例说，安东尼被任命为国王的斟酒人，弗朗索瓦一世皇子的侍从以及国王的贴身骑士。而他的妻子让那·德·贡多(Jeanne de Gontault)则成为了宫廷里美第奇·德·凯瑟琳(Catherine de Medicis)，奥地利的伊丽莎白(查理九世之妻)以及纳瓦尔王国的玛格丽特(亨利四世之妻)的女官。安东尼的弟弟——弗朗索瓦和吉尔在理事会和议会中担任顾问，他的儿子和孙子也

---

① Robert J. Kalas, *Wealth*, *Place*, *and Power in Sixteenth Century France*: *The Rise of the Selve and the Noailles Families*, New York: New York University, 1982, p. 203.

② Robert J. Kalas, *Wealth*, *Place*, *and Power in Sixteenth Century France*: *The Rise of the Selve and the Noailles Families*, New York: New York University, 1982, p. 204.

在国家理事会担任骑士和绅士①。这些都显示出在 17 世纪早期这个家族拥有了比半个世纪以前高得多的官职。

在几代人的时间里，诺瓦耶家族成员在行政职位上的升迁也有一个类似的过程。安东尼起初担任海军上校，后来又担任波尔多的市长，而后又担任国王在吉耶讷(Guyenne)的陆军元帅。他的儿子亨利·德·阿杨(Henri d'Ayen)伯爵，被任命为奥弗涅(Auvergne)高地的陆军元帅；他的孙子弗朗索瓦在担任鲁埃格(Rouergue)的司法总管和鲁西永(Rou-issillon)、佩皮尼昂(Perpignan)地区的长官后，达到了皇家政府的最高一级，1642 年他被路易十三任命为奥弗涅省(Auvergne)省长。② 这个家族在法院和行政机构上有了平衡的晋升，一方的加强又促进了另一方的发展。

在教会的任职对近代早期法国贵族产生了诸多重要的功用。由于在遗产的继承上采用长子继承制，教会就成为小儿子们置业的地方。因此，事实上，所有家族的财产都会完整无缺地传递给长子以保持土地不会被分成小块。以这种方法运用教会的职位，将允许贵族家长们为较小的儿子们获取财产安全和从政的经验提供方便。同时，将巨额财产交由长子继承而不分割。

15 世纪的时候诺瓦耶家族的小儿子们频繁地进入教会，但是并没有在教会任很高的职位。16 世纪中期，安东尼在法院的晋升改变了这种局面，他的两个弟弟成为了主教。1556 年，弗朗索瓦担任达克斯(Dax)主教，直至 1585 年他死去后，他最小的弟弟吉尔接任主教职位。17 世纪，随着诺瓦耶家族与法院联系的日益加强，其家族的成员被任

---

① Robert J. Kalas, *Wealth, Place, and Power in Sixteenth Century France: The Rise of the Selve and the Noailles Families*, New York: New York University, 1982, p. 206.

② Robert J. Kalas, *Wealth, Place, and Power in Sixteenth Century France: The Rise of the Selve and the Noailles Families*, New York: New York University, 1982, p. 208.

命到更有声望的主教职位上，如圣弗洛(Saint Flour)和霍德斯(Rodez)。17世纪后半期，随着诺瓦耶公爵领地的设立，他们在教会的职位更为突出，并在1700年路易斯-安东尼(Louis-Antoine)——亨利的曾孙被任命为巴黎大主教，同时成为天主教会的枢机主教，诺瓦耶家族的地位达到了一个顶峰。①

家族地位的上升可以看作其在军队、法庭、政府和教会中获取更高职位的结果。在这些晋升的原因中，最关键的是皇家的恩宠：诺瓦耶家族利用委托关系获取了进入法院的机会，由于他们对波旁王朝国王们的忠诚、出色的服务，从而获得了慷慨的赏赐。国王的提携对贵族的晋升不可缺少，诺瓦耶家族非常有效率地利用了这些关系。在宗教战争的骚乱中，他们能够获得并保持皇家的恩宠，并在剧变的时代，也小心地保持了他们的地位。在冲突中，诺瓦耶家族非常机智的支持胜者——纳瓦尔的亨利，在他成为国王后，大大奖赏了诺瓦耶家族的忠诚。② 16和17世纪，皇家恩宠曾数次泽被诺瓦耶家族成员：通过高级官职的授予提高了他们的身份地位，允许他们建立其自己的委托网络，并且这也成为日益增多的婚约谈判中的主要资本。

近代早期贵族地位上升的另一条途径是通过委托附庸体系。要寻找一个值得信赖的人，被委托人为委托人能够提供公职、头衔或年薪以改善委托人的社会经济地位。作为回报，委托人承诺将做其可靠而忠诚的追随者，在受命时尽全力执行。

在16世纪，诺瓦耶家族成为这个广阔的委托附庸网络的一部分。在利穆赞地区，作为家族的首脑，诺瓦耶家族组织起了自己的委托附庸

---

① Robert J. Kalas, *Wealth, Place, and Power in Sixteenth—Century France: The Rise of the Selve and the Noailles Families*, New York: New York University, 1982, p. 226.

② Robert J. Kalas, *Marriage, Clientage, Office Holding, and the Advancement of the Early Modern French Nobility: The Noailles Family of Limousin*, Sixteenth Century Journal, Vol. 27, No. 2, Summer, 1996.

体系，通过杜雷纳子爵和蒙莫朗西家族建立了与王室的联系。① 这就在诺瓦耶家族中创造了从利穆赞的省级贵族到更高一级王室附庸的等级金字塔结构。诺瓦耶家族的委托附庸体系与婚姻密切相关，由于诸多委托人都与这个家族有婚姻关系，他们被看做是诺瓦耶家族的“堂兄妹”。

除了在16世纪40年代诺瓦耶家族最主要的受委托人安娜·德·蒙莫朗西(Anne de Montmorency)处于失宠状态以外，他们都与王室保持着密切的接触。随着加尔文教的传播，亨利二世治下的法国政治、宗教形势日益不稳，加上家族的竞争，似乎要把贵族集团撕成相互对立的派别。安娜·德·蒙莫朗西是一个中间主义者，她试图在天主教和新教两派的宗教极端中取中间的立场。16世纪后半期诺瓦耶家族的首脑们(安东尼、他的遗孀让那、弟弟弗朗索瓦和吉尔以及他的儿子亨利)在内战和宗教战争中渐渐取代了其政治地位。②

从16世纪50年代到60年代，安东尼是吉耶讷(Guyenne)长官安东尼·德·波旁(Antoine de Bourbon)的下属。1561年，他帮助安东尼取得了巴约讷(Bayonne)长官的位子。弗朗索瓦·德·诺瓦耶(Francois de Noailles)服务于夏迪龙(Chatillon)家族(蒙莫朗西家族的堂兄弟)超过20年，被其同时代人视作海军上将科里尼(Coligny)和国务秘书维勒罗(Villeroy)的委托人。在朝廷上弗朗索瓦忠诚地服务于他们，为他们办理了大批的外交事务，并且还竭力运用自己在利穆赞地区的联系为他们的利益服务。作为回报，他们帮他获得了达克斯地区(Dax)的主教职位，其后，他们运用权力将这个主教职位保持在诺瓦耶家族。在弗朗苏死后，他们运用在朝廷上的影响力将职位过渡给了其弟吉尔。③

---

① Sharon Kettering, *Patronage and Kinship in Early Modern France*, French Historical Studies, Vol. 16, No. 2, 1989.

② Sharon Kettering, *Patronage and Kinship in Early Modern France*, French Historical Studies, Vol. 16, No. 2, 1989.

③ Sharon Kettering, *Patronage, Language, and Political Culture*, French Historical Studies, Vol. 17, No. 4, 1992.

1570年，安东尼的遗孀让那·德·贡多被纳瓦尔国王——亨利的妻子玛格丽特(Marguerite)王后封为“宫廷贵夫人”后，诺瓦耶家族与波旁家族的联系开始变得更为紧密。亨利·德·诺瓦耶和让那的儿子一起为纳瓦尔家族服务，并在1589年亨利四世的继位中获取了巨大的利益。诺瓦耶家族常年为波旁家族的忠诚服务，在1592年获得了回报。这一年亨利四世封他们更高一级的贵族头衔——伯爵，这就为他们打开了通往更好的婚姻、更多的嫁妆以及更高声望的军政职位的道路。亨利四世的这一提升为诺瓦耶家族在1663年通向贵族统治的金字塔顶端打下了基础，这一年路易十四封诺瓦耶家族为法国的公爵和贵族议员。①

因而，在16世纪，通过与蒙莫朗西、夏迪龙和波旁家族的联系，诺瓦耶家族成员在朝廷中的影响日益突出，使他们可以自己建立委托附庸关系。亨利·德·诺瓦耶在利穆赞地区，与指望获得帮助和晋升的领主们建立起了委托关系网。直到16世纪80年代晚期，至少有十几个领主在亨利的指挥下作战，他们将此为与纳瓦尔王室联系的桥梁。这些人反复表达对亨利的无限忠诚和热爱以及继续实现他的愿望。诺瓦耶家族的信件清楚的表明，亨利在他的家乡利穆赞省，已经建立了一个非常富有影响力的委托附庸体系。② 他的委托人保证了他在自己领地上的继续发展，并为他组织起军队，以及保护他的不动产免遭宗教战争的践踏。尽管诺瓦耶家族在16世纪早期处于委托附庸阶梯的底端，但他们依靠其他家族建立了与王室的联系，到这个世纪末，通过在军事和政治上的服务，已与朝廷建立了直接的联系，并利用这个联系建立了诺瓦耶家族自己在利穆赞地区的广阔附庸网络。

诺瓦耶家族委托附庸体系的建立主要是基于忠诚。那些小的附庸贵族寄给诺瓦耶家族的信件表达了一种非常强烈的对亨利·德·诺瓦耶的

---

① Sharon Kettering, *Patronage, Language, and Political Culture*, French Historical Studies, Vol. 17, No. 4, 1992.

② Sharon Kettering, *Friendship and Clientage in Early Modern France*, French History, Vol. 6, 1992.

热爱与服从意识，尤其是婚姻与这种委托关系混为一体的时候，有些写信者干脆称自己为家族的表兄弟。例如 1586 年，塞萨克先生(Monsieur de Sessac)给亨利的信件结尾中写道：“我恳求您一定要相信我对您的服从是完全自愿的，我将尽我所能地为您服务，对您忠诚……您谦恭而忠诚的兄弟，向您效忠。”又如 1591 年，亨利的一个远亲贡伯尔先生(Monsieur de Combort)在给他的信件中写道：“我上万次地亲吻您的手，为您服务终身……您最谦恭的兄弟和仆人。”1574 年凡达杜先生(Monsieur de Ventadour)，信件是这样结尾的：“在您给予的恩惠中，我为您的服务是最忠诚的，恳求上帝给您——我亲爱的兄弟健康长寿的生活……您忠诚的兄弟，服从于您，凡达杜。”①所有这些信件表达的口吻都是他们对亨利的忠诚，其中没有提到任何利益的要求。这些信件的内容无一例外地表达了写信人对亨利的有用性，他们在自己的军政辖区内可以保护亨利的财产免遭战争的洗劫。通过与诺瓦耶家族的接近，他们可以采取更为谨慎的方式来表达自己要求帮助的请求。尽管如此，信件还是反映了忠诚是构成了诺瓦耶家族委托附庸网络的基石。

16 世纪，诺瓦耶家族的首脑们在处理他们的财政和经济事务上获得了巨大成功，这使得其财富急骤增长，其来自嫁妆、官位和土地的收入远远超过了当时的通货膨胀。由此，诺瓦耶家族得以从省级贵族上升为国家贵族，并在 17 世纪结束的时候，诺瓦耶家族已处在法国军事、行政和司法生活的中心。

---

① Sharon Kettering, *Patronage*, *Language*, *and Political Culture*, French Historical Studies, Vol. 17, No. 4, 1992.

第五章　贵族政治文化的变迁

第一节　16—17世纪的贵族才德

16世纪至17世纪贵族认为他们一出生就带有一种特质，即才德。贵族认为卓越的出身提供了用于播种才德的重要土壤，正如菲尔蒂耶尔所说，在评价个体时家庭因素被认为是一个重要的参照点，因为孩子们总是拥有和其父母一样的品德与习气。品德"是一种根据某人生活方式而自然形成或者后天获得的习惯"，它塑造了家庭的身份地位与孩子们的成长背景。① 虽然当时社会对才德是自然形成还是后天取得这个问题上有分歧，但他们都意识到，家庭不仅仅是一个人基因的来源，而且也是他生活起居行为等诸多习惯的根源所在。17世纪的贵族们对先祖传承的重视，也是他们追求才德与功勋的表现，个人行为模式中需要拥有家族意识才能体现出其荣誉感。

贵族教育意味着对家族固有才德进行良好的培养，贵族孩子们必须接受第二等级的无私价值观。例如，克劳德·佩莱蒂尔在他的《论贵族的教育》中提到：贵族们必须从童年起便热爱勇气，从而一生不渝，永

---

① Jay M. Smith, *The Culture of Merit — Nobility, Royal Service, and the Making of Absolute Monarchy in France*, 1600-1789, Ann Arbor: The University of Michigan Press, 1996, p. 65.

不言弃。同样，克劳德-勒-拉布勒坚称贵族教育应该灌输一种愿为国王牺牲的信念。为了培养将来的战士，心理上的准备甚至比实用技能更加重要，例如良好的骑士精神："在你承担一件超出你实力所及的委托时，要努力奋斗以增强信念，令自己在危难之际，勇往直前，绝不动摇。"①克劳德·勒·拉布勒明白，在"为国培养贵族栋梁"这件事上，除了古高卢人的方法外，没有更好的选择。在不断灌输献出生命这一观念时，他们将此作为最伟大的目标，死亡、烈焰与武器也许会出现在你面前，恐吓你，但是接受过献身教育的人，将不会畏惧死亡。② 在灌输慷慨与无私的价值观时，贵族家长们知道，他们从最开始便已经在塑造孩子们的思想。1617 年一位显赫议员的传记曾写道："如果你不浇灌这些幼苗，看着处于人生最初阶段的他们吸收道德的精髓，等到他们羽翼渐丰，你的付出就是竹篮打水一场空了。"③马罗斯·雅各宾(P. Marois Jacobis)是《完美的绅士》一书的作者，曾在育儿方法上，引述古波斯人的一个习俗："国王的孩子们一出生，他便只让宫廷中最好的宦官，而不是随便一个保姆来养育他们，因此能够从开始就塑造并建立起孩子们的良好习惯，这就像优秀的园丁在幼苗旁边插上一根大木桩以使其笔挺一样。"④哈考特伯爵认为："所谓的贵族活动，即使在他的童年期也从未缺席。"⑤

---

① Claude Pelletier, *La nourriture de la noblesse où sont représentées comme en un tableau, toutes les plus belles vertus, qui peuvent accomplir un jeune gentilhomme*, Paris, 1604, fol. 67r.

② Claude Le Laboureur, *Histoire généalogique de la maison de la maison de Sainte-Colombe et autres maisons alliés*, Lyon, 1673, p. 11.

③ Philippes Hurault, Comte de Cheverny, *Les Mémoires d'Estat de M. Philippes Hurault, Comte de Cheverny, Chancelier de France, Avec une Instruction à Msr son Fils, ensemble la Généalogie de la Maison des Huraults, Paris*, 1636, p. 491.

④ P. Marois Jacobis, *Le Gentilhomme Parfait ou tableau des excellences de la vraye noblesse*, Paris, 1631, p. 506.

⑤ René de Ceriziers, *Le Héros Français, ou l'idée du grand capitaine*, Paris, 1645, p. 141.

塑造孩子道德观念的同时，还要求家长们密切关注孩子的生理发育。舍维尼展示了贵族们如何重视环境的重要作用："母亲必须留心雇佣一些丰衣足食的奶妈，因为这是母乳和其中营养成分的产生源头，并且她们必须戒酒，因为酒使母乳的温度升高，从而让孩子的脸颊也变得通红充血，当男孩子离开护理他们的妇人时，父亲必须时时保证孩子们由兼具智慧与德行的导师来管教……因为孩子们养成的第一个习惯将永远在他们的脑海中留下印记。"①克劳德-德-马洛伊斯劝导女性读者们要敏锐地注意孩子们的成长环境，他写道："对于把照顾婴儿的任务托付给品质低劣的女人，母亲们应该持谨慎态度，毕竟婴儿是脆弱的，他们会接受所有影响。"②母亲们要确定保姆或者是常与孩子交往的人不会漫不经心地说出任何形式的谎言，以免孩子们的灵魂从一开始就汲取了荒唐的想法。从孩子出生的那一刻起，父母必须辛勤劳动，只为给孩子们提供富有启迪的经历，正如舍维尼指出的那样，"如果在养育孩子时出现任何差错，我们常常归因于父亲；因为常言道有其父必有其子"③。

孩子们自然而然倾向于接受各种影响，因此他们应当被贵族的道德模范所包围，学习和模仿他们，从而与恶势力隔离。舍维尼甚至建议为孩子起一个杰出人物的名字："在孩子受洗的时候赐予他一个显赫的名字，是父亲的责任所在——并且以杰出人物为教父——向杰出的人物致敬，因为尊贵的名字……会给予他们一个典范，从而使他们模仿同名者的品德言行。"④但是，一个典范很难说是足够的，他应该拥有多种多样

① Philippes Hurault, Comte de Cheverny, *Les Mémoires d'Estat de M. Philippes Hurault, Comte de Cheverny, Chancelier de France, Avec une Instruction à Msr son Fils, ensemble la Généalogie de la Maison des Huraults*, *Paris*, 1636, p. 529.

② P. Marois Jacobis, *Le Gentilhomme Parfaict, ou Tableau des excellences de la vraye Noblesse*, Paris, 1631, pp. 505-506.

③ Philippes Hurault, Comte de Cheverny, *Les Mémoires d'Estat de M. Philippes Hurault, Comte de Cheverny, Chancelier de France, Avec une Instruction à Msr son Fils, ensemble la Généalogie de la Maison des Huraults*, *Paris*, 1636, p. 530.

④ Guillaume de Chevalier, *Discours de la Vaillance*, Paris, 1598, p. 23.

的典范，同时向他传达相同的影响，教授相同的经验。通过不断地重复，才能培养良好的道德品质。

贵族们发现关于道德习惯的最重要的一课来自于家族，它展示了实践中代代相传，且稳定不变的才德。父辈们一遍遍地述说着先祖们艰难开创的故事，希望能够激发起孩子们效仿先辈德行的愿望。正如一位编纂家族史的作家所写："那些优秀的家谱编纂者们为后世树立起完美的道德典范，为该家族的所有后裔提供了与过去名人对话的机会，其目的就在于，要温和而强有力地说服后裔们追随先辈的虔敬与慷慨，因为毋庸置疑，家族内部的榜样比其他任何例子都更加深入人心。"①作为教化工具的家谱学有效地消解了血统与培养过程间的分歧。纪尧姆骑士曾提出这样的问题："历代法国国王们为什么在先前的许多个世纪中选择让高贵成为一种世袭的品质呢？因为他们可以从中选拔出那些从幼年开始便被家族榜样所鼓舞的人们。"马雷夏尔-德-索瓦的传记作家曾把他优良而值得称道的举止描绘成所有杰出家族都应世代相传的血脉。②

不管其智力天赋如何平庸，贵族之子都会从其双亲那里接受优秀而基础的道德教育。家史与族谱在确保这一结果中起到了关键性的作用。在家长和导师的精心引导下，年轻的贵族将会继承家风与美德，用弗朗索瓦-勒-阿卢埃特的话说："光辉家族给予后人的习惯，在代代相传的血脉中适应着不同的生存环境。"③马洛伊斯也探讨了贵族少年们所拥有的教育优势："条件宽裕的缙绅阶层和他们的孩子们显然比那些没有享受如此优越条件的同龄人要出类拔萃的多，他们所拥有的是如明灯般的启迪和如马刺般尖锐的鞭策，从而激发他们力争上游的天性，不管他们

---

① David D. Bien, "The Army in the French Enlightenment: Reform, Reaction, and Revolution", *Past and Present*, No. 85, Nov., 1979, pp. 68-71.

② Guillaume Chevalier, *Discours des Querelles et de l'Honneur*, Paris, 1598, p. 27.

③ François L'Alouëte, *Des affaires d'estat*, *des finances*, *du prince et de sa noblesse*, Metz, 1597, p. 184.

有多么愚蠢或迟钝。”①贵族关于教育和天性的看法，很好地说明了为什么当他们将出身和荣誉两个概念联系起来时并没有产生矛盾，贵族们知道他们必须集中地表现出各类优良品质以证明其声誉，他们也知道，这些体现出生活方式的品质正植根于其家族的习惯，生长于家史里光辉榜样始终萦绕于心的高贵环境。年轻贵族们由此也学会倾其所有，效忠神圣不可侵犯的国王陛下，正如自己的先辈一般。

家族史和生物学上的遗传被认为是道德水准的一种标志，贵族们因此意识到并着手开发其教育价值，同时，他们也会用家史与族谱向其他感兴趣的读者们展现其优点。在实践这一意识的过程中，贵族们一直紧随着皇室的领导。一本广泛流传的波旁家族史(1587 年)指出：“三百四十年来，自从法兰西的罗贝尔(922—923 年在位的加洛林王朝君主，卡佩家族和波旁家族的先祖)开始，波旁家族参战的王子们大多在效忠国王的战争中阵亡。伟大、杰出而勇敢的领航人，奋不顾身而又深谙用兵之道，以英勇慷慨之气魄震慑敌人的心魄。对他们而言，效忠国王与法兰西皇冠是最伟大的事业。”②因为族谱会强调家族历史记录中所出现过的高尚品质，它也可以作为一份摘要看待，希望能打动国王和其他贵族们。自中世纪以来，每一个国王都将慷慨和忠诚看做高于一切的英雄品质，为了寻求这些品质，国王只需要看一看贵族们的家史，正如儒勒-希夫莱所说，家族史提供了不会为君主所淡忘的，关于勇气和慷慨的完美典范，这些家传的品质会得到认可肯定，“(国王)明白这一切，当他看到你继承家族姓氏时，他知道，先辈的美德一定会在你身上重生”③。

---

① P. Marois Jacobis, *Le Gentilhomme Parfaict, ou Tableau des excellences de la vraye Noblesse*, Paris, 1631, p. 491.

② Pierre de Belloy, *Mémoires, et recueil de l'origine, alliances et succession de la royale famille de Bourbon, branche de la maison de France; ensemble de l'Histoire, gestes et services plus mémorables, faicts par les princes d'icelle aux rois et couronne de France*, La Rochelle: P. Haultin, 1587, p. 396.

③ Jules Chifflet, *Histoire du bon chevalier, m. Jacques de Lalain, frère et compagnon de l'ordre de la Toison d'or, par Georges Chastellain*, 1634, p. 218.

因此，贵族们认为公共职务是以其才德为基础的，而这些恰恰是贵族才有的。职位继承人是指定的继承人，不论资历，要在公共职能中相对成功。然而，自从官职税敕令颁布以来，卖官鬻爵现象越来越严重，第三等级不断涌入第二等级中，令贵族们非常忧虑，他们向国王提供了一个解决问题的办法，即国王应该从更合格的候选人中选择他的公共代表，那就应该从贵族中选。例如，奥尔良贵族要求国王“承认政府和他的代理官员，省会、地方甚至城堡中，只有贵族阶层和值得推荐的有才德的人才能掌管”①。1627 年贵族们一起发表了更全面的声明：“作为这个国家拥有光荣头衔的贵族，被赋予了必要的品质，更适合于担任公共职务。”②贵族们有明显适合在军队和法院的特征，他们都认为在皇家法院发挥作用是非常重要的，或者在教堂、金融机构和国王议会中，他们告诉国王选择这些机构的人员时，要选择贵族。

当然，贵族应该认识到，要与资产阶级律师和商人竞争司法和金融机构的职位，他们必须不惜一切代价避开衡量标准。毕竟在理论上，法律培训是进入法院的先决条件。通常在现实中，司法机构的新官员必须提交一个法律知识的测试给法学家委员会。比起那些传统贵族，一位具有法律知识的平民就能够满足这些条件。同样，金融机构的候选人可能已经在商业界和信贷业务中度过他职业生涯的一部分，或者他们父辈曾经从事过商业，至少数学知识和记账能力较强，而这些都是传统贵族没有的经历，就算有，依照习惯法贵族不能经商的规定，贵族也不会承认。

弗兰克斯·德拉诺尔在 1580 年出版的论著中呼吁，为贵族青少年准备用以支持王位的训练，使他们的公共技能都能合格。③ 安拉万·拉

---

① Bibliothèque de l'Arsenal, MS 4485, “Cahiers particuliers de la noblesse (des 3 Etats) de diverses provinces de ce royaume, pour estre représentez en l'Assemblée des Etats généraux tenus à Paris. 1615” (“Orléans”), fol. 30v.

② Charles J. Mayer, ed. *Des Etats-Généraux et autres Assemblées Nationales*, 18 vols., Paris, 1788-1789, Vol. 18, p303.

③ François de la Nouë, *Discours politiques et militaires du Seigner de la Nouë*, De l'imprimerie de François Forest, 1587, p. 123.

瓦尔在 1611 年记录道，对于那些希望成为议员的贵族，适当的教育是非常重要的，因为“对于议员来说，这是不够的；我希望他们是谨慎的……一个人如果想学着变得智慧，除非他处于智慧和见多识广的环境中”。① 一本小册子曾记录了贵族请其他人帮忙完成工作的事例：“语法研究是艰巨的、漫长的、耗费巨大的，所以贵族已经抛弃了它们。但这又是必要的……平民知道这有足够多的内容，得以抓住这次机会，尽他们最大的可能，将自己推荐至政府公职，从而获得体面的身份，然后被招聘。”②甚至连第三等级的人都在提醒贵族，任何没能让自己孩子通过数学和语法训练的贵族将为此感到羞愧。

在 17 世纪之前，更多的贵族上大学以便成为圈子中的人，有些甚至花一年或者两年在教授的引导下学习法律，或者在从事他们的事业之前一直待在一所大学里面。1623 年，马雷查尔·德里斯迪威尔曾夸口说，他在法学和宗教的研究使他成为城市中最优秀的学生之一。③ 17 世纪早期，贵族对于进行基础教育的需求越来越敏感。

一个拥有才德的人有值得称赞的品质，以此使他能够被推荐，但更重要的是由于他过去的“服务”而获得报酬，因此才德也含蓄的对人们之间的关系进行评估。举一个例子，拉罗谢富科尔家族地位的基础部分是由于他们杰出的才德，更多的是出于国王的赞赏。因此，才德的一个重要含义在于更高地位者对其肯定和赞赏。在这样一种体系中，国王扮演着非常重要的角色，国王的首要职责是慷慨大方地奖赏那些忠实为他服务的人。实际上，由于国王希望获得所有臣民的忠诚和感情来维持统治的稳定和安全，所以国王的赏赐成为最富有的来源。宽宏大量一直被

---

① Antoine Laval, *Desseins de professions nobles et publiques*, Paris, 1613, p. 105.

② Roger Chartier, Madeleine Compère, and Dominique Julia, *L'Education en France du XVIe au XVIIIe siècles*, Paris: S. E. D. E. S., 1976, p. 168.

③ M. d'Avity, *Panégryique à Mgr Lesdifuières, maréchal de France et lieutenant general pour le roi en Dauphiné*, Lyon, 1611, p. 7.

视为是王权的主要属性之一，所以送礼物也被认为是良好的政策。“皇家尊严超过其他所有人，所以他的礼物也要超过其他的恩惠与馈赠……礼物本身有重要的意义，同时也从送礼的人那里得到了更多的自豪感和荣誉。”①引人注目的慷慨将不仅获得尊敬和荣耀，也会让自己的仆人更加忠诚。正如赫内·德·西瑞泽耶(René de Ceriziers)所说：“当一位王子没有什么的时候，他给的一切，会成为他的财政资金。甚至不单单如此，收到礼物的一方更像肥沃的土壤，礼物的价值会在此增加，当他返还之时，就是大大的回报。”②对此传记作者曾写道：伟大的人物必须去学习这件最重要的事情，那就是获得人心。③

贵族阶层担任着各种公共职务，并且代表着最高尊严，但是他们对于公共职权授予是建立在授予和个人情感之上的。只要对国王忠诚不二，财富和荣誉都会拥有。例如，在1618年，贵族军官默达维(Medavy)写道：亨利四世因为他的功绩而非常尊敬他，把他当作好朋友，还答应授予他诺曼底的中尉职位，亨利赏赐给他许多礼物，因此他内心充满感激之情，倾其一生效忠国王，服务国家。④ 国王因为他的心胸宽广，有许多人愿意为他效劳，就像河流奔腾入海，大海也不想表现得忘恩负义，因此继续向它的源头提供丰富的水流。

才德作为调控国王授予和个人情感的一部分，也暗示着自身的价值。路易斯·吉永(Louis Guyon)认为国王应该通过确认他们的功劳，把财产分配给真正有才德并且应当获得它们的人，国王可以依靠这些授予建立起一套附庸关系网。⑤ 慷慨体现在有才德的人身上，强调慷慨是

① François de L'Alouëte, *Des affaires d'estat: des finances, du prince, de la neblesse*, Metz, 1597, p. 107.

② René de Ceriziers, *Le Héros Français, ou l'idée du grand capitaine*, Paris, 1645, p. 205-206.

③ Fauvelet de Foix, *Histoire du Duc Henri de Rohan*, Paris, 1667, p. 27.

④ G. Le Rebours, *Discours fait aux obsèques de Mgr de Medavy*, Rouen, 1618, pp. 35-36.

⑤ Louis Guyon, *Diverses leçons*, lyon, 1617, p. 80.

在理性的判断之下选择性的给予。

17 世纪的贵族们清醒地意识到将他们与平民区分开来的是自由，只有贵族的子孙才被称为自由状态下的孩子。这种相对自由或不自由的理解明显地表现在几个方面：人们有自由选择的权利，但是只有自由的人才是自由的仲裁者。在被奴役的条件下，贫民不得不付出更多的辛勤和劳动。相比之下，贵族则可获得豁免，因此避开了劳动而拥有免税权。如果人们被迫为自己的生存而受制于物质利益，那么就不能自由选择所需，没有真正的自由。因此，自由只给予没有利益需求的人，并且这种自由与高贵的灵魂联系在一起。

贵族认为自由、宽容、慷慨这些素质都是最可贵的才德，其中突出表达了两点：第一，条件的宽容和慷慨的概念隐含地表明了他们贵族的身份和骄傲的个人自由。他的物质条件决定了他的自由，使他有资格成为真正的贵族，并增加他给的权利的价值，无论是从天赋、恩惠或个人的忠诚来说。克里斯坦·内库斯谢勒(Kristen Necuschel)写道，一个人必须牢记贵族强烈的学习意识和忠诚度，必须和其他贵族维持联盟关系。不难理解，贵族们选择对个人有益的盟友而维持这种默契的关系，但是当不再获得利益时他们有权解散这种盟友关系。① 第二，强调符合贵族身份的自我认知和优越感。贵族们吹嘘自己的慷慨和宽容，不但因为这个词所指的是他们自由的声誉，而且还因为它标志着他们所奉献和承诺的能力和所拥有权力的大小。个人自由与个人关系利益的形成是和他们高尚的心灵联系在一起的。贵族是有等级特权的，国王拥有允许他的骑士带佩剑进入寝宫的特权，不仅让他们认识到国王的慷慨与特权，而且这样使国王的权利和安全得到了保障。上述这两种思想观点在 17 世纪相互碰撞和交融，贵族被认为是当时最具有先进思想和自由品质的结合体，而这种自由的价值是以所赋予的权利和义务作为基础的。贵族

---

① Kristen B. Neuschel, *Word of Honor*: *Interpreting Noble Culture in Sixteenth-Century France*, Ithaca: Cornell University Press, 1989, p. 23.

理所当然地认为自己与下层人民是服务关系，对于一个人价值的判断必须考虑到他提供奉献的能力。在 17 世纪，一个人的慷慨、自由和忠诚只能通过与他人的相互关系才得以验证，贵族们通过个人关系的讨论自然而然地表达出自己的价值与才德。

传记、回忆录以及贵族的家族史记载都为国王的认可提供了有力的证据。奥古斯丁·杜·帕是莫拉克家族(Molac)的传记学者，记录了国王亨利四世曾经亲自感谢莫拉克家庭为他所做的服务。莫拉克男爵写道：陛下曾多次提到这事，在一封信中写道尽你最大的努力继续为我服务，你会发现我是一个很好的主人。① 同样，在家族早期记载中，格伦比耶写道国王对男爵的能力和忠诚一向信任，1602 年国家遭到入侵时，国王直接命令莫拉克男爵组建二十个连的军团对抗敌人，保卫国家。② 1626 年，杰克·布罗斯(Jacques Brosse)称赞蒙多隆(Montholon)的丰功伟绩，"称他是国王最忠诚的仆人，蒙多隆在世界上的贡献是无法用语言能表达出来的……亨利四世也在一封信中表达了他对蒙多隆的赞美，并称之为朋友"③。在以上这些文献中，国王亲自批准认可的职业以及与贵族的友谊经常被拿来引用作为实现个人价值与才德证明的实例，国王只希望由朋友来为他服务。同时，贵族也非常强调接近国王。在 1614 年，勃艮第贵族代表曾告诉路易十三："没有什么比国王的注视更令我们开心的，即使服务让我们失去时间。……但在陛下这里获得承认的荣耀，比我们在其他地方的任何优势更加重要。"④

此外，国王是至高无上的法官，有责任注视并维护他的贵族阶层。

---

① Augustin Du Paz, *Généalogie de la maison de Molac*, Rennes, 1629, p. 122.

② Marc Vulson de La Colombière, *Généalogie de la maison de Rosmadec*, Paris, 1644, p. 24.

③ Jacques Brosse, *Tableau de l'homme juste, sur les vertus et à la mémoire de François de Montholon*, Paris, 1626, p. 21.

④ Bibliothèque de l'Arsenal, MS 4485, "Cahiers particuliers de la noblesse (des 3 Etats) de diverses provinces de ce royaume, pour estre représentez en l'Assemblée des Etats généraux tenus à Paris. 1615" ("Bourgone"), fol. 212v.

国王需要时常关注贵族，与贵族沟通，国王需要“知道他的每个士兵……并可以通过名称识别他们”，直接接触是最有用的，因为“我们不会爱看不到或不知道的东西”。国王无法知道每个贵族所在的领域，即使如此，贵族也不应该有离开的想法。吉永(Guyon)举出罗马皇帝亚历山大·西弗勒斯的例子，“他最受赞扬的事情之一是，他在卧室里保存了一本秘密书，其中写有帝国的所有贵族的名字；当一个职位空置时，他从来没有根据某人给予的建议填补它，因为他在他的秘密书中已经发现了”①。

奥尔良贵族的建议也表达了对国王关注的重要性。这些都会加强君主和贵族之间的私人联系。“因为陛下不知道居住在这个领域的大多数贵族……为了满足他们，奖励他们的服务，我们恳求陛下留意在你附近的每个省，让他们尽可能多地告诉你本省的情况，关于他们古老的房子，他们或前人所提供的服务，他们目前管理的地方及其能力。”②对法国每一个省，国王会从当地贵族提名的三名候选人中选出一个人进行比较密切的联系，这个过程每年重复。以这种方式，国王将得知在本省区贵族品质的优劣，以及为国王服务的情况。最后，贵族大会选择了一个更实际的解决方案，敦促国王编制贵族综合目录。

布莱斯·德·蒙鲁克(Blaise de Monluc)建议国王：“您知道，陛下，那些希望通过您的武器来推进服务的人将尽一切所能完成您的目标。”因此，国王应把所有英勇的贵族做一个清单，这本荣誉之书将包括每个省，每当职位需要填充时，“应经常用这些英勇的人来刷新你的记忆”。蒙鲁克建议：作为额外的激励，国王在很好地了解了贵族的成就后，应该宣布将该省置于贵族的直接管辖下。皇家荣誉会激起贵族的士气，以增加他们为国王服务的动力，“那些知道他们在你的名单上的

---

① Louis Guyon, *Diverses leçons*, lyon, 1617, p. 77.

② Bibliothèque de l'Arsenal, MS 4485, “Cahiers particuliers de la noblesse (des 3 Etats) de diverses provinces de ce royaume, pour estre représentez en l'Assemblée des Etats généraux tenus à Paris. 1615” (“Orléans”), fol. 33v.

人将会更加用心，并发动自己为你服务，而其他还没有写在名单上的人，将竭尽全力为了被放置在名单上”①。可以看出，国王可以促进贵族提高他们的服务质量，并通过监督来保持他们的优点。

同时，贵族们一直认为，军事职业是高尚的，这是因为英勇似乎包含了所有美德中最慷慨、最英雄的部分。通过在战场收获的荣耀，贵族在国王、王子以及任何一个可能关注他们的人面前，极大地表现出他们的才干。贵族最能体现对国王慷慨的是在战场上拿生命冒险，在战斗中勇敢意味着更愿意面对危险，勇气也在表达无私服务的意愿。勇气是“一种美德，是提升后的灵魂，蔑视危险，锻炼勇气或遭受痛苦的时候才有机会显示自己的坚贞和坚定”②，意味着他们愿意冒着巨大的危险为主人服务，并显示出无畏的精神。大多数贵族和慷慨的人，展示他们自我牺牲的能力，以吸引国王的目光。

贵族们应努力去吸引统治者的目光，卡斯提格里翁(Castiglione)在他开创性的著作中提到：“无论任何时候，朝臣都不要在冲突或者武装行动中去冒险，他应该谨慎地退出人群，然后去做显眼的、勇敢的事……尤其是那些参与战争中的德高望重的人。如果可能的话，在他的国王和王子们眼前效劳，把每一件事都做得切实需要。”③在布莱斯·德·蒙鲁克关于荣誉的书上也可以发现基本相似的主张，不是所有的人都有机会在国王出席战斗时表现，所以他要解决的下一个重要的事情就是国王对这些行动的关注。④。但是贵族们渴望英雄主义超过了个人单独的享受。通过在战场收获的荣耀，他们在国王、王子、公主以及任何

① Blaise de Monluc, *Commentaires et Lettre de Blaise de Monluc, Maréchal de France*, ed. Alphonse de Ruble, 5 vols, Paris, 1864-1872, Vol. 3, pp. 485-486.

② René de Ceriziers, *Le Héros Français, ou l'idée du grand capitaine*, Paris, 1645, p. 189.

③ Baldassare Castiglione, *The Book of the Courtier*, trans. by Charles S. Singleton, New York: Doubleday, 1959, p. 99.

④ Blaise de Monluc, *Commentaires et Lettre de Blaise de Monluc, Maréchal de France*, ed. Alphonse de Ruble, 5 vols, Paris, 1864-1872, Vol. 3, p. 489.

一个可能关注他们的人面前，极大地表现出他们的才干。

在传统贵族的思想中，“价值”这个词表达了一种与义务人的个人关系，它有时直接指向义务人，意味着“值得”，以品质为中心决定了“价值”在以个人为中心的体系里最宝贵的是：诚实、纯真、勇气、爱心。因此，贵族无论何时都要在国王的眼前或者是他们服务的那个人眼前去展示自己的价值。对于大多数贵族来说，三个等级——祈祷、服务和劳作，似乎是一个可信的解释社会中职业划分的界限。传统的社会等级制度立足于精神上的原则，指向个人主观服务的道德价值。勇士尤其值得尊重，因为他们保护了国家并确保了其福利；接下来是法官、医生、金融、商人、农民等。所有的这些职业都在不同程度上锻炼了思维，它们赋予工作者与其能力水平相称的尊重。

无形的道德素质对于一个人的职业训练和技巧同等重要，传统的为皇家服务的贵族观点鲜明地折射了这一设想。正如贵族解释的那样，社会秩序区分了服务上帝的人(第一等级)、服务国王的人(第二等级)、服务他们自己的人(第三等级)。为了帮助国王管理国家，满足任何他要求的才能，需要被赋予一些必要的品质：慷慨、勇敢、才能以及平民所没有的忠诚。赫内·德·西瑞泽耶(René de Ceriziers)评述说：“任何人都明白勇气对管理者来说是必要的，它催生了卓越之人。这在我们国家尤其重要，具有这一天资的人是不被管制的。”①马罗斯·雅各宾(P. Marois Jacobis)认为：“起源于平民的人不可能有荣誉烙印在灵魂深处……第三等级的人只有孱弱的体质……他们是不诚实且不出名的……甚至是怯懦的。”②

贵族拥有一个职业身份，不应该有太多私心，因为自私和贪婪会使他沦为佃农的缩影。就像对财富的欲望，会滋生一种贪得无厌的心理。

---

① René de Ceriziers, *Le Héros Français, ou l'idée du grand capitaine*, Paris, 1645, pp. 66-68.

② P. Marois Jacobis, *Le Gentilhomme Parfaict, ou Tableau des excellences de la vraye Noblesse*, Paris, 1631, pp. 539-540.

勇气、慷慨、宽容、忠诚，并非仅仅只在军事职业中，这些才德存在于所有职业中，只有拥有才德的人可以很好地给国王提建议。慷慨、勇敢、忠诚这些品质对于军队来说实在是很重要，因为它们可以证明士兵的人格。但是对人格的证明是处在天赋以及忠诚的普遍文化之中，并且个人道德在所有皇家服务机构中反映了同样的价值。将勇气和慷慨与看似怯懦的议员或司法裁判官职业并列，贵族阶级只是将个人的习惯以他们最熟悉的方式阐述了其价值，并带入整个为皇室服务的范围里。就贵族的思考方式来说，他们被赋予了必要的品质，这种个人无形的品质被认为是决定谁值得国王的恩惠和赏赐的理由。因此，尽管贵族阶层承认他们更喜欢军事职业，但他们仍然要占据法律和金融职位。

公职的出售远非导致国家毁灭的原因，而是在 17 世纪对于扩大的国家机构提供了一个新的基础。通过售卖皇家行政机关的职务，腐败侵蚀了为公众服务的伦理观或者说是道德体系，阻碍了国家财政和司法机关的集中化。这种新的官僚阶层为君主提供有目的的服务，君主通过与穿袍贵族结盟而获益，降低了对传统贵族的信任。

越来越多的人认为不是只有传统贵族、军事将领服务于国王，国王才会信任："到目前为止，已经表明国王的官员在他们多样的能力中已经做了很多，更多的在于保持国王这神圣化身体的安全性，而不是仅仅当他的保镖。"①换句话说，即权钱交易不会否定或推翻国王与他国民的忠诚的相互关系。贵族的政治文化受到来自腐败的巨大威胁，购买官职扩展到法院、军队等职位资格中。这种改变是向整个新的才德与报酬之间的概念转变的信号。理论上，现在对于富有的平民来说，在为国王服务的环境里，支付金钱谋取部分公众权力成为可能，甚至不用圣职薪俸，形式上得到国王和法院熟知的贵族认可即可。此外，腐败使金钱能够寻找到皇家认可和报酬，腐败侵蚀着等级制度的基础，代表对皇家权

---

① Archives Nationales, no. 143, "Offices", 1614, fol. 1r: "(Les historiens) ont osé dire que les officiers du Roy de touts qualités tenoient sa personne saincté en plus seur garde que les gardes mesmes de son corps".

威的挑战，为贪污开了后门。贵族们感到深深的焦虑，才德应该被承认、奖励，明确清晰，由此贵族决定建立合法命令，为了分配皇家的恩泽，国民议会的贵族代表通过再度强调个人为皇室服务的角色和区分他们才德在个人关系网的作用，反抗腐败的挑战。

过去贵族的才德经常被奖励，现在突然发现他们的才德被忽视了，之前贵族们在君主政体的岗位是光荣的、受人尊敬的，但现在贵族阶级的位置是可以被超越、被剥夺的，一些比他们低劣的人通过金钱，而不是才德已经获得了地位。多菲内贵族借助历史的先例强调他们的顾虑，指出重视金钱超过才德不可避免的结果：腐败进入罗马城的一扇门，荣誉、安全和忠诚将会从另一扇门离开。① 官职税导致了混乱、攻击，贵族会离开国王，贪污的官员不可能证明对君主的忠诚，破坏了王权的牢固。富裕的平民现在通过金钱就能进入国家财政局、法院等机构，上升到为国王服务的地位，而不是通过才德来证明对于国王的“荣誉和义务”，这只能显示出贪婪。贵族坚决主张国王只能嘉奖他发现才德的人，而不应该分配官职给那些有钱的人，这经常被视为不正直的，岗位应该给有功劳的、被认为是忠诚的人。吉耶纳的贵族们认为所有岗位和政府职务都应该被拥有相应品质和能力的人所担任，要求国王专门从曾经服侍过国王的人中选取。诺曼底的贵族总结道：“贵族表现出明显的服务(待遇)，希望让陛下通过慷慨和忠诚觉得他们值得被推荐，以便在职位空缺时，将会无偿地、大方地提供给他们，不用太在意那些无耻的唯利是图，那会让人对官员的胆量产生怀疑。”②

综上，17 世纪早期，贵族认为才德是一种与生俱来的品行，它直

---

① Bibliothèque de l'Arsenal, MS 4485, “Cahiers particuliers de la noblesse (des 3 Etats) de diverses provinces de ce royaume, pour estre représentez en l'Assemblée des Etats généraux tenus à Paris. 1615” (“Orléans”), fol. 26v.

② Bibliothèque de l'Arsenal, MS 4485, “Cahiers particuliers de la noblesse (des 3 Etats) de diverses provinces de ce royaume, pour estre représentez en l'Assemblée des Etats généraux tenus à Paris. 1615” (“Normandie”), fol. 64v.

接与家族相关，只有拥有高贵的家族血统才能具备智慧与美德，这些会在家族中传承。而这种才德是担任公共职务的基础，因此国王必须从贵族中遴选才能胜任。然而，17 世纪以来越来越猖獗的官职买卖和官职税法令的颁布，使大量平民向上层社会流动，这对贵族的权力和地位构成了极大的威胁。

第二节 路易十三统治时期向公众政治的转变

在法国，16 世纪后期对国家造成巨大毁坏，持续近四十年的宗教战争引发了极大的不安全感以及悲观主义情绪，大量农田被毁，人民流离失所，一片荒芜景象。法学家让·博丹(Jean Bodin)认为 16 世纪 70 年代随着圣巴托洛缪大屠杀以及其他暴行的出现，“世界似乎生来就是邪恶且不稳定的，它被分给了追求狭隘利益且相互竞争的不同群体”①。然而，就是在这种悲观的社会解体意识下，滋生出一种崭新的民族意识和爱国意识，多年的宗教分裂冲突引发了对统一和对社会秩序更高程度的渴求。国家利益渐渐成为法国 17 世纪早期非常流行的说法，被视为政府的指导原则。正如格哈德·奥斯特雷希(Gerhard Oestreich)的书中写的：“强大的中央集权国家思想发源在数次宗教战争的危机以及战争给个人和社会带来的一切后果之中。”②但这并不是说法国君主制的特点或是法国社会权力分配在宗教战争后突然发生了急剧性的转变，相反在亨利四世死后、路易十三执政时期，王权和贵族之间还是相互合作与并存，中央政府的规模仍然很小，国王和大臣们继续依靠亲属和私人关系网以确保在各省的指令的落实、赡养军队、获得税收、与当地贵族讨价

---

① Lionel Rothkrug, *Opposition to Louis XIV: The Political and Social Origins of the French Enlightenment*, Princeton: Princeton University Press, 1965, pp. 22-30.

② Gerhard Oestreich, *Neostoicism and the Early Modern State*, trans. David Mclintock, Cambridge: Cambridge University Press, 1982, p. 70.

还价以及执行政策等。在17世纪30至40年代关于管辖权争论(司法争论)的大动乱之后，君主制主要通过更有效地执行其传统的角色恢复秩序。

国家利益观念的出现以及宗教战争以来对君主绝对权力的日益重视，反映出一种关于王室政府和社会这两个方面的新认识，这意味着对原来贵族的思想、动机和自我认知概念世界的一整套调整。作为至高无上人物的国王，仍然扮演着法国政治体系重心的角色。但功绩观点的变化表明，日益增长的把国家作为政治思想和行动的参考的观念，突出了国王和贵族之间关系的新问题。通过不断提及国家利益、国家考虑等抽象概念以塑造和解释国王的政策，国王与贵族关于服务、价值、分配和社会监管的本质出现了变化。

在路易十三统治开始时，有两个人对建立新的政治秩序和社会秩序有着重大影响，路易斯·杜尔戈·德·迈耶尼(Louis Turquet de Mayerne)和安东尼·德·蒙克莱田(Antoine de Montchrétien)，他们是法国政治经济学的开创者，敦促君主采取行动，保障公共福利，国王应该改变观点和政策，把政府引入社会更关注的焦点，社会充满了国王可用的资源。

蒙克莱田认为社会和经济政策必须远离宗教的影子，没有人可以否认“沉思生活”使个人更接近上帝。但如果人们忽视“公民职业”的沉思，“共和国废墟必然崩溃”。他敦促路易十三记住宗教和公民义务的区别：“请永远记住，教会在国家内存在，而不是其他的方式；教会在寻求神后从你这里得到它的财富和辉煌的形式；只有通过你，教会才能保持其地位。”①良好的政治行政确保整个国家身体的健康，国王确保人民的福祉，必须扩大自己的视野来评估每个成员的价值。国王应该注重所有臣民，心中要一直有个问题：以什么方式有助于人民的福利。蒙克莱田告

① Antoine de Montchrétien, *Traicté de l'Oeconomie Politique*, dédié en 1615 au Roy et à la Reyne Mère du Roy, Paris, 1889, p. 21.

诉路易十三和摄政皇太后，只需漫步巴黎街头，他们就可以看到法国拥有所有需要的人力资源——杰出的思想家和作家，大量的工匠，各式各样的商人等。因此，国王要将他的注意力放到那些提供生活必需品的人身上，例如建立专门的研讨会，商讨生产的商品，国王任命专门的工匠监督，“这样他们可以根据工匠们的能力和潜力分配任务和劳动，国王给予好的工匠以荣誉，从而增加他们的活力”。蒙克莱田叮嘱国王和摄政的皇太后：“喜欢能干的人，伸出你的双手，从制约和隐藏他们的人群中发现出来，这样做会揭开利润的来源，充满荣耀和实用。”①

杜尔戈和蒙克莱田的观点一样，认识到自相残杀的宗教冲突的恐怖性。自己的家园成为废墟，周边省份的苦难驱使杜尔戈去探索方法来修复国家，一切都必须改革。为了提高执政能力，国王应该将监督权赋予司法、财政、军队和警察中，设立代理人。杜尔戈将公民划分为五个等级：富有阶层(这是一个明显的分类，因为他们可以支付得起公众要求的任何开支)，文人和商人，批发商，技工和劳工。任何阶层的公民在他们的领域表现得优秀都会拥有高贵的地位，标志着个人很好地融入了社会生活。事实上，贵族和公众之间的距离仅仅“有公共意义”。贵族们享受着遗传荣耀的印记，但是在私人的生活里仍然派生于他们的阶层。②

杜尔戈和蒙克莱田都强调通过激活政府权威来重新定义服务和功绩观念，国王必须建立一个高效的和全面的政治管理制度，充分利用臣民的力量，尊重所有的职业，承认臣民都有潜力为皇家服务。贵族不应被视为社会地位的限制标志，而是作为一种奖赏，等待那些从私人生活到公共服务的人。贵族通过私人关系服务于国王，这使得他们无法从公共事务方面从事皇家服务。为了让人们认为值得参加为国王服务，必须展

① Antoine de Montchrétien, *Traicté de l'Oeconomie Politique*, dédié en 1615 au Roy et à la Reyne Mère du Roy, Paris, 1889, p. 18.

② Louis Turquet de Mayerne, *La Monarchie Aristodemocratique*, Paris, 1611, pp. 30-32.

现慷慨、忠诚和其他在个人关系中被重视的品质，贵族知道社会条件的形成加强了这些特征。贵族在社会中的优越地位，不仅仅因为他们的政治领导可以被认为是理所当然的，而且也是因为他们被期望以一种特殊的方式——以慷慨和无私的态度来处理社会关系。杜尔戈和蒙克莱田认为效用植根于私人职业而不是道德身份，维持国王私人生活的官员可以保留，他们给君主制增添了光彩，但"闲人"必须立即撤职。那些乐于觐见并尊重国王的贵族必须立即送走，除非他们还需要参加一些特别紧急的事务。只有这样，国王才能帮助贵族习惯于待在家中，避免冗费，过节制的生活。杜尔戈和蒙克莱田通过他们关于暗含建设国家监督权、社会重构问题的讨论显示出国家形成过程中更多是反思而非建设。①

自中世纪以来，国王拥有双重身份，是一个有别于他人的公众独立角色，国王的两个身份理论最初是为了创建一个单独的、高贵的有别于他人的国王，以确保主权的完整性和连续性。17 世纪对国王的两个身份有了新的认识，在国王个人身份外，更强调公众的身份。因此，需要创造一个良好的服务于王国所有领域的政治服务工具，意味着皇家政府不得不扩大，超出传统的社会习俗，此外关于服务、价值、效用、贵族等的观念也必须相应地改变。

17 世纪，黎塞留的政治遗嘱最引人注目，揭示了君主政治权利这一概念的改变，但这份遗嘱经常遭人诽谤和误解，但它能反映出黎塞留在社会中的地位和对君主政治的理解。黎塞留认为大众的兴趣应当成为王室和他顾问的唯一客观指标，这些从事着大众兴趣工作的人在某些方面对国家最有益。黎塞留指出被公众意愿纠缠着的国王必须采取显著的、公平的意见来对待他们，国王应当做一个理性的君主并且确保每一个公职人员只能被他自身的价值或在同一领域评价。黎塞留广泛地表达

① Louis Turquet de Mayerne, *La Monarchie Aristodemocratique*, Paris, 1611, p. 34.

出对公众兴趣的观点，他意识到任何人都是个体，并在自身领域内拥有既定的权利。黎塞留点明了王室行政权力的概念，并且还产生了一整套关于国王和他的顾问之间关系的全新策略，这套策略能更好地反映出优先考虑大众的兴趣利益。黎塞留的目的是通过劝说路易十三实现他的内阁的行政责任来恢复皇家王权的尊严。国王需要去做更多拥有至高无上王权的事情。因此，路易十三应当需要像一个公众人物那样去学习制定规则，有意识地跳出个人关系的习惯性框架，宣布他所有的行为都是为了奖励那些对公众来说是最有益的人们。行为只能被对公益事业的影响所评判，并且关于奖励和惩罚的分配应当反映出同一种考虑。①

私人的顾虑从来都不应该影响公众的事务。黎塞留准备在唯利是图的行政体系中落实这一思想。1620 年，贪污腐败的资金需要已经成为众所周知的事情，但是黎塞留同时也看到了有益之处，虽然他承认贪污腐败和世袭的行政体系是对理性的抑制，但他也含蓄地引用和列举了如果像贵族建议的那样，要求国王自己选择他所有私人官员的危险性，只简单地依赖于国王的意志，取决于国王的喜好和那些在国王身边拥有强大权力的人，这种情况会更加危险。

国王对待贵族和公众的态度展现出他的两种人格，私人的和公众的，黎塞留认为一个有效率的君主会保留两种情感上的纠缠："如果这是事实的话，理性一定会成为一个火炬，并且火炬的光会指引着国王和他的国家，当然这也是事实，在这个世界上没有什么比理性更加重要。"②这意味着国王必须不顾令人分心的兴趣、同情和怜悯、偏袒和各种各样的纠缠不休，忽视私人的意愿，国王必须总是要超越简单的自己。这个原则在路易十三和黎塞留充满野心的集权政治中明显体现出来，即去除贵族决斗的习俗，这个政策涉及当时几个著名的大家族。就

① Cardinal Duc de Richelieu, *Testament Politique*, ed. Louis André, Paris: Robert Laffont, 1947, p. 94.

② William Farr Church, *Richelieu and Reason of State*, Princeton: Princeton University Press, 1973, p. 92.

在关于决斗法令颁布的几个月前，几位贵族在皇家地方公然违反法令进行了决斗，1627 年 6 月，博特维尔伯爵(Comte de Bouteville)被最高法院判处死刑并执行，许多贵族认为博特维尔伯爵是蒙莫朗西公爵(Duc de Montmorency)的侄子，监禁他是对贵族利益的冲击，因此他们不断地向国王呈情，请求宽恕。国王的堂弟——孔代亲王恳求国王宽恕博特维尔伯爵和同伴沙佩勒家族(Des Chapelles)，认为他们犯的错只是本国传统习俗使然，荣誉只有通过冒险的行为才会获得。博特维尔伯爵想要的只是给国王留下深刻的印象，而不是忤逆国王，他只是被荣誉的渴望所驱使，而做出这样的事情。① 但黎塞留不久后解释道，这样的行为是无法打动政府的。尽管对于个人来说同情和怜悯是可以被容忍的，但对国王来说这只是缺点。这些年轻贵族的英勇和不幸打动了所有人，并激发了一种普遍的同情。但当黎塞留想到由于决斗这种危险的习俗而牺牲的无数贵族生命时，他发现了一种力量，这种力量是与自己内心相违背的，这种力量要加强国王为了国家利益而做出不顾其他人感受和自己情感的决心，尽管贵族们的勇气能打动国王和主教，但国家的理性仍应基于客观的判断和严明的惩戒。

在法庭上，黎塞留强调了国王的行政部门表现出来的皇家政策毫无偏袒的理性。从他对待国王的行为态度和他的公开书面宣传中，黎塞留强调了王权的至高无上和神秘性，并试图消除人们通常对皇室成员和代表皇室意志政策的猜想。同时，黎塞留打算构建皇室政策的明确界限，另一方面将其与国王对于贵族阶层的了解区分开来。黎塞留认为自己是旧贵族阶层的伙伴，但他又苦恼于他们的旧习惯，那就是在大贵族阶层中宣称最多的——将国王的个人喜好与对名誉、头衔和权力地位的认同联系起来。于是他让国王更少地接触到那些习惯于将王室喜好与权力等同的人，而大贵族们则负责在他们自己的领土上(或作为区域行政长官)

---

① Jean-Marie Constant, *Les Conjurateurs: Le premier libéralisme politique sous Richelieu*, Paris: Hachette, 1987, p. 47.

维持秩序，阻止反叛。由此，贵族们的常规宫廷谒见就显得不是那么重要了。尽管贵族坚持强调他们作为国王顾问的名誉头衔，黎塞留却很少看到国王在国务会议上邀请他们。同时，国王习俗性的狩猎远征也变得不那么必要，贵族们又失去了一个能与国王进行社会交际的重要机会。

贵族们发现黎塞留的体制是十分具有侵略性的，这驱使他们陷入阴谋与反叛中。对黎塞留最激烈反抗的贵族是那些被排除在贵族会议之外的人。例如国王的兄弟卡斯通·德·奥尔良（Gaston d'Orléans）一直进行着各种各样的密谋，为了在主教死后确保对摄政会议的控制，这都是为了与黎塞留日益增长的权力进行竞争，并保护好自己的利益。然而，多方面显示，黎塞留个人的成功和他对路易十三显而易见的控制使法国政治变革的方向更不利于贵族。黎塞留努力使国王在贵族能接触到的范围内成为一个具有威严光环的人。贵族们普遍认为黎塞留为了个人利益而滥用权力，天生待人疏远、生性多疑的路易十三则对此置之不理。皇室被孤立，这种看法使得贵族们很容易就将所有令人失望的事都归咎于主教的欺骗行为。“似乎在我向国王长久效力后，我本希望着能更早获得相等的报酬，其他不及我尽忠的人，正建立起可观的财富，对我而言，我拥有的那些不可侵犯的财产展现了我的一生……对国王的服务效忠，并没有给我带来任何好处，相反，却成为我的绊脚石。”①彭迪思（Pontis）并不想对国王给他的那份奖赏表示出不敬：“我说这些不是为了抱怨，我只是想感叹一下这样的情况：一位亲王在奖赏他最信任的仆人这方面的权力还不及他的臣子增加自身财富的权力。”②彭迪思的话唤起很多贵族的共鸣，表达了对黎塞留所倡导的众多变革的不满，对国王退隐的疑惑和愤怒。17 世纪 30 年代，博伟-南金侯爵（Marquis de Beauvais-Nangis）在他的回忆录中警告他的儿子，提防那些阻止他们接

① Louis de Pontis, *Mémoires*, Collection des Mémoires Relatifs à l'Histoire de France, ed. M. Petitot, ser. 2, Vol. 32, Paris, 1824, pp. 245-246.

② Louis de Pontis, *Mémoires*, Collection des Mémoires Relatifs à l'Histoire de France, ed. M. Petitot, ser. 2, Vol. 32, Paris, 1824, p. 297.

近国王的人。1618 年，博伟-南金侯爵因为没能亲自安排与国王会面，他不得不先后三次去宫廷提醒公证员看着国王将他的名字列在“圣人精神”的骑士之列，博伟-南金侯爵将他的经历看作是国王加强孤立主义的证据。博伟-南金侯爵告诉他的儿子，虽然国王想尽力使他的绅士们满意，但宫廷中总有其他人屡次违背他的意图。① 路易十三与黎塞留共同制造了贵族与国王关系的焦虑问题。更特别的是，很多人担心君主制的改变标志着皇家酬劳的摒弃。

在黎塞留去世后，其继任者马扎然沿袭了国家利益至上的观念，集中王权，打击贵族，提升有才的第三等级，这一切都让贵族感到巨大的威胁。贵族们经常提醒国王不要期待有任何好处来自于马扎然那样出身和性格的人，他们认为马扎然在法国获得了与之不相匹配的荣誉，马扎然得到他的地位并不是因为他的慷慨大方，或是国王的选择，而是因为黎塞留的阴谋。同时，马扎然这种不光彩的方式也能在他的家庭背景和经历中解释。《马扎然的族谱和宗族》中提到马扎然对个人财富的渴望是为了弥补他父亲在事业和名气上的失败对家族的影响。马扎然的父亲是西西里的一名商人，曾经有一笔巨大数额的亏空，在欺骗了他的债权人后，马扎然的父亲就逃到了罗马。由于马扎然粗鄙的出身，贪婪会影响到他做出的每一个决定，为了获得自身的财富，他抓住每一个机会从国王的金库中盗用财物。在成为军机大臣以后，这位红衣主教已经变得“如此富裕以至于被人认为拥有的金银比欧洲任何人都要多”。② 而忠诚的贵族现在像债权人一样无力地站在一边，声称他们的土地和庄园变为了废墟，并且他们也没有办法去修复，这就是为什么当时贵族经常说：“在那些我为了保护国家洒了那么多血，值得纪念的时候，那些人在哪？我会在做了那么多服务后被忘记吗？而这些金融家们正享受着我

---

① Nicolas de Brichanteau, Marquis de Beauvais-Nangis, *Mémoires*, Paris, 1862, p. 123.

② Daniel Dessert, *Argent*, Pouvoir et Société au Grand Siècle, Paris: Fayard, 1984, p. 292.

本应得到的财富和地位。”①1652 年一位政治评论家写道：“当贵族阶层把眼光投向宫廷时，他们看到宫廷就像一个小旅馆，在那儿每个人被根据他的钱财来区别对待，并且在所有事物中都有肮脏的交易。”②为了结束持续的不满，贵族们要求国王自己抓住政府的控制权，维护自己的权威，并且排除那些自私的人。

虽然贵族们不断地反抗，但观念的转变仍在继续，黎塞留和马扎然的铁腕推进，路易十三的孤立，摄政皇太后的认可都让贵族们气愤、失望、甚至发动叛乱，直到路易十四亲政，才在 17 世纪下半叶重建了王室与贵族较为和谐的关系。

第三节　路易十四统治时期的国家服务和监管

1661 年，路易十四宣布其个人统治开始，他召集委员会，告诉众人，他现在要独立管理国家的事务，并明确表示，今后大臣只是一个咨询的角色，他命令如果没有经过他的同意，任何人都不许签署国家事务文件或通行证，所有人都要执行此规定。国务卿的管理戛然而止。路易十四从一开始就准备出现在政府的所有细节中，当他发现国家的无序统治无处不在后，便焦急地着手改革他的王国，提高那些为他服务者的能力。

在路易十四亲政的第六年，在一些地区实施了重要的改革，包括司法、军事、宗教、贵族文化等各个方面。国王首先侧重于宫廷本身的改造，树立王室的权威。路易十四面临的第一个挑战就是将独立的权利直接分配给专门的皇室成员，他会不受任何限制将他的钱财奖励给任何使

① *La Liberté de France, et l'anéantissement des ministres étrangers*, Paris, 1649, p. 4.

② *Les Justes Raisons et Sentiments des Princes, des Grands, De Tous les Ordres de tous les Corps de l'Etat, pour la dernière exclusion du Cardinal Mazarin*, Paris, 1652, p. 5.

他高兴的人，同时，他希望能够在遵守规则的前提下进行统治，从而使他的支持率和功绩提升。路易十四重申了个人接近君主和贵族的法则，他决心要在所有事件上成为自己的法官。一位著名的作家和贵族军官巴斯伯爵(Comte de Bussy)在他的回忆中表明，君主权力的上升确实强化了贵族阶级的精神，他说太阳王已经终止了一系列的策划、不确定性和弱点，破坏了马扎然在行政上的规定，在路易十四个人控制的主张之后，贵族看到一个伟大的君主。①

在贵族阶层眼中，易接近性已经成为一个伟大君主的特质之一，并且这一点成为路易十四亲政时的标志。对比黎塞留让宫廷、国王与贵族疏远的政策，路易十四的凡尔赛宫在1682年后便成为宫廷活动的中心，也是为了满足贵族阶层对皇家重视的渴望。要获取皇家的重视，曾经是遥不可及，现在变成经常性的，并且是可以预见的。国王从他每天早晨起床就来到大殿上。这个过程正如施潘海姆在1690年记述的一样，分成几个阶段进行，每个阶段国王都会接见许多朝臣。首先入场的是那些有着所谓入场特权的人，包括首相、工匠、侍者和智者。然后是第二特权的人入场，比如亲王，拥有第一爵位的贵族和官员的家属，当国王开始更衣的时候便去觐见国王。这些程序之后，最后一个等级的人入场。国王可能会根据他们在宫廷上的发言对一些出席的人表示器重，在邀请他们进入会议厅之前，所有人仍然在原地等待。午夜时分，尽管廷臣寥寥无几，但仍有盛大的仪式和繁琐的礼节。根据记载，在近距离的接触中，国王会仔细地听取朝臣们的个人要求。②

另外与国王个人接触的机会是在他用餐的时候。路易十四的用餐是社会交往活动。路易十四通常和家人、顾问和一些有特权的朋友一起进餐，并按照宫廷礼仪享用。有时，国王甚至会在非公开场合用餐。凡尔

---

① Roger de Rabtin, Comte de Bussy, *Mémoires*, ed. Ludovic Lalanne, 2 vols, Paris: Charpentier, 1857, Vol. 2, p. 108.

② W. H. Lewis, *The Splendid Century: Life in the France of Louis XIV*, New York: Doubleday, 1957, p. 46.

赛宫的大厅为所有穿着适当的人开放，如果廷臣被允许，他们可以站着并且观看用餐的整个过程，但是平民必须排成一行，只是简单地在皇家餐桌前通过。除了用餐期间，廷臣们也会每天在国王出去或者在花园散步时见到他。幸运者有时甚至能够得到在他中午漫步时陪伴的邀请，这是特殊荣誉的象征。路易十四至少每周进行一次打猎，从而又给了贵族一个跟随国王从事最喜欢的事情的机会。

额外安排的活动则通过在凡尔赛宫或其他皇室城堡的宫廷仪式表演、节日或非正式娱乐活动来展现，路易十四通过调整宫廷排名来吸引贵族对于荣誉的渴望。随着爵位的建立和买卖，虚荣的膨胀，政治冲突达到了空前的水平，拥有稳固基础的传统贵族一直为他们名誉的合法性以及与新贵族权力的区分进行着斗争。

在宫廷方面，路易十四用严格的秩序和规则建立起等级制度，正如诺伯特·埃利亚斯(Norbert Elias)所说，从国王到最低等级的佣人，每个人的行为都按照他在皇室系统中的等级分配，等级决定了谁可以在吃饭时间陪国王用餐，谁可以递送早晨的内衣或晚上睡觉时的蜡烛，是否有进入皇室城堡的内部庭院、服侍皇室或服侍国王用餐的权力。①

偶尔国王也会放宽在礼仪和体统上的规定。当路易十四去马尔利旅游时，每一位出席的贵族妇女都会被邀请和国王一同用餐。在赌桌上，普通的侍者站着并为国王、王后和其他贵族按摩。国王也对没有头衔的贵族或者国家的官员保持着易于相处的风度。他经常给小贵族一种非正式的地位和区别，给予他们关注，譬如秘密会议、在花园里散步等。然而，等级总是被视为在所有庆典上的规范，每个人的日常礼仪都按照国王的计划和行程进行，没有人违背这一准则。路易十四注意到贵族对等级的区分有着特别的渴望。路易十四使得王国的荣誉得以蔓延——不时地规定宫廷的生活，规定新的骑士秩序和建立新的军队办事处，授予人们穿着区分彼此身份的服装——以确保国家能拥有常规和稳定的等级秩

① Norbert Elias, *The Court Society*, trans. Edmund Jephcott, New York: Pantheon, 1983, p. 146.

序。通过将等级系统化和一个明确的区分标准，路易十四严格地将国家依据传统掌握在自己的手中。等级的重要地位就在于它是国王个人意志的产物。因为这个理由，等级通过这一时期与统治者的紧密结合表现出至关重要的作用。国王积极推动等级的结构和礼仪制度，只有国王一人可以控制。

路易十四在中央成立了监督机构，并直接对国王负责，他认为国王应该知道全国所有的大小事务，并遵循所有事情全部都在国王统治下的原则。为了更加有效地统治国家，路易十四认为自己必须参与所有的事务以达到影响王国的目的。他希望用自己的双眼去查看王国的每一个地方，并且用国王的主观性去判断，他警告人民，要相信没有什么能逃出国王的眼睛。主教博絮埃认为："君主必须知道所有发生在国内外的事情。"对于路易十四来说，他的政府工作以及他个人的努力就是为了加强和巩固国王的权威和形象。路易十四写到国王必须是所有事物的了解者。因此路易十四努力去了解政府的所有细节，以达到毫不厌倦地一点一点地去指导国家一切事务的程度。假如可能的话，国王将会凭自己的力量去了解所有事情，做所有事情，而不需要大臣去做。路易十四告诉他的代理人，必须将所有的事情定期告知他。"我命令我的四位国务秘书不能签署任何没有跟我说过的文件；我对财务负责人说过相同的话，我告诉他，不能处理任何未经由我同意注册的财务问题，所有的财务收支问题都必须经过我查看之后才能公布。"①

国王和他的部长甚至构思制定和统计整个国家的信息。1663 年，财务部长柯尔伯颁布了一个名为省总督的指令，在这个文件中他命令收集所有可能有利于政府管理的信息，国王渴望清晰地知道他王国境内的所有省份的情况。为了准确表达文件所要表达的意思，柯尔伯首先要求监察官去找关于领地或者省份的地理信息，提供详细的地图，接着将这

---

① Jay M. Smith, *The Culture of Merit — Nobility, Royal Service, and the Making of Absolute Monarchy in France*, 1600-1789, Ann Arbor: The University of Michigan Press, 1996, p. 132.

些信息主要编写成教会、军队、法庭和经济四个部分。这些数据最终将通过各种方法体现在人口普查上——反映当地人口、税收细则、森林、水路交通、桥梁等状况。监察官应该将每个省份的人口普查描述完备。尽管国王很早便知道他的政府官员的才能，例如要监察官记录贵族家族的盟友及其在省份影响的范围，报告收成，发现生产的弱势部分，发现反对组织等。国王想知道有多少贵族居住在司法管辖区和司法总管辖区，以及与他们家族的联系，个人的功绩和权力，他们的土地收入以及所有权。王国内的官员也应该受到监管，监督的内容包括他们的道德、能力以及他们个人的影响力。最后，国王便能对各省份财富的数量和分类有客观的判断。

在法院，国王也要自己辨别几乎所有事情，他不能到达的地方，他的代理人必须去观察探明。国王从他的大臣以及助理那里得到源源不断的信息；反过来，这些大臣也希望他们的下属官员帮忙做同样的事情。例如，柯尔伯要求地方行政长官在搜集和整理相关信息的过程中探寻更多的信息，国王最希望看到的信息是确保公共债务的清算。通过专员精确探查，他们就像有价值的信息导管一样服务于国王。对各地方、各部门的调查帮助国王构建一个秩序良好的社会，监督官、代理人的工作使路易十四可以监视和控制国家的各个领域。

这项巨大的事业也暗示强调了一点，皇权的集中没有冒犯传统精英。相反，国王希望掌握有用的社会信息的目标，看起来和国王注视下的道德习惯一致。贵族们一直都在寻找办法努力把他们落落大方的行为呈现到国王面前，许多贵族编撰他们的家族历史呈送给国王，他们都认同这种直接在皇族人员面前展示其道德行为的方法。1614 年，贵族的谋士出了一个不切实际的建议，每个贵族家庭派一个成员和国王一起在宫廷居住，这个人的唯一责任就是向国王传达贵族家庭在其道德统治下的讯息。

然而，1660 年路易十四注意到他的贵族集团里面混杂了很多异见者，显示了对金钱的极度需求和不想为国王服务的想法，路易十四认为这是会影响王国统治的问题。1664 年，路易十四和科尔伯发现如果要重组国家公民的权力地位，就很有必要去形成一个由真正有道德的公民的联合。有了这个想法之后，统治阶级就开始展开一个大的调查，时间在 1666—1674 年、1696—1716 年。在每个省、每个贵族家庭中有可疑身份的人都必须给检察官提供证明，他们的家族身份必须在 1560 年之前就获得认证，谁的证明是在那个时间之后，就将被定为平民，并且回到收税的名单中。1669 年统治阶级宣布在综合目录中的贵族家庭会被编辑注册成书送到巴黎皇家图书馆。一旦被剥夺通过购买得到的贵族地位，就重回到了平民阶层，尤其是当这些人已经习惯了他们的地位和特权后，反差更是明显。而国王却可以有很多种方式利用这些位置。通过给予社会地位坚实合法的基础，国王巧妙地增加和净化了其经济价值。1696 年是第二个重要时期的开始，路易十四把 500 个贵族地位用来卖，这不是偶然。贵族并不是没有看到国王的经济动机，他们一直在抱怨政府忽视对他们不尊重的现象，也同样抗争查证程序的无效性。无论如何，贵族知道 1666 年的制度说明了一个长久的需求，在塑造他们完整贵族特性时，路易十四保护真正的贵族家庭地位，同时也列出了他们必备的责任和职能。在 1673 公布的巴黎贵族目录中，地方长官解释了国王想要这些目录编辑注册起来，为了以后可以找到这些资源。柯马丹描述这些目录将做成荣誉证书，布莱斯·德·蒙鲁克在一个世纪前提就到过，对服务、道德、贵族家庭品质做一个记录，使国王可以很容易看到，照着手头的名单，国王能够更好更快地将候选人同他服务的需要连接一致。①

---

① David D. Bien, “Offices, Corps, and a System of State Credit: The Uses of Privilege under the Ancien Régime”, in *The French Revolution and the Creation of Modern Political Culture: The Political Culture of the Old Regime*, ed. Keith Michael Baker, New York: Pergamon Press, 1987, pp. 89-114.

正是在这样的认识下，国王安排职位，选择应该担任的人，国王也知道可以从更加显赫的家庭中期望更多，因为他们有更大的动力和能力去做得更好。为了与他们高贵的血统联系起来的力量与勇气，也为了他们后代的职位，获得荣誉的自豪，捍卫荣誉的天性，祖先的示范，背叛他们血液、失去家族名义的遗憾，所有的这些激励着贵族们不断努力，具备做最棒事情的能力。基于所有这些原因，将这些人的名单印刷总谱收集起来是对国王和公众都有好处的事情。以此，路易十四重新将出身与品质联系起来，并在公共仪式和宫廷中为出身特权辩护。与此同时，路易十四还扩大和完善了法院学校，确保未来所有重要职位都能拥有品质要求，增加各类军事练习，增加他们出身优势对王国的用处。之后在 1682 年，路易十四还建立了 9 个特殊连——训练军团的年轻贵族学习他们的职业，以便在边境城市驻军。在 17 世纪 80—90 年代，有上千名贵族军官加入国王的军队中。1686 年，路易十四建立了皇家圣西尔、圣路易斯学校，教育贵族们的女儿，规定只有四代父母为贵族的女儿才有入学的资格。

贵族调查还有着不同于经济的目的，以确认国王生活的宫殿和行政机构确实有其价值。贵族一直认为通过家谱与形式不同的纹章，国王可以更好地识别他们的勇气、慷慨和英勇。为了以贵族的出身为基础制定选拔重要官员和学员的严格录取标准，路易十四用了贵族希望国王能一直使用的系谱历史。贵族现在可以确认功绩将得到公共机构的表彰，以及持久的公众认可。

17 世纪 60 至 70 年代的政府活动，就是进行各种各样的调查，列表和统计数据的编制，制定规章制度，扩展或澄清司法管辖区，这似乎看起来没有人情味，然而这所有的工作都奠定了王权视野的基础，在国土范围内拓展王权的视野。

与此同时，进行君主制法律的改革，科尔伯于 1665 年成立了司法改革委员会，国王在 1667 年 4 月和 1670 年 8 月设立统一的民事和刑事案件的程序，开始执行清晰的司法秩序。之后，路易十四又赞助让·多玛(Jean Domat)撰写法国法律五卷纲要，命名为《民事法律的自然秩序》，首次出版于1689年。序言中写道，法学家需要清晰的感知。多玛这部法律最重要的成就是建立了有序的法国宪法原则。多玛渴望将一个全面而详细的法国公众法律展现在人们的视野中，这是以往从来没做过的事情。多玛表达出“一种新的科学，新不是因为其中包含材料的新奇，而是由于体系本身”。多玛明确强调体系的价值不仅仅在详细的命令和条文上，更有包罗万象的范围，他自豪地宣称这种系统包含多样化的问题，同样显示出非凡的才德。① 多玛的公共法律是新的科学，其意图包括制定整个法律范畴，细节的定义、原则、规则、理解等，将法律体系带进公众的视野中，也反映出君主建立有序秩序的承诺。

相同的承诺在其他改革中也显现出来。例如，1667 年 3 月，路易十四和科尔伯将注意力转向巴黎城市的保卫。传统上，最高法院、市政厅和城堡的守卫负责维持城市的秩序。但即使每个人都去缴纳了自己的税费，街道的治安问题依旧无人问津。为了尽可能地监视一些潜在的麻烦制造者以及清除掉可能造成城市骚乱的因素，国王于 1667 年在首都设立了警务中尉。拉雷尼·尼古拉斯是第一任警务中尉(1667—1697年)，他立即认真开始了自己的工作。士兵晚上照旧在街道上闲荡，去酒馆里狂欢，而他们则是拉雷尼的首要目标。“所有士兵 11 月到 3 月末过了 6 点便只能游荡在他们自己的地盘和警卫军队之外的地方，3 月末到 11 月初则是过了 9 点……所以夜幕降临之前街道会被我们分散在城市和郊区的各个角落灯笼照亮；即便当月色明亮的时候，它们也会准时地在傍晚 5 点点亮……我们还明令禁止侍从、仆役、任何人去打破灯笼或者损毁支撑灯笼的杆子或绳子，违者都将被视为破坏公共安全的敌人。”②原先王国内的黑暗角落现在已经被照亮了，还被密切观察着。紧

① Jean Domat, *Les lois civiles dans leur ordre naturel*, 5 vol., Paris, 1695-1697, Vol. 1: preface, pp. 5-9.

② Daniel Gordon, *Citizens without Sovereignty: Equality and Sociability in French Thought*, 1670-1789, Princeton: Princeton University Press, 1994, pp. 9-24.

接着颁布的法令就声明，为了清除小偷或者其他的非法行为，要找出城市不明身份的人，封闭偏僻的小路。房屋以及机构的门是通往城市的一道壁垒，因此让人们夜晚紧闭前门、堵塞住通道，这样就使罪犯逃跑的难度增加了。市民应当将任何目击到的犯罪行为立刻向该地区的中尉报告，令坏人能够更加容易被寻找和辨认，首都逐渐变得安全。

这种改革也出现在军队中。勒·泰利耶(Le Tellier)和卢瓦尔(Louvois)(1677年左右法国军事部长)为所有连队建立了一个固定的先后顺序。在1667年5月，带有浓重贵族气息的24个皇家连队明确了他们的排列顺序。到了接近国王的最高位置，新的条例宣布国王的四个保镖连队会优先于法国和国外的其他所有军团和骑兵连队。接下来是国王陛下的宪兵连队，国王的轻骑兵，苏格兰宪兵，第一和第二骑兵连队，以及英国、勃艮第和佛兰德尔的宪兵连队。其他家族的军队紧随其后。紧随国王自己的分遣队的是王后、王储、勃艮第公爵、安茹、贝里地区和奥尔良的宪兵和轻骑兵。1670年，另一法令将所有44个国王步兵团分了等级。1671年11月，法令宣布无论何时，当不同军团里的连队组成一个营时，所有最高等级军团里的连队将会站在编队的右方和前方，下一个等级的军团里的连队移动到左方，其他军队将会在后边，从右向左依次排列。同时，军团里的优先位置一般将会根据上尉委员会的成立日期来决定，指挥也变得明晰起来。① 各种法令阐明并巩固了上下所有等级官员的地位，努力带给军队系统化的秩序。对路易十四来说，军队的情况与宫廷相似，有了重新阐明的军衔和等级系统，侍臣和职业军人都清楚地知道他们能期望什么样的荣誉和权力，现在也能精确地知道国王对他们的期待。在军队加强的等级制度里，路易十四知道这不仅增加了军衔的威望，也增加了军队的义务。

显然，国王对收集信息和将王权扩张到偏远地区的追求不应该仅仅

---

① Sr. de Briquet, ed., *Code Militaire, ou Compilation des Ordonnances des Roys de France Concernant les Gens de Guerre*, 3 vols, Paris, 1728, Vol. 2, pp. 64-65.

归结于重商主义的想法，路易和柯尔柏的确打算用更有效率的方式来利用王国的资源，但是国王想要给他的王国带来可见秩序的渴望不仅仅是起源于一个具体的经济议程。军队的秩序、地区地图的起草、社会身份的明晰化、巴黎的照明以及对宫廷礼仪系统的详细阐述都反映了同一个未阐明的目标：去创造一个全视角的君主政体，理论上来说，国王能够观察和评价他的人民的素质、优缺点，并能评估整个王国的需求。

省级机构不断增长的规模、地方行政长官和部长收集的社会统计数据、凡尔赛宫和王国其他遥远地区之间越来越高效的沟通路线、规范宫廷生活的规则，这些对路易十四来说都是他地位提升的保证。正是在这个意义上，“专制主义”这个词被如此频繁地应用于路易十四身上，他与路易十三和黎塞留相反，绝对权力暗示着路易十四遍及王国不受阻挡的绝对地位的确立。通过几十年的部门规章的制订和加强，一个激进的、监督性的皇家政府的建立必然暗示着国王的退出。为了消除这种想法，路易十四不仅让国家权力的增长对传统贵族来说更加容易理解，而且建立了一条衔接个人服务的传统文化与国家理性观念期待服务的转化线路。

路易十四巧妙地在宫廷内外用新的专制服务文化取代了传统贵族的私人服务模式。国王对宫廷生活的密切关注和定期访问明确显示了他对贵族态度的敏感。但是路易十四政权也用其他方法与贵族的需求对话。例如，宫廷青年学校的改革和扩张，恢复了贵族对这种独特形式课程的热情。青年学校是宫廷里重要且历史悠久的机构，是杰出的贵族家族子孙在为军队生涯做准备，学习马术和军事演习的地方。路易十四认识到，君主需要提供一个强大的激励来促使年轻的贵族们表现良好。因此，国王在评价他的仆从时，善于抓住每一个机会强调自己的角色。国王在他的回忆录中吹嘘说，他亲自为他的军队选择军官，甚至“亲自在步兵和骑兵中分配最不足轻重的岗位，这都是我的前任从来没有做过的事情”。国王喜欢给予那些他知道其个人能力的贵族以机会，特别是他把皇家军队和官员训练视为一体，“我关心部队的训练，并从中选择我提升的官员，他们将给新岗位带来严明的纪律”。在 1666 年创建了 200 个新步兵集团后，路易十四亲自任命了一些年轻的贵族作为上校，因为他们渴望得到国王的青睐。① 军队的满意似乎吸引了整个王国贵族的注意，路易十四欣赏贵族重视靠近国王身边的机会，他在皇室侍从中也创造了新的职位，包括新的轻骑兵团，来容纳那些贵族们。

路易十四清楚地告诉他的臣民，他会分配所有的皇家恩赐，将礼物赠予任何他喜欢的人，并且他会根据理性来做这件事，由此国王会更受尊重，人民也会更好地服从，一旦他的人民意识到国王能洞悉一切，衡量一切，他迟早会惩罚或奖励一切的时候，纪律机制就开始形成了。取悦路易十四的欲望推动那些为他服务的人不断地审视自己，他们不允许自己放松，因为他们知道任何缺陷都不会逃过路易十四的眼睛；他们是足智多谋的，因为他们相信，没有价值将无法得到国王的批准。他们渴望青睐和提升，按照热情和忠诚的比例被赐予。

路易十四确实试图创造一个印象，即他会随时观察人们的表现，没有任何事可以逃脱他的眼睛。然而，为了追求皇家无所不在、难以捉摸的目标，他不得不克服空间和时间上的困难，在时机成熟时公开露面，亲自示范，平常则使用代理权，这些交织在一起传达了国王关注一切的观念。由国王或其代理人进行的突击检查成为路易十四时期政府的一个明显特征。这样国王会使他所有的仆人永远保持警戒。路易十四高兴地记得，他偶尔会单独与他的大臣讨论工作，有时甚至说到最微小的细节，这令大臣们非常吃惊。

皇室定期的关注刺激着人们忠诚地服务。在巴黎建立了一座新的贵族骑术学院，将贵族分成三个骑兵中队，他们通过相互竞争获得战利品来学习技能，其中能很好地履行职责的六个人将会有六个月的锻炼机会。每周六指挥官将会纠正在这个星期玩忽职守的人的错误，并且每个

---

① Jay M. Smith, *The Culture of Merit — Nobility, Royal Service, and the Making of Absolute Monarchy in France*, 1600-1789, Ann Arbor: The University of Michigan Press, 1996, p. 152.

月大乡绅都会收到一份来自指挥官的信，内容是在训练中有所进步与提升的绅士数量，来保证他们的进步。作为回报，骑兵中队可以用他们一部分的时间向巴黎守卫团提供服务，他们会轮流向国王、王后、皇太子服务，将他们在职位上的能力全部表现出来使国王满意。每周一次的修正和一年两次的奖励竞争使人们更加注意自己的职责，国王和贵族也会经常检测学生们的进步程度。尽管国王可能会较长时间缺席，但是路线的制订会使君主与学员的交流持续不断，它的有效影响也是连续的，因为军官、士兵和有抱负的军人渴望得到君主的认可与关注。

国王努力使自己变得在朝堂内外都有存在感，这意味着除了在法院确保他的常规可见性，路易十四还不得不在影响力、范围、现实性上加强自己的隐性存在感，因此路易十四告知人民没有什么会成为他洞察力的障碍。通过国王自身存在的膨胀，路易十四巧妙地建立起一套评判功效的服务文化新标准。在强烈地声称自己权力的个人天性后，路易十四继续强调国王的感知能力，并建立了评判功勋的最终措施。同样，国王把各种各样的利益归入他的眼底，这些需求也帮助形成了明确有效的标准。路易十四是一个明智的君主，懂得利用他的人民，“知道从他们拥有的所有好东西中获利的方法……他懂得如何使人民在他的事务中变得有用”。这首先说明在进行任务分配前确认能力的重要性。为了在政府细小事务上帮助自己，路易十四在回忆录中记录说：“根据通常归入国家行政机关事件的多样性，我想要选择来自不同职业以及拥有不同才能的人。”①路易十四认为农民、手工业者、商人、金融家、法官等，每个职业的贡献都在以他们的方式支持君主政体。

上述有关路易十四改革的论述已经表明，在17世纪晚期皇家服务的词典里，“才德”这个词比以往都更加被认为是一个重要的存在，并且反映了一个巨大的变化。以前将“才”“德”放在一起，现在则分开来

---

① Louis XIV, *Mémoires, suivi de Réflexions sur le métier du roi*, *Instructions au duc d'Anjou*, *Projet de harangue*. Ed. Jean Longnon, 2 vols., Paris, 1923, Vol. 1, 170.

谈论，且更强调“才”，“美德”指向一种“灵魂深处促使你去做好事的习惯”，然而“才能”却暗示着一种相当确定的能力或者是一系列的能力。富赫梯耶(Furetière)将才能定义为“一种由本质、性格、天资而生的为解决事务的天赋”。① 此外，才能要求被使用，尽力施展才能就像另一种方式有效地使用一个人的智力、技能。路易十四的确展示了以空前效率使用国民多样技能的决心。以1669年诏书为例，它规定“每个人所拥有的义务被普遍认为是人们首要的且最不可缺少的职责”，国王因此禁止法国国民移民到国外，以及在那里从事他们有能力做的工作。②

国王想要加强国民对符合他们身份和等级职务的承诺，这暗含在国王重新编排军人等级制度的行动中，国王对贵族行为密切关注，甚至对巴黎的监控更为严密。但是国王依然通过建立新的制度来培养、提高、奖励那些有多样才能的、服侍过他的人，鼓励每个人发现他们拥有职业的规律，提高服务效率。例如，加大法律学校的改革，资助更多的贵族骑术专业学校，以及创设培养后补军官和绅士的机构，此外国王还决心通过建立单独的火炮学校和航海学校来加强军事实力。路易十四为有才能的平民开辟了新的晋升道路，1693年他颁布了“纯粹军事新政”，宣布“价值、功勋和服役这些可以彰显荣耀的方式将成为入伍的唯一理由”。国王当然知道军官的收入可以超过贵族，尽管如此，他还是希望所有的士兵都坚信一个人可以通过展示他的职业能力来获得新的荣耀。③

路易十四不仅将注意力集中在军事事务上，还新建了舞蹈学院(1661年)、文学院(1663年)、科学院(1666年)、音乐学院(1669年)

---

① Antoine Furetière, *Dictionnaire universel*, The Hague and Rotterdam, 1690, p. 126.

② François Isambert, *Recueil general des anciennes loix françaises depuis l'an* 426 *jusqu'à la revolution de* 1789, 29 vols, Paris, 1822-1833, Vol. 18, p. 366.

③ André Corvisier, *L'armée française de la fin du XVIIe siècle au ministère de Choiseul: Le soldat*, 2 vols. Paris: Presses Universitaires de France, 1964, Vol. 1, p. 178.

和建筑学院(1671 年)，在随后的几年里，各省区也建立了与巴黎科学院相似的机构。

同时国王也十分关注司法制度。1665 年、1669 年和 1672 年皇家法令和声明澄清了法官和办事员的年龄要求，国王也为未来的法学家阐明他们应该满足的法律标准。在 1679 年、1682 年和 1683 年，国王宣布没有人能直接成为律师。成为司法人员有不可或缺的条件，需要完成对民法和法典三年的研究，并取得学士程度的执照。国王帮助改善司法人员的培训，在大学课程中设立民法，并建立专门针对法律的方案等。虽然这些新规则执行得不均衡，但也显示出君主渴望充分和有效地开发人才的愿望。

越来越多的人才逐渐超过了君主的关注范围，规范使国王实际不存在的优点得到体现，规范无所不在，国王的缺席有助于解释这个现象，因为国土之大、事务之多，因此形成规范成为国王无形的关注。价值的象征在 1675 年传入军队，军事长官路瓦分享了路易十四的权力，建立了著名的“晋级表”——一个进步排名，每个年级的所有官员根据委任日期安排，晋升到总干事的军衔遵循资历规定的顺序，该表以一种方式来衡量和奖励活动人员的优点，至少，通过使用多年的服务来奖赏忠诚和勇敢。贵族对“资历原则”的制度化颇有异议，但是柯尔柏在他死后出版的政治遗嘱中解释了这种标准化措施的实际需要：国王本人，尽管他尽了最大的努力，却不能真正地注视着每一个人：“他有这么多不同的军队，怎么能从他的眼睛知道所有的军官和每一个人的优点？”①

17 世纪早期贵族们都渴望用所有可以增添优雅的东西来吸引观众的眼睛，后来路易十四采取措施以保证贵族仍然有机会出现在国王的眼前，但是即使在享受国王的关注时，他们发现自己被以排名和血统一一进行排列。而路易十四定期看到每个人的决心，意味着个人感知到王室

① Jean-Baptiste Colbert, *Testament Politique de messier Jean-Baptiste Colbert*, The Hague, 1693, p. 464.

直接目光的间歇性。贵族们为了打动国王，不断地在国王身边服务，以显示他们的忠诚。贵族现在以更高的效率和准确性履行他们的职责，其动机在于期待皇家的识别。通过长期定期监视朝臣，路易十四让大家非常刻苦，并急于讨好他。

路易十四构建了一个虚构的存在和在法庭上虚构的缺席。因此，君主的目光不再仅仅肯定了贵族的气质，也提升了贵族勤勉的品质特性。路易十四使他的法院以一种方式创造了一个空间，扩大了君权的范围，并在同一时间监视他的仆人。当君主制定了具体和规范的才德标准时，国王的仆人们则越来越集中他们的注意力在完成任务和履行职责上。各种规范的形成，以及不断启用有天赋的人都显示出国王通过服务验证“才德”的迹象。

渐渐地，贵族的字典里也很好地表达了国王对职业强调的新意义：“勤勉……意味着一个对象专注于自己，重视自己，在工作上的勤勉。”①路易十四自己也非常勤勉，专注于国王的职业，以此塑造自己的威严，这都深深吸引着他身边的贵族和大臣们。特罗梯·德·拉·夏塔梯(Trotti de la Chetardie)直接区分传统贵族的价值表达和新的服务需求：慷慨的行为仍然能为贵族获得朋友和仆人，但为了吸引国王和大臣们的注意，一个人需要的不仅仅是一颗慷慨的心，实现财富和荣耀是必要的，根据不同的职位，将勤勉作为自己的职责。因此，你的主人或那些他所选择的人，能够从你的勤勉中决定是否选择你。即使是一个追求军事荣誉的人，光靠勇气也是不够的，还必须有非常勤勉的努力。②

勤勉的新动力也促成了职业培训和教育的形成。在贵族的教育上，强调单一的教学方法，认为消遣是无用和危险的，只能不断培养贵族们的能力，完善他们的天才秉性，使他们能更好地履行职责。同样尼古拉

---

① Antoine de Courtin, *Traité de la paresse, ou l'Art de bien employer le temps en toutes sortes de conditions*, Paris, 1673, p. 116.

② Trotti de la Chétardie, *Instructions pour un jeune seigneur, ou l'idée d'un galant homme*, 2 vols., Paris, 1702, Vol. 1, pp. 112-117.

斯·雷蒙德·德·库尔斯(Nicolas Remond des Cours)的课程也强调每个人必须只从事他适合的职业，在接受职业时要慎重考虑是否能够承担工作中的痛苦。每个人都为了使自己的劳动适合公职进行充分定位，通过反反复复地自我反思，在职业生涯之开始前找到适合的职业。雷蒙德认为每个人都应该根据他的才华和天赋工作，成为对社会有用的人。①

17 世纪后期的很多传记、颂词和家族史很好地捕捉到了价值观的变化。"严格""精确""勤勉"成为职业的准则，也得到国王赞许和奖赏的评定。最机灵、最能吃苦并且能够准确揣测主人意图的柯尔柏成为佩罗特(Perrault)著作中典型的具有天才和精力充沛的仆人形象。传记作者们同样称赞柯尔柏"惊人的正确"，并要求控制器一般"不知疲倦的工作"②。如此种种都激发了国王身边大臣和贵族们的服务信心，他们兢兢业业地工作，仿佛执行国王的命令是一个争先恐后的活动，表现出"极端的勤奋"和"难以置信的运作"。比如科维尔(Courvile)——在奥格斯堡同盟战争中的步兵团上校，从那些只有模糊形象的人群中脱颖而出，是因为他的勤勉被大家所认识。公爵的传记作者杨(Young)详细描述了另一个战士，他很活跃、很警觉，总是承担最艰苦的工作，从不畏缩任何劳动，他因为勇气和伟大的军事才能而获得了军队的钦佩。杜·普哈(Du Prat)写文章赞美一位职业军人：盖松元帅(Marechal de Gassion)并不仅仅因为他的好身世，也因为他强大的思想和辛勤的工作，他似乎不知疲倦、警惕、特别活跃，他总是说"让我们工作"，只有工作带给他快乐，不停地工作，只有没有工作要做的时候他才会休息一会。③ 卡梯耶·德·库尔梯兹·德·桑德拉(Gatien de Courtilz de Sandras)称赞法伯特元帅(Marechal de Fabert)无畏的勇气、不知疲倦的工

① Nicolas Remond des Cours, *La véritable politique des personnes de qualité*, Paris, 1692, p. 61.

② Gatien de Courtilz de Sandras, *La Vie de Jean-Baptiste Colbert*, *minister d'état*, *sous Louis XIV*, *roy de France*, Cologne, 1695, p. 2.

③ Du Prat, *Le Portrait du maréchal de Gassion*, Paris, 1694, p. 50.

作和超常的判断力，“法伯特元帅严格地训练第一团的法国警卫，使警卫们都能履行作为士兵的职责。法伯特元帅总是想在他投身的职业上做到最好，所以他寻找一切可能的机会去学习，他能力的多样性让同行印象深刻，没有人知道他最伟大的天赋是什么”①。再看巴黎警察中尉沃亚德·阿吉松(Voyerd Argenson)家族的家谱史，阿吉松侯爵来自一个相当古老的贵族家庭，他的优点非常显著：“富有远见的判断力，活力充足，卓越的才华，惊人的记忆力，准确的洞察力，敏锐的精确度……所有这些罕见的天赋都体现在他身上。”对阿吉松侯爵优点的描述不同寻常地显示出国王对才能的追求和 17 世纪后期新的服务理念的传播。阿吉松侯爵是一个“不知疲倦而负责的警察，对工作有着极大的需求，是维护国王统治秩序的工具，他对巴黎无数臣民的道德观念进行深入了解，消除臣民的怀疑，并且可以预见到具有危险影响的行为，无休止地检查所有外来人的生活，了解他们的习惯，不断渗透，以使他们忠诚于国王和各级长官，尊敬他们的威严”②。很明显，阿吉松侯爵的成就是如路易十四此前所说的“清洁和照明法国的街道”的作用，维持秩序的同时还对居民的健康和福利负责。阿吉松侯爵被作为皇家仆人的典范，在他履行自己观察巴黎城市任务的时候，他就像路易十四的缩影。

根据米歇尔·福柯(Michel Foucault)的分析，标准化使广义的监督成为可能，并且被作为强制执行人物的关键工具之一。通过约束冲动，福柯认为“标准是建立强制的原则，随着这个常态力量引出一个新的系统。曾经表示阶层的标志、特权和关系正在被一个表示正常社会成员的分类所取代”。新识别标志成为常态，国王建立了部分通过考试来识别人们能力的解决办法。在权力和阶层占统治地位的时候，考试发挥了非

---

① Gatien de Courtilz de Sandras, *Histoire du maréchal de Fabert*, Amsterdam: Chez Henri Desbordes, 1697, p. 13.

② Bibliothèque de l'Arsenal, MS 4161, Du Prat, “Généalogie de M. Le Marquis d'Argenson”, fol. 53r.

常重要的作用，并且与传统的地位、出身和特权形成了鲜明对比。①

在这个过程中，路易十四无意贬低身份、出身、信仰及其象征，相反，这些社会异质性的指标，特别是在法庭上显示出固定的阶层和威严的指标，仍然被国王规范化。在加强等级区分和宣扬标准来决定社会地位方面，路易十四没有明显破坏原有的准则，而是重申出身、遗传和家族所代表的品质的重要性。但是可以肯定的是，在路易十四统治下贵族必须适应新的预期，17 世纪的贵族曾希望报答皇家办公人员，给予他们恩惠，贵族打算尽可能多地在国王军队里忠诚地服务来进行这一项工作。相比之下，在 17 世纪以后，国王希望每个人通过努力地工作和可观的成绩来做好自己的角色。但是贵族的特殊性质仍然继续被认可，国王表示高贵的才德让他们在军队和各种教育机构中较快地晋升，同时也保证他们在法院的地位。通过国王常规化的关注、互惠的规定、价值标准的制订，路易十四将新的皇家服务文化融入传统贵族的价值观里。通过精确地标准化贵族地位，贵族的观念开始从传统意义上的个人服务形态中脱离，与国家中心观念的效用联系在一起。

综上，16—17 世纪法国的君主专制达到顶峰，拥有长期固定的军队，不规则而多层的皇室行政、财政系统，而一种特殊的皇室服务文化出现在君主与仆人关系中，在这种前现代化的政治模型中，国王和围绕在他身边的贵族一样，都十分器重忠心、慷慨、勇气以及热情服务的能力，这些被视作贵族必备的品质。17 世纪早期君主和贵族之间慢性的紧张关系可以视作导致国家和社会逐渐解体以及集权超越私人关系现象出现的原因。考虑到贵族们的不安，路易十四意识到扩张君主权力必须建立在宝贵的私人关系的基础上，通过延伸君主的眼线并详细制订君主权力规划，路易十四在减轻贵族紧张情绪的同时，加强了他对国家的统治。加强君主对国家事务的知情度，给法国政府带来一种微妙又及其重

---

① Michel Foucault, *Discipline and Punish*: *The Birth of the Prison*, Trans. Alan Sheridan, New Tork: Random House, 1979, p. 184.

要的作用。通过调整他本人在法庭上的装扮，这位国王还呼吁传统的阶层观念，并给予他的贵族和法庭官员更多机会出现在国王的眼前。路易十四为了建立一个全面强化的君权，彻底地在他们所做的每一件事务中强调秩序和透明度，重新设立社会价值观，让这种观念比君主更明显。从而形成了两个显著的现代政治文化特征：一个是具体化的管理规定，一个是通过国家监视管理国民。路易十四设置的，观察并管理社会的眼线不断地深入公共机构之中，为国王延展了视野，这就让他理论上可以在一瞥间目及全国，实现君主和私人眼线的功能——看、识以及评判价值。同时，路易十四还指引了王室服务的新方向。国王的眼线遍及各式各样的王室官员和机关，涉及大量不同专业的不同人群，对天赋及教养的价值标准不仅仅局限于贵族出身的人，且国王并不仅仅期待贵族阶级在天赋多样性上有所发展。因此，一种毫无疑问的评定趋势就在国王眼线之中蔓延开来。通过路易十四个人的统治表现，他用来平衡国王与贵族关系的私人服务方式，与一种正在发展的、国家进化成共同体所需的公共服务方式相结合，形成一个综合体系。通过这种方式转变已经形成的服务文化，路易十四在传统与现代之间修起了一座桥梁。

结　　语

旧制度时期是法国从封建社会向资本主义社会过渡的重要时期，在此期间法国经历了新航路开辟引起的整个欧洲的商业革命和价格革命，通货膨胀、物价飞涨，作为传统社会统治阶层的贵族面临着经济和政治地位上的重大危机，这个过程中一些贵族逐渐衰落下去，但很多贵族面对挑战迎难而上，采取各种措施和方法增加财产收入，提高社会地位，使家族渡过难关，走出阴霾。

首先，贵族从自身出发，土地是他们最基本和最重要的收入来源，因此管理和经营好领地地租和自领地收入对家族来说至关重要。整顿原有的领主租佃，扩大自领地范围，购置土地，在土地交易中最大限度地获取利益；采取土地收益分成制的经营方式，将地产出租给农民，定期收取租金；出租城市地产，获得租金收入等方式都令贵族的收入有所保障。在此基础上，一些贵族由于其领地资源丰富，还投入采煤和冶金业中，获得更多利润；有的还加入制造行业中，比如玻璃、陶瓷、制纸、呢绒、棉麻、纺织纤维等，他们投资并在购买的土地上设计建造近代工场，成为后来工业革命时期大型工厂的原形；有的贵族甚至将地产发展到海外殖民地，投资当地的特色产业，如蔗糖加工业、咖啡种植业等，回报较为丰厚。因此，在贵族眼中，地产收入的形式是多种多样的，是在其土地上不同开发活动带来收入的总称，他们一方面维护好传统领地的租佃收入，另一方面则发展新的盈利方式，可以说贵族非常活跃，很具有开放精神，创新意识较强，但是其经济活动和盈利方式与传统社会思想观念存在矛盾，因此他们也无法大胆而彻底地投入经营活动中。

其次，乡村借贷也是近代贵族增加财富的一种手段，虽然还没有达到非常重要的程度，但对某些家族来说无疑是一种很好的收入来源。在近代商品经济发展的过程中，乡村借贷越来越频繁地出现在贵族的日常经济生活中，且应用范围也越来越广泛。在乡村借贷发展的初期，借据还可以作为货币使用，直接进行土地交易。此后，借贷从原始的、仅依靠信任建立的私人借贷，发展为有抵押的借贷关系。由此，当债务人不能定期偿还借款时，便上诉到法庭，没收并低价拍卖其财产，这种借贷使一些贵族廉价获得了许多土地资源，价值大大超过原来借出的金额。17 世纪逐步通行了借贷利息，使资金转换为可以盈利的资本，借贷转变为一种赤裸裸的利益关系，这也是近代银行业兴起的源头。

再次，婚姻是贵族中最为普遍的连接纽带，其意义远远超过简单的后代繁衍，在联姻中两个贵族家族物质利益的交换和地位的相互巩固最为重要。因此，贵族的婚姻策略对于其家族的发展至关重要，如何能安排一桩好的姻缘、形成可以向上晋升的委托附庸关系网，则是每个家族需要精心谋划的重大任务。如果贵族家庭男性成员娶进别的贵族姑娘时，则可以带来一笔很丰厚的嫁妆，包括地产、现金等，直接获取经济利益。当贵族家庭嫁女儿时，虽然会消耗一部分财产，但他们则尽量让女儿嫁入地位较高的家族，由此带来更广阔的附庸关系网和更多获取官职的机会，以提高家族的地位和头衔，这是贵族晋升的一条捷径。在这个过程中也不乏与宫廷贵族的联姻，得到皇室丰厚奖赏的同时，获得宫廷职位。

最后，谋取官职也是贵族摆脱困境，向上晋升的一个重要途径。从弗朗索瓦一世以来，法国卖官鬻爵的现象日趋严重，很多官职通过购买即可获得，这无疑也给下层贵族带来了机会。获得官职不仅可以得到相应的收入，而且可以提高家族的社会地位。虽然有些官职是名誉性的，比如宫廷里国王侍从、王子侍从、国王斟酒人等职位，但由于这些职位处于王亲贵族身边，通常可以获得很多赏赐以及和大贵族联姻的可能。

同时，家族成员中如有一人获得官职，则会尽量安排其他成员进入官场中，形成一张相互依靠的附庸关系网，例如军事和宗教上的官职通常是贵族家庭安排次子进入的职位。由此，通过这样一张庞大的委托附庸关系网，给家族的政治、经济活动带来更多的便利。

贵族所采取的这些措施并不是各自独立的，而是相互关联的。贵族首先是经营好自己的领地和地产，有较为稳定的收入保障，然后利用贵族之间的联姻带来有利的军事、法院、政府和教会官职，提高家族的社会经济地位，由此则可以获得与更高贵族阶层联姻的机会，这几个方面相互作用，互相促进。

在对法国巴黎地区、中部高原的奥弗涅和利穆赞地区、南部普罗旺斯地区以及北部诺曼底和布列塔尼地区的贵族进行考察和深入探讨后，可以看出法国各个省区都有非常不同的地域特色，法国贵族也具有多样性和复杂性的特点，因此需要分区、分层研究。巴黎贵族由于其政治、经济中心的优势地位，能够较早接触到新的经营方式和理念，与资产阶级商人往来较多，因此具有非常明显的开放性精神，创新意识较强，支持在自己的土地上发展资本主义工业。同时，巴黎地区贵族由于身处王室和宫廷周围，所以非常注重与王室保持密切的联系，努力在宫廷中获得恩宠，积极谋取各部门的官职，获得良好的联姻机会，因此较为顺利地渡过了经济转型的危机。中部高原的奥弗涅和利穆赞地区自然环境较为恶劣，孕育了当地独有的农业生产和经营活动；其偏僻、封闭的地理位置，使得该地区与外部的交流不多。由此，当地的贵族承袭着传统的实物地租，但就是这种相对落后的地租方式，反而在中世纪晚期、近代早期欧洲社会经济变革过程中，挽救了上奥弗涅地区贵族的经济收入。通过对当地贵族生产、生活经历的考察，可以明显地看出当地贵族的特性，即对土地经营的依赖，他们通过维持传统的领主地租、经营地产、发展农场和乡村借贷几种方式保持了自己的经济优势和地位。南部普罗旺斯地区，由于处于地中海沿岸，商业和贸易气息浓厚，其贵族的发展并非以领地地租为主，虽然商业革命、价格革命对他们有一定的影响，但没有造成严重的打击，从总体上说仍然维持着较为稳定的政治经济地位。北部布列塔尼和诺曼底地区的中下层贵族较多，经济上较为贫穷，但整体上还能应付通货膨胀、物价飞涨所带来的危机。虽然法国各地区贵族有各自的特点，但是他们在近代经济转型时期有一个共同点，那就是顽强生存，而且他们也具备这样的能力。

贵族的政治文化也从一种对王权的私人服务关系转变为公共服务的思想，贵族与王权的关系从紧张转为缓和，这同时完成了贵族等级观念从传统向近代过渡的历程，推动中央王权的集中，一整套行政体系的形成，也促使一部分贵族向资产阶级精英转变，在国家行政、财政、高等法院、军队等领域发挥重要作用。

综上所述，面对社会经济转型带来的危机，贵族积极面对，采取措施保障家族的经济优势和地位。因此，传统观点认为，近代早期法国贵族阶层在通货膨胀、物价上涨过程中受到了巨大的打击，从而走向衰落，这种看法值得商榷。对近代早期法国贵族阶层命运的探讨，是一个非常复杂的问题，不仅各地区不同，而且就是在贵族阶层内部也存在着不同的情况，所以不能概括性地论述，要进行具体分析。贵族阶层在土地经营中采用一些带有资本主义色彩的经营方式，但是从长远来看却没有发展成为资本主义，由于习惯法规定“贵族不能经商”的传统观念的束缚以及法国王权过于强大，最终抑制了贵族的发展，因此法国的贵族阶层最终没能转化为资产阶级化的新贵族。

参考文献

1. Abbé Coyer, *La Noblesse Commerçante*, Paris, 1756.

2. Abel Poitrineau, *La vie rurale en Basse Auvergne au XVIIIe siècle*, Paris: Presses Universitaires de France, 1963.

3. Abel Poitrineau, *Propriété et société en Haute Auvergne à la fin du règne de Louis XIV*, Cahiers d'histoire, 1961, no. 6.

4. Adolphe Acheard, *Une ancienne justice seigneuriale en Auvergne*, Clermont-Ferrand: Imprimerie Générale, 1929.

5. A. Goodwin, *The European Nobility in the Eighteenth Century: Studies of the Nobilities of the Major European States in the Pre-Reform Era*, London: Adam and Charles Black, 1953.

6. Akadémiai Kiadó, *Noblesse française, noblesse hongroise, XVIe-XIXe siècles*, Paris: CNRS, 1981.

7. Alain Texier, *Qu'est-ce que la noblesse? Histoire et droit*, Paris: Tallandier, 1987.

8. Albert Rigaudiere, *La Haut Auvergne face à l'agriculture nouvelle au XVIIIe siècle*, Paris: Presses Universitaires de France, 1965.

9. Alfred Durand, *La vie rurale dans les Massifs volcaniques des Dores, du Cézallier, du Cantal et de L'Aubrac*, Thèse de doctorat, Clermont-Ferrand, 1946.

10. Alice Garrigoux, *Les franchises des communautés d'habitants en*

Haute Auvergne du XVIIe siècle à la fin du XVIe siècle, Thèse, Ecole des Chartes, 1939.

11. Ambroise Tardieu, *Dictionnaire des anciennes familles de l'Auvergne, comprenant toute la noblesse qui a résidée ou qui réside dans cette province*, Moulins: Etienne Auclaire, 1884.

12. Ambroise Tardieu, *Grand dictionnaire biographique du Puy-de-Dôme*, Marseille: Laffitte Reprints, 1995.

13. Amédée Guillotin de Corson, *Petites seigneuries de Haute-Bretagne*, Rennes, 1907.

14. Amédée Louis Alexandre Trudon des Ormes, *Notes sur les prévôts des marchands et échevins de Paris au XVIIIe siècle*, Paris: H. Champion, 1911.

15. Anne J. Duggan, *Noble and Nobility in Medieval Europe: Concepts, Origins, Transitions*, Woodbridge: The Boydell Press, 2000.

16. André Delaporte, *L'Idée d'égalité en France au XVe siècle*, Paris: PUF, 1987.

17. André Devyver, *Le Sang épuré: le préjugé de race chez les gentilshommes français de l'Ancien Régime*, Bruxelles: Université de Bruxelles, 1973.

18. André Fel, *Les hautes terres du Massif Central. Tradition paysanne et économie agricole*, Paris: Presses Universitaires de France, 1962.

19. André Giffard, *Les justices seigneuriales en Bretagne aux XVIIe et XVIIIe siècles* (1661-1791), Paris, 1902.

20. André Imberdis, *Histoire générale de l'Auvergne, depuis l'ère gallique jusqu'au XVIIIe siècle*, Clermont-Ferrand, Editeur: Ferdinand Thibaud, 1868, 2 vol.

21. Antoine Adam, *Le Mouvement philosophique dans la première moitié du XVIIIe siècle*, Paris: SEDES, 1967.

22. Arlette Jouanna, *Le Devoir de révolte: la noblesse française et la gestation de l'État moderne*, 1559-1661, Paris: Fayard, 1989.

23. Arlette Lebiger, *Les Grands Jours d'Auvergne. Désordres et répression au XVIIe siècle*, Paris: Hachette, 1976.

24. Arthur-Michel de Boislisle, *La Chambre des comptes de Paris: notes sur les premiers présidents*, Nogent-le-Rotrou, A. Gouverneur, 1875.

25. Baron de Tricornot, *Mémoires*, Besançon, 1894.

26. Béatrice Hyslop, *L'Apanage de Philippe Égalité, duc d'Orléans*, 1785-1791, Paris: Société des études robespierristes, 1965.

27. Benedetta Craveri, *Mme du Deffand et son monde*, Paris: Le Seuil, 1987.

28. Bernard Schnapper, *Les rentes au XVIIe siècle, Histoire d'un instrument de crédit*, Paris: Éditions de l'École des Hautes Études en Sciences Sociales (EHESS), 1957.

29. Berthelot du Chesnay, *Les prêtres séculiers en Haute-Bretagne au XVIIIe siècle*, Rennes, 1984.

30. Bertrand Bossy, *L'anoblissement en Bretagne ducale* (1365-1532), Nantes, 1984.

31. Bertrand Gille, "L'Auvergne au milieu du XVIIIe siècle", *Revue d'Auvergne*, 1966, Vol. 80, no. 1.

32. Carolyn Lougee, *Le Paradis des femmes: Women, Salons and Social Stratification in Seventeenth France*, Princeton: Princeton University Press, 1976.

33. Carre Henri, *La Noblesse de France et l'opinion publique au XVIe siècle*, Paris: Édouard Champion, 1920.

34. Charles Desmaze, *Le Châtelet de Paris, son organisation*, Paris: Gosse, 1854.

35. Charles Felgères, *Histoire de la baronnie de Chaudesaigues*, Paris:

Champion, 1904.

36. Charles-Louis Chassin, *Les Élections et les Cahiers de Paris en* 1789, Paris, 1888.

37. Chevalier de Courcelles, *Histoire généalogique et héraldique des pairs de France*, Paris, 1822-1823, 12 vols.

38. Clarck, Samuel, *State and Status: The Rise of the State and Aristocratie Power in Western Europe*, Montréal-Kingston: McGill-Queen's University Press, 1995.

39. Claude Jolly (Dir.), *Histoire des bibliothèques françaises: les bibliothèques sous l'Ancien Régime*, 1530-1789, Paris: Promodis, 1988.

40. Claude Petitfrère, *Le Scandale du Mariage de Figaro*, Bruxelles: Complexe, 1989.

41. Claude Renard, *Paroisses et communes de France*, *Dictionnaire d'histoire administrative et démographique*, Paris: C. N. R. S., 1990.

42. Claude-Isabelle Brelot, *Noblesses et Villes*, 1780-1950, *actes du colloque de Tours*, Maison des sciences de la ville, 1995.

43. Comte Henri de Boulainvilliers, *Dissertation sur la noblesse française*, Paris, 1732.

44. Comte Henri de Coustant d'Yanville, *La Chambre des comptes de Paris: essai historique et chronologique*, *armorial*, Paris: J. B. Dumoulin, 1866-1875.

45. Comte de Rosmorduc, *La Noblesse de Bretagne devant la Chambre de la Réformation*, 1668-1671, Saint-Brieuc, 4 vols., 1896-1905.

46. Comte de Vaublanc, *Mémoires*, Paris, 1883.

47. Davis Bitton, *The French Nobility in Crisis*, 1560-1640, California: Stanford University Press, 1969.

48. Daniel Gordon, *Citizens without Sovereignty: Equality and Sociability in French Thought*, 1670-1789, Princeton: Princeton University Press,

1994.

49. Daniel Ligou, *Histoire des francs-maçons en France*, Toulouse: Privât, 1981.

50. Daniel Martin, *L'identité de l'Auvergne-Mythe ou réalité historique*, Nonette: Créer, 2002.

51. Daniel Mornet, *Les Origines intellectuelles de la Révolution française*, 1715-1787, Paris: Armand Colin, 1933.

52. Daniel Roche, *La France des Lumières*, Paris: Fayard, 1993.

53. Daniel Roche, *Le Siècle des Lumières en province: académies et académiciens provinciaux*, 1689-1789, Paris: EHESS-Mouton, 1977.

54. D. Depraz, *Enquêtes sur les bibliothèques des nobles à Paris après* 1750, Paris, Sorbonne, 1968.

55. Dena Goodman, *The Republic of Letters: A Cultural History of the French Enlightenment*, Ithaca: Cornell University Press, 1994.

56. Denis Richet, *De la Réforme à la Révolution: études sur la France moderne*, Paris: Aubier, 1991.

57. Denis Richet, *La France moderne: l'esprit des institutions*, Paris: Flammarion, 1973.

58. D. Lieven, *The Aristocracy in Europe*, 1815-1914, London: Mac Millan, 1992.

59. Donna Bohanan, *Crown and Nobility in Early Modern France*, New York: Palgrave, 2001.

60. Dominique Labarre de Raillicourt, *La Noblesse militaire*, Paris: Labarre de Raillicourt, 1962.

61. Duc de Louis de Rouvroy Saint-Simon, *Mémoires*, Paris: Ed. Adolphe Chéruel Pléiade, 7 vol., 1953-1961.

62. Durand Echeverria, *The Maupeou Révolution: A Study in the History of Libertarianism*, 1770-1774, Baton Rouge: Louisiana State University

Press, 1985.

63. Edited by H. M. Scott, *The European Nobilities, in the seventeenth and Eighteenth Centuries*, London and New York: Longman, 1995.

64. Edited by A. Goodwin, *The European Nobilities in the Eighteenth Centuries*, London: Adam and Charles Black, 1953.

65. Edited by Charles Wilson, and Geoffrey Parker, *An Introduction to the Sources of European Economic History* 1500-1800, London: Weidenfeld & Nicolson Ltd, 1977.

66. Ellis Wasson, *Aristocracy and the Modern World*, New York: Palgrave macmillan, 2006.

67. Elias, Norbert, *La Société de Cour*, Paris: Flammarion, coll. « Champs », 1985.

68. Ellery Schalk, *From Valor to Pedigree: Ideas of Nobility in France in the Sixteenth and Seventeenth Centuries*, Princeton: Princeton University Press, 1986.

69. Émile G Leonard, *L'Armée et ses problèmes au XVIIIe siècle*, Paris: Plon, 1958.

70. Emmanuel Le Roy Ladurie et Jean Meyer, *Médecins, Climats et Épidémies à la fin du XVIIIe siècle*, Paris: La Haye, 1972.

71. Emmanuel Le Roy Ladurie et Jean-François Fitou, *Saint-Simon ou le Système de la Cour*, Paris: Fayard, 1997.

72. Emmanuel Le Roy Ladurie et Michel Morineau, *Histoire Economique et Sociale de la France*, Paris: Presses Universitaires de France, 1977, 2 vol.

73. Emmanuel Le Roy Ladurie, *Les paysans de Languedoc*, Paris: Éditions de l'École des Hautes Études en Sciences Sociales (EHESS), 1966.

74. Emmanuel Louis Alexandre de Launay, *Mes soliloques, Autobiogra-*

phie rêvée du Comte d'Antraigues, Paris: Éditions du CTHS, 2001.

75. Emmanuel le Roy Ladurie, Joseph Goy, *Tithe and Agrarian History from the Fourteenth to the Nineteenth Centuries, An essay in comparative history*, Cambridge: Cambridge University Press, 1982.

76. Esprit Fléchier, *Mémoires sur les Grands Jours d'Auvergne en* 1665, Paris: Hachette, 1862.

77. F. Furet et A. Daumard, *Structures et Relations sociales à Paris au milieu du XVIIIe siècle*, Paris: Armand Colin, 1961.

78. Ford, F. L., *Robe and Sword: The Regrouping of French Aristocraty after Louis XIV*, Cambridge: Massachusetts, 1953.

79. Forster R., *The Nobility of Toulouse in the Eighteenth Century*, Baltimore, 1960.

80. François Bluche, *Les Magistrats de la Cour des monnaies de Paris au XVIIIe siécle*, Paris: Les Belles Lettres, 1966.

81. François Bluche, *Les Magistrats du Grand Conseil au XVIIIe siècle*, Paris: Les Belles Lettres, 1966.

82. François Furet et Mona Ozouf (éd.), *Dictionnaire critique de la Révolution française*, Paris: Flammarion, 1988.

83. François Gaillard, *Notice sur l'élection de Mauriac*, Aurillac: Imprimerie Moderne, 1914.

84. François Michel Sistrières-Murat, *L'art de cultive les pays de montagne et ceux situés dans les climats froids, ou Essai sur le commerce et l'agriculture particulier au pays de montagnes d'Auvergne*, Paris: Grangé, 1774.

85. François Mosser, *Les Intendants des finances au XVIIIe siècle*, 1722-1777, Genève: Droz, 1978.

86. François-Joseph Ruggiu, *Les Elites Et Les Villes Moyennes en France et en Angleterre*, 17-18*e Siècles*, Paris: L'Harmattan, 1997.

87. Gabriel Monod, Charles Bémont, Sébastien Charléty et Pierre Renouvin, *Le recrutement de la Cour des Comptes, aides et finances de Provence au dix-huitième siècle*, Revue Historique, n° 257, 1977.

88. Gaston Martin, *Nantes au xviiie siècle: l'administration de gérard mellier*, Paris, 1929.

89. Gaston Roupnel, *La ville et la campagne au* XⅦ*e siècle: Etude sur les populations du pays dijonnais*, Paris: A. Colin, 1955.

90. G. A. de la Roque, *Traité de la noblesse et de toutes ses différentes espèces*, Rouen, 1735.

91. G. Chaussinand-Nogaret, *Gens de finance au XVIII siècle*, Bruxelles: Complexe, 1993.

92. Geneviève Delaume, *Le Bureau des finances de la généralité de Paris*, Paris: Cujas, 1966.

93. Georges Cardinal Grente (éd.), *Dictionnaire des lettres françaises: le XVIIIe siècle, édition revue par François Moureau*, Paris: Fayard, 1995.

94. Georges Mongrédien, *La Vie de société aux XVIIe et XVIIIe siècles*, Paris: Hachette, 1950.

95. Georges-Henri Luquet, *La Franc-Maçonnerie et l'État en France au XVIIIe siècle*, Paris: Vitiano, 1963.

96. Gilbert Bodinier, *Dictionnaire des officiers de l'armée royale qui ont combattu au États-Unis pendant la guerre d'Indépendance*, Vincennes: Société historique de l'armée de terre, 1983.

97. Glotz Marguerite et Maire Madeleine, *Salons du XVIIIe siècle*, Paris: Nouvelles Éditions latines, 1949.

98. Guilmet Catherine, *Étude sur la population bretonne d'après le registre de la réformation des feux de* 1426, Nantes: D. E. S. P., 1966.

99. Guy Chaussinand-Nogaret, *Le Citoyen des Lumières*, Bruxelles: Complexe, 1994.

100. Guy Bois, *Crise du féodalisme. Economie rurale et démographie en Normandie orientale du début du XIVe au milieu du XVIe siècle*, Paris: Presses de la Fondation nationale des sciences politiques, 1976.

101. Guy Chaussinand-Nogaret, *La Noblesse au XVIIIe siècle, De la Féodalité aux lumières*, Paris: Hachette, 1976.

102. Guy de La Prade, *L'Illustre Société d'Auteuil*, 1772-1830, *ou la fascination de la liberté*, Paris: Lanore-Sorlot, 1989.

103. Guy Fourquin, *Les campagnes de la région parisienne à la fin du Moyen Age*, Paris: Presses universitaires de France, 1964.

104. Guy Richard, *Noblesse d'affaires au XVIIIe siècle*, Paris,: Armand Colin, 1974.

105. Harold A. Ellis, Boulainvilliers and the French Monarchy: *Aristocratie Politics in Early Eighteenth-Century France*, Ithaca: Cornell University Press, 1988.

106. Henri Drouot, Mayenne et la Bourgogne: *Etude sur la Ligue* (1587-1596), Paris: Picard, 1937.

107. Henri-Jean Martin, *Livre, pouvoirs et société à Paris au XVIIe siècle*, Genève: Droz, 1969.

108. Hillay Zmora, *Monarchy, Aristocracy and the State in Europe* 1300-1800, London: Routledge, 2001.

109. Huppert, Georges, *Bourgeois et Gentilshommes: la réussite sociale en France au XVIe siècle*, Paris: Flammarion, 1972.

110. Ira Wade, *The Philosophe in the French Drama of the Eighteenth Century*, Princeton: Princeton University Press, 1926.

111. Jacques Badier, *Co-auteur: Aubert de La Chesnaye-Desbois, François Alexandre*, *Dictionnaire de la Noblesse*, Paris: Berger-Levrault, 1980.

112. Jacques Bottin, *Seigneurs et paysans dans l'Ouest du Pays de Caux*

(1540-1650), Paris: Le Sycomore, 1983.

113. Jacques Cuvillier, *Famille et Patrimoine de la Haute Noblesse Française au XVIIIe siècle*, Paris: L'Harmattan, 2005.

114. Jacques de Saint-Victor, *La Chute des aristocrates*, 1787-1792: *la naissance de la droite*, Paris: Perrin, 1992.

115. James B. Wood, *The Nobility of the Election of Bayeux*, 1463-1666: *Continuity through Change*, Princeton: Princeton University Press, 1980.

116. Jan de Vries, *The Economy of Europe in an Age of Crisis*, 1600-1750, Cambridge: Cambridge University Press, 1976.

117. J. Chagniot, *Paris et l'Armée au XVIIIe siècle: étude politique et sociale*, Paris: Economica, 1985.

118. Jay M. Smith, *The Culture of Merit*, *Nobility*, *Royal Service*, *and the Making of Absolute Monarchy in France*, 1600-1789, Michigan: The University of Michigan Press, 1996.

119. Jean Bastier, *La féodalité au siècle des Lumières dans la région de Toulouse* (1730-1790), Paris: CTHS, 1975.

120. Jean Delmas (éd.), *Histoire militaire de la France*, *de* 1715 *à* 1871, Paris: PUF, 1992.

121. Jean-Dominique Lassaigne, *Les Assemblées de la noblesse aux XVIIe et XVIIIe siècles*, Paris: Cujas, 1965.

122. Jean Duma, *Les Bourbon-Penthièvre* (1678-1793), Paris: Publications de la Sorbonne, 1995.

123. Jean Egret, *Louis XV et l'Opposition parlementaire*, Paris: Armand Colin, 1970.

124. Jean Gallet, *Seigneurs et paysans en France*, 1600-1793, Rennes: Éditions Ouest-France, 1999.

125. Jean Gallet, *La seigneurie bretonne* (1450-1680), Paris: Publi-

cations de la Sorbonne, 1983.

126. Jean Jacquart, *La crise rurale en Ile-de-France*, 1550-1670, Paris: A. Colin, 1974.

127. Jean Malmezat, *Le bailli des montagnes d'Auvergne et le présidial d'Aurillac*, Paris: Recueil Sirey, 1941.

128. Jean-Marie Constant, *Nobles et Paysans en Beauce au XVIe et XVIIe siècles*, Université de lille III, 1981.

129. Jean-Marie Constant, *Les Guise*, Paris: Hachette, 1984.

130. Jean-Marie Constant, *Les conjurateurs: Le premier libéralisme politique sous Richelieu*, Paris: Hachette, 1987.

131. Jean-Marie Constant, *Un groupe socio-politique stratégique dans la France de la première moitié du XVIIe siècle: La noblesse seconde*, in *L'Etat et les aristocraties (France, Angleterre, Ecosse), XIIe-XVIIe siècles*, Paris: Ed. Philippe Contamine, 1989.

132. Jean Meyer, *La France moderne*, Paris: Fayard, 1985.

133. Jean Meyer, *La noblesse bretonne au XVIIIe siècle*, Paris: Flammarion, 1972.

134. Jean Meyer, *Noblesses et Pouvoirs dans l'Europe d'Ancien Régime*, Paris: Hachette, 1973.

135. Jean Nagle, *Le Droit de Marc d'or des offices: reconnaissance, fidélité, noblesse*, Genève, Droz, 1992.

136. Jean Nagle, *Luxe et Charité: le faubourg Saint-Germain et l'argent*, Paris: Perrin, 1994.

137. Jean Nicolas, *La Savoie au 18e siècle, Noblesse et bourgeoisie*, Paris: Maloine, 2 vols., 1978.

138. Jean Pierre Labatut, *Les ducs et pairs de France aux XVIIe siècle*, Paris: Presses universitaires de France, 1972.

139. Jean Queniart, *Culture et Sociétés urbaines dans la France de*

l'Ouest au XVIIIe siècle, Paris: Klincksieck, 1978.

140. Jean V. Alter, *L'Esprit anti-bourgeois sous l'Ancien Régime: littérature et tensions sociales aux XVIIe et XVIIIe siècles*, Genève: Droz, 1970.

141. Jean-Claude Waquet, *Les Grands Maîtres des Eaux et Forêts de France, de* 1689 *à la Révolution*, Genève: Droz, 1978.

142. Jean-Dominique Lassaigne, *Les Assemblées de la noblesse aux XVIIe et XVIIIe siècles*, Paris: Cujas, 1965.

143. Jean-François Solnon, *Deux Cent Quinze Bourgeois gentilshommes au XVIIIe siècle: les secrétaires du roi à Besançon*, Paris: Les Belles Lettres, 1980.

144. Jean-Marie Constant, *La noblesse en liberté, XVIe-XVIIe siècles*, Rennes: Presses Universitaires de Rennes, 2004.

145. Jean-Marie Constant, *La Vie Quotidienne de la Noblesse Française aux* XⅥ*e-XVIIe Siècles*, Paris: Hachette, 1985.

146. Jean-Marie De La Mure, *Histoire des Ducs de Bourbon et des Comtes de Forez*, Lyon, 1860-1897, 4 Vol.

147. Jean-Nicolas Dufort, comte de Cheverny, *Mémoires sur les règnes de Louis XV et Louis XVI*, Paris: Polon, 1886, 3 Vols.

148. Jean-Pierre Labatut, *Les Noblesses européennes de la fin du XVIe à la fin du XVIIIe siècle*, Paris: PUF, 1978.

149. Jean-Richard Bloch, *L'anoblissement en France au temps de FrançoisI*, Paris: Alcan, 1934.

150. Jeffrey Denton, *Orders and Hierarchies in Late Medieval and Renaissance Europe*, Toronto and Buffalo: University of Toronto Press, 1999.

151. J. H. M. Salmon, *Society in Crisis: France in the Sixteenth Century*, New York: St. Martin's Press, 1975.

152. J. M. Augeard, *Mémoires secrets*, Paris, 1866.

153. Joël Félix, *Les Magistrats du Parlement de Paris*, 1771-1790, Paris: Sédopols, 1990.

154. Jonathan Dewald, *The European Nobility*, 1400-1800, Cambridge: Cambridge University Press, 1996.

155. Joseph Gipoulon, *Etude sur l'allodialité en Auvergne*, Montluçon: A. Herbin, 1903.

156. Joseph Pastisson, *Histoire d'une commune de la Haute Auvergne: Marmanhac*, Aurillac: Imprimerie Moderne, 1929.

157. Jonathan Dewald, *Aristocratic experience and the origins of modern culture: France*, 1570-1715, Berkeley: University of California Press, 1993.

158. Jouanna Ariette, *Le Devoir de révolte: la noblesse française et la gestation de l'État moderne*, 1559-1661, Paris: Fayard, 1989.

159. J. R. Lander, *Crown and Nobility*, 1450-1509, London: Edward Arnold Ltd, 1997.

160. J. Russell Major, *From Renaissance Monarchy to Absolute Monarchy: French Kings, Nobles, and Estates*, Baltimore: The Johns Hopkins University Press, 1994.

161. Jürgen Habermas, *The Structural Transformation ofthe Public Sphere: An Inquiry into a Category of Bourgeois Society*, Cambridge: Massachusetts, 1989.

162. Kors Alan Charles, *D'Holbach's Coterie: An Enlightenment in Paris*, Princeton University Press, 1976.

163. Kristen B. Neuschel, *Word of Honor*, *Interpreting Noble Culture in 16th century France*, Ithaca and London: Cornell University Press, 1989.

164. Laurent Bourquin, *La noblesse dans la France moderne* (*XVIe-XVIIIe siècles*), Paris: Belin, 2002.

165. Laurent Bourquin, *Noblesse seconde et pouvoir en Champagne aux*

XVIe et XVIIe siècles, Paris: Publications de la Sorbonne, 1994.

166. Lawrence Stone, *The Crisis of The Aristocracy*, 1558-1641, Oxford: Oxford University Press, 1967.

167. Lawrence Stone & Jeanne C. Fawtier Stone, *An Open Elite? England* 1540-1880, Oxford: Clarendon Press, 1984.

168. Lawrence Stone, *The Crisis of the Aristocracy*, 1558-1641, Oxford: Oxford University Press, 1965.

169. Louis Amiable, *La Franc-Maçonnerie et la Magistrature en France à la veille de la Révolution*, Aix, 1894.

170. Louis Apcher, *Une vie de notables auvergnats au cours de trois siècles d'histoire*, Clermont-Ferrand: Imprimerie générale, 1937.

171. Louis Bougon, *Le testament en Auvergne du XVIe au XVIIe siècle à la rédaction de la coutume*, Paris: Thèse, Université de Paris, 1911.

172. Louis De Ribier, *Preuves de la noblesse d'Auvergne*, *Recherche générale de la noblesse d'Auvergne* (1656-1727), Marseille: Laffitte Reprints, 1982, 4 vol.

173. Louis Jalenques, *Salers*, Aurillac: Imprimerie Moderne, 1947.

174. Louis Tuetey, *Les Officiers sous l'Ancien Régime: nobles et roturiers*, Paris: Pion, 1908.

175. Lucien Romier, *Le royaume de Catherine de Médicis: la France à la veille des guerres de religion*, Paris: Perrin, 1922.

176. Marc Kessedjian, *Une seigneurie rurale des Marches de Bretagne au XVe siècle*, *Saint-Brice en Cogles sous la famille des Scepeaux*, Rennes, 1972

177. Marcel Marion, *Dictionnaire des institutions de la France aux XVIIe et XVIIIe siècles*, Paris: Picard, 1984.

178. Mathieu Marraud, *La noblesse de Paris au XVIIIe siècle*, Paris: Seuil, 2000.

179. Marie Caron Thérèse, *Noblesse et Pouvoir Royal en France, XIIIe-XVIe siècle*, Paris: Armand Colin, 1994.

180. Marquis Henri de Chastellux, *Notices prises aux archives de l'état civil de Paris*, Paris: Gosse, 1854.

181. Max Derruau, *La Grande Limagne auvergnate et bourbonnaise. Etude géographique*, Grenoble: Imprimerie Allier, 1949.

182. Marie-Pierre Dion, Emmanuel de Croy, *Études sur le XVIII siècle*, Bruxelles: Editions de l'Université de Bruxelles, 1987.

183. M. Guizot, *The History of France, from the earliest times to the year* 1789, New York: AMS Press, 1874.

184. Michel Antoine, *Le Conseil du roi sous le règne de Louis XV*, Genève: Droz, 1970.

185. Michel Antoine, *Le Gouvernement et l'Administration sous Loius XV: dictionnaire biographique*, Paris: CNRS, 1978.

186. Michel Cassan, *Le temps de guerres de religion: Le cas du Limousin* (*vers* 1530-*vers* 1630), Paris: Publisud, 1996.

187. Michel Nassiet, *Noblesse et Pauvreté: la petite noblesse en Bretagne, XVe-XVIIe siècle*, Rennes: Société d'Histoire et d'Archéologie de Bretagne, 1993.

188. Michel Ollion, *Les Bibliothèques des nobles parisiens à la fin du XVIIIe siècle*, thèse, Paris: École des chartes, 1985.

189. Michel Phlipponneau, *La vie rurale de la banlieue parisienne*, Paris: Imprimerie nationale, 1956.

190. Michel Vovelle (éd.), *L'Homme des Lumières*, Paris: Le Seuil, 1996.

191. M. L. Bush, *The European Nobility, Noble Privilege*, Manchester: Manchester University Press, 1983.

192. M. L. Bush, *The European Nobility, Rich Noble, Poor Noble*,

Manchester: Manchester University Press, 1988.

193. Mohammed El Kordi, *Bayeux aux XVIIe et XVIIIe siècle*, Paris: Hague, 1970.

194. Monique Cubells, *La noblesse provençale, du milieu du XVIIe siècle à la Révolution*, Aix-en-Provence: Publications de l'Université de Provence, 2002.

195. Monique Cubells, *La Provence des Lumières. Les parlementaires d'Aix au XVIIIe siècle*, Paris: Maloine, 1984.

196. Monique Cubells, *Structure de groupe et rapports sociaux au XVIIIe siècle: les parlementaires d'Aix-en-Provence*, Lille: thèse de doctorat d'État, 1981 .

197. Mousnier Roland et Paysannes Fureurs. *Les paysans dans les révoltes du XVIIe siècle*, Paris: Calmann-Lévy, 1967.

198. Nicolas Bergasse, *Observations sur le préjugé de la noblesse héréditaire*, Paris, 1789.

199. Nicolas Le Roux, *Elites locales et service de la couronne au XVIe siècle: L'exemple de la noblesse de la Touraine, en Le Second Ordre. L'idéal nobiliaire: Hommage à Ellery Schalk*, Paris: Chantal Grell and Arnaud Ramière de Fontanier, 1999.

200. Norbert Sclippa, *Texte et Idéologie: images de la noblesse et de la bourgeoisie dans le roman français*, 1750-1830, Berne: Peter Lang, 1987.

201. Patrice Higonnet, *Class, Ideology, and The Rights of Nobles during The French Revolution*, Oxford: Clarendon Press, 1981.

202. Paul Ardascheff, *Les Intendants de province sous Louis XVI*, Paris: F. Alcan, 1909.

203. P. Aubignat, *Essai sur l'amodiation (accense et métayage) dans l'ancienne Auvergne de son apparition à la Révolution* (1275-1789), Clermont-Ferrand: Imprimerie Moderne A. Dumont, 1910.

204. P. Guignet, *Le Pouvoir dans la ville au XVIIIe siècle: pratiques politiques, notabilité et éthique sociale de part et d'autre de la frontière franco-belge*, Paris, EHESS: 1990.

205. Paul Raveau, *L'agriculture et les classes paysannes: La transformation de la propriété dans le Haut Poitou au XVIe siècle*, Paris: Rivière, 1926.

206. Philippe Arbos, *L'Auvergne*, Paris: Armand Colin, 1932.

207. Philippe Bourdin, Bernard Gainot, *La République directoriale: actes du colloque de Clermont-Ferrand*, Clermont-Ferrand: Centre d'Histoire des Entreprises et des Communautés-Centre de Recherches Révolutionnaires et Romantiques, 1998, 2 vol.

208. Philippe Contamine, *La noblesse au royaume de France de Philippe le Bel à Louis XII*, Paris: Presses Universitaires de France, 1997.

209. Philip Jenkins, *The Making of a Ruling Class. The Glamorgan Gentry* 1640-1790, New York: Cambridge University Press, 1983.

210. Philippe Perrot, *Le Luxe: une richesse entre faste et confort, XVIIIe-XIXe siècle*, Paris: Le Seuil, 1995.

211. Pierre Lamarque, *Les Francs-Maçons aux États Généraux en* 1789 *et à l'Assemblée nationale*, Paris: Edimaf, 1981.

212. Pierre Charbonnier, *Une autre France, La seigneurie rurales en Basse Auvergne du XIVe au XVIe siècle*, Clermont-Ferrand: Institut d'Etudes du Massif Central, 1980.

213. Pierre Chaunu et Richard Gascon, *Histoire Economique et Sociale de la France, Tome* 1: *De* 1450 *a* 1660, *Premier volume, L'Etat et la Ville*, Paris: Presses Universitaires de France, 1977.

214. Pierre Chevallier, *Histoire de la franc-maçonnerie française: La Maçonnerie, école de l'égalité*, Paris: Fayard, 1974.

215. Pierre Chevallier, *Les Ducs sous l'acacia: les premiers pas de la*

franc-maçonnerie française, 1725-1743, Paris: Librairie philosophique J. Urin, 1964.

216. Pierre de Vaissiere, *Gentilshommes campagnards de l'ancienne France*, Paris: Perrin, 1903.

217. Pierre de Vaissière, *Gentilshommes campagnards de l'ancienne France*, Étrepilly: Christian de Bartillat, 1986.

218. Pierre Deyon, *Amiens, capitale provinciale, Etude sur la société urbaine au XVIIe siècle*, Paris: Mouton, 1967.

219. Pierre Goubert, *Beauvais et le Beauvaisis de* 1600 *à* 1730, *contribution à l'histoire sociale de la France du XVIIe siècle*, Paris: Sevpen, 1960.

220. Pierre Goubert, *Le siècle de Louis XIV*, Paris: Éditions de Fallois, 1996.

221. Ran Halévi, *Les Loges maçonniques dans la France d'Ancien Régime: aux origines de la sociabilité démocratique*, Paris: Armand Colin, 1984.

222. Reinhart Koselleck, *Critique and Crisis: Enlightenment and the Pathogenesis of Modem Society*, Cambridge: Massachusetts, 1988.

223. René Monboisse, *L'ordre féodal des 'montagnes d'Auvergne'*, Aurillac: Imprimerie Moderne, 1966.

224. René Pomeau, *L'Europe des Lumières: cosmopolitisme et unité européenne au dix-huitième siècle*, Paris: Stock, 1966.

225. Robert J. Kalas, *Wealth, Place, and Power in Sixteenth Century France: The Rise of the Selve and the Noailles Families*, New York: New York University, 1982.

226. Robert Darnton, *Le Grand Massacre des chats: attitudes et croyances dans l'ancienne France*, Paris: Robert Laffont, 1985.

227. Robert Estivals, *La Statistique bibliographique sous la monarchie au XVIIIe siècle*, Paris: Mouton, 1965.

228. Roger Chartier, *Lectures et Lecteurs dans la France d'Ancien Régime*, Paris: Le Seuil, 1987.

229. Roger Chartier, *Les Origines culturelles de la Révolution française*, Paris: Le Seuil, 1990.

230. Rober Estivalst, *La Statistique bibliographique sous la monarchie au XVIIIe siècle*, Paris: Mouton, 1965.

231. Robert Darnton, *Gens de lettres, gens du livre*, Paris: Odile Jacob, 1992.

232. Robert Darnton, *Le Grand Massacre des chats: attitudes et croyances dans l'ancienne France*, Paris: Robert Laffont, 1985.

233. Robert de Roton, *Les Arrêts du Grand Conseil portant dispense du Marc d'or de noblesse*, Paris: SGAF, 1951.

234. Robert Forster, *The Nobility of Toulouse in the Eighteenth Century, asocial and economic study*, Baltimore: Johns Hopkins Press, 1960.

235. Roger Grand, *Une race-un château. Anjony au pays des montagnes d'Auvergne*, Paris: Picard, 1951.

236. Robert Laulan, *L'École militaire de Paris*, 1751-1788, Paris: Picard, 1950.

237. Roland Mousnier, *Le Conseil du Roi de Louis XII à la Révolution*, Paris: Presses Universitaires de France, 1970.

238. R. de Montmort, et Comte R. de Roton, *Les Arrêts du Grand Conseil portant dispense du Marc d'or de noblesse*, Paris: SGAF, 1951.

239. Sandrine Bula, *L'Apanage du comte d'Artois*, 1773-1790, Paris: École des chartes, 1993.

240. Saint-Allais, *Nobiliaire universel de France*, Paris, 1872, 20 vols.

241. Simone Derruau-Bonniol et André Fel, *Le Massif Central*, Paris: Presses Universitaires de France, 1963.

242. Sous la direction de Georges Duby et rmand Wallon, *Histoire de la France rurale*, Paris: Editions du Seuil, 1975-1976, 4 vol.

243. Stuart Carroll, *Noble Power during the French Wars of Religion*, Cambridge: Cambridge University Press, 1998.

244. Theodore Evergates, *The Aristocracy in the County of Champagne*, 1100-1300, Philadelphia: University of Pennsylvania Press, 2007.

245. Vivian R. Gruder, *The Royal Provincial Intendants: A Goveming Elite in the Eighteenth Century France*, Ithaca: Cornell University Press, 1968.

246. Wilhelm Abel, translated by Olive Ordish, *Agricultural Fluctuations in Europe, From the thirteenth to the twentieth centuries*, London: Methuen&Co. Ltd, 1980.

247. William Beik, *Absolutism and Society in Seventeeth Century France: State Power and Provincial Aristocracy in Languedoc*, Cambridge: Cambridge University Press, 1989.

248. William Beik, *Louis XIV and Absolutism, A brief study with documents*, Boston/New York: Bedford/St. Martin's, 2000.

249. William Doyle, *Officers, Nobles and Revolutionaries: Essays on Eighteenth-Century France*, Hambledon: Continnuum, 1995.

250. William Doyle, *The Old European Order* 1660-1800, Oxford: Oxford University Press, 1978.

251. Yves Durand, *La Maison de Durfort à l'époque moderne*, Paris: Frankelve, 1975.

252. Yves Durand, *Les Fermiers généraux au XVIIIe siècle*, Paris: P. U. F., 1971.

253. [法]埃德蒙·柏克（Edmund Burke）著，张雅楠译：《反思法国大革命》，上海社会科学院出版社 2014 年版。

254. [法]达尼埃尔·莫尔内著，黄艳红译：《法国革命的思想起源

(1715—1787)》，上海三联书店 2011 年版。

255. [法]费尔南·布罗代尔著，顾良、张泽乾译：《法兰西的特性》，商务印书馆 1997 年版。

256. [法]伏尔泰著，吴模信、沈怀洁、梁守锵译：《路易十四时代》，商务印书馆 1997 年版。

257. [法]弗朗索瓦·傅勒著，孟明译：《思考法国大革命》，三联出版社 2005 年版。

258. [法]伏尔泰著，吴模信译：《巴黎高等法院史》，商务印书馆 2015 年版。

259. [法]G. 勒纳尔、G. 乌勒西著，杨军译：《近代欧洲的生活与劳作(从 15—18 世纪)》，上海三联书店 2008 年版。

260. [法]罗杰·夏蒂埃著，洪庆明译：《法国大革命的文化起源》，译林出版社 2015 年版。

261. [法]马克·布洛赫著，余中先、张朋浩、车耳译：《法国农村史》，商务印书馆 2003 年版。

262. [法]马克·布洛赫著，张绪山译：《封建社会》，商务印书馆 2007 年版。

263. [法]乔治·杜比主编，吕一民、沈坚、黄艳红等译：《法国史》，上中下卷，商务印书馆 2010 年版。

264. [法]乔治·勒费弗尔著，洪庆明译：《法国大革命的降临》，上海人民出版社 2010 年版。

265. [法]乔治·勒费弗尔著，顾良、孟湄、张慧君译：《法国革命史》，商务印书馆 2013 年版。

266. [法]乔治·勒费弗尔著，顾良、孟湄、张慧君译：《法国革命史》，商务印书馆 1989 年版。

267. [法]斯塔尔夫人著，李筱希译：《法国大革命》，二卷本，吉林出版集团有限责任公司 2015 年版。

268. [法]伊波利特·泰纳著，黄艳红译：《现代法国的起源：大革命之大混乱》，吉林出版集团有限责任公司 2015 年版。

269. [法]伊波利特・泰纳著，黄艳红译：《现代法国的起源：旧制度》，吉林出版集团有限责任公司 2014 年版。

270. [法]伊波利特・泰纳著，姚历译：《现代法国的起源：大革命之雅各宾 3》，吉林出版集团有限责任公司 2015 年版。

271. [法]伊波利特・泰纳著，陈思宇、谢璇、尹伟等译：《现代法国的起源：大革命之革命政府》，吉林出版集团有限责任公司 2015 年版。

272. [法]伊波利特・泰纳著，刘毅译：《现代法国的起源：新秩序》(第五卷)，吉林出版集团有限责任公司 2015 年版。

273. [法]雅克・勒高夫著，周嫄译：《钱袋与永生——中世纪的经济与宗教》，上海人民出版社 2007 年版。

274. [美]布莱恩・唐宁(Brian Downning)著，赵信敏译：《军事革命与政治变革：近代早期欧洲的民主与专制之起源》，复旦大学出版社 2015 年版。

275. [美]林・亨特著，汪珍珠译，《法国大革命中的政治、文化和阶级》，华东师范大学出版社 2011 年版。

276. [美]娜塔莉・泽蒙・戴维斯著，钟孜译：《法国近代早期的社会与文化》，中国人民大学出版社 2011 年版。

277. [美]乔纳森・德瓦尔德著，姜德福译：《欧洲贵族 1400—1800》，商务印书馆 2008 年版。

278. [美]朱迪斯・M. 本内特(Judith M. bennett)，C. 沃伦・霍利斯特(C. Warren Hollister)著，杨宁、李韵译，《欧洲中世纪史》(第 10 版)，上海社会科学院出版社 2015 年版。

279. [英]彼得・伯克(Peter Burke)著，郝名玮译：《制造路易十四》，商务印书馆 2007 年版。

280. [英]克里斯托弗・戴尔著，莫玉梅译，徐浩审校：《转型的时代——中世纪晚期英国的经济与社会》，社会科学文献出版社 2010

年版。

281. [英]劳伦斯·斯通著，于民、王俊芳译：《贵族的危机 1558—1641 年》，上海人民出版社 2011 年版。

282. [英]詹姆斯·W. 汤普逊著，徐家玲译：《中世纪晚期欧洲经济社会史》，商务印书馆 1992 年版。

283. 陈文海：《权力之鹰——法国封建专制时期督办官制度研究》，吉林大学出版社 1999 年版。

284. 陈颐：《立法主权与近代国家的建构：以近代早期法国法律为中心》，法律出版社 2008 年版。

285. 端木美、周以光、张丽：《法国现代化进程中的社会问题：农民、妇女、教育》，中国社会科学出版社 2001 年版。

286. 高毅：《法兰西风格——大革命的政治文化(增补版)》，北京师范大学出版社 2013 年版。

287. 郭方：《英国近代国家的形成——16 世纪英国国家机构与职能的变革》，商务印书馆 2007 年版。

288. 黄艳红：《法国旧制度末期的税收、特权和政治》，社会科学文献出版社 2016 年版。

289. 姜德福：《社会变迁中的贵族——16—18 世纪英国贵族研究》，商务印书馆 2004 年版。

290. 李筠：《论西方中世纪王权观：现代国家权力观念的中世纪起源》，社会科学文献出版社 2013 年版。

291. 马克垚：《西欧封建经济形态研究》，人民出版社 2001 年版。

292. 马克垚：《英国封建社会研究》，北京大学出版社 1992 年版。

293. 马克垚：《中西封建社会比较研究》，学林出版社 1997 年版。

294. 施展主编，王新连等编译：《法国革命时期法政文献选编》，清华大学出版社 2016 年版。

295. 许平：《法国农村社会转型研究——19 世纪—20 世纪初》，北京大学出版社 2001 年版。

296. 阎照祥：《英国贵族史》，人民出版社 2000 年版。

297. 阎照祥：《英国近代贵族体制研究》，人民出版社 2006 年版。

298. 郑红：《从国王的权力到国家的权力——近代西欧绝对主义思潮研究》，社会科学文献出版社 2015 年版。

299. 朱孝远：《中世纪欧洲贵族的结构变化》，北京大学历史学系主编《北大史学》2，北京大学出版社 1994 年版。

300. 朱孝远：《中世纪欧洲贵族》，广东人民出版社、华夏出版社 1996 年版。